Hist
de la sociét
depui

Dominique Borne

Histoire de la société française depuis 1945

Troisième édition mise à jour

2ᵉ tirage

ARMAND COLIN

DANGER

LE PHOTOCOPILLAGE TUE LE LIVRE

Ce logo a pour objet d'alerter le lecteur sur la menace que représente pour l'avenir de l'écrit, tout particulièrement dans le domaine universitaire, le développement massif du « photocopillage ».

Cette pratique qui s'est généralisée, notamment dans les établissements d'enseignement, provoque une baisse brutale des achats de livres, au point que la possibilité même pour les auteurs de créer des œuvres nouvelles et de les faire éditer correctement est aujourd'hui menacée.

Nous rappelons donc que la reproduction et la vente sans autorisation, ainsi que le recel, sont passibles de poursuites. Les demandes d'autorisation de photocopier doivent être adressées à l'éditeur ou au Centre français d'exploitation du droit de copie : 3, rue Hautefeuille, 75006 Paris. Tél. : 43 26 95 35.

Collection Cursus, série « Histoire »

Tous droits de traduction, d'adaptation et de reproduction par tous procédés réservés pour tous pays.

Toute reproduction ou représentation intégrale ou partielle, par quelque procédé que ce soit, des pages publiées dans le présent ouvrage, faite sans l'autorisation de l'éditeur est illicite et constitue une contrefaçon. Seules sont autorisées, d'une part, les reproductions strictement réservées à l'usage privé du copiste et non destinées à une utilisation collective, et d'autre part, les courtes citations justifiées par le caractère scientifique ou d'information de l'œuvre dans laquelle elles sont incorporées (art. L. 122-4, L. 122-5 et L. 335-2 du Code de la propriété intellectuelle).

© Armand Colin Éditeur, Paris, 1988, 1990, 1992
ISBN : 2-200-21257-7

Armand Colin Éditeur, 5, rue Laromiguière, 75241 Paris Cedex 05

1 Le grand changement, constat et problèmes

CHANGEMENT DE DÉCOR

La transformation du décor reflète l'ampleur de la transformation sociale. L'espace quotidien de la vie des Français est plus bouleversé en quarante ans qu'auparavant en plusieurs siècles. La société française, qui se caractérisait jusque-là par la lenteur de ses évolutions, semble rompre avec ce qui l'enracinait solidement dans son passé. Comparons les images.

1946 : le poids de l'immuable

Quelques régions rurales sont déjà spécialisées, mais les contours des terroirs n'ont guère été modifiés depuis le Moyen Age. La polyculture domine. Les couples de bœufs, plus rarement les chevaux, tirent les charrues. Les labours et les prés sont encore parsemés d'arbres : des amandiers dans le Midi, ailleurs des noyers ou des pommiers. Les villages se serrent autour de leurs deux centres : l'église, la mairie, souvent flanquée de l'école. Le courant électrique est arrivé dans les fermes, mais on tire toujours l'eau du puits, on lave le linge au lavoir.
    Les villes n'ont guère changé depuis les grands éventrements du Second Empire. Certes, quelques immeubles de brique ont été édifiés aux portes des grandes villes ; les banlieues, celles que décrit Céline dans *Voyage au bout de la nuit*, ont rongé les campagnes périphériques, dans un entassement anarchique de voies ferrées, d'usines, de pavillons de meulière. Mais le mobilier urbain, les grandes voies de circulation font partie de l'héritage que la République n'a que très partiellement retouché : des statues de grands hommes sur les places, quelques gares et, à Paris, le métro. L'automobile est encore rare, le cheval n'a pas disparu. Les appartements exigus ne disposent pas du confort le plus élémentaire : on se lave dans l'évier, on fait bouillir le linge dans une grande lessiveuse en tôle galvanisée. Les paysages industriels sont ceux du XIXe siècle : les corons du Nord n'ont pas bougé depuis les descriptions de Zola dans *Germinal*. On vit encore dans son quartier ; les soirs de beau temps les concierges bavardent de maison à maison. On achète le pain au poids, le boulanger fait l'appoint avec un morceau de grosse miche. Les cafetiers parisiens sont enracinés dans leur Auvergne natale et joignent le charbon à la limonade. Pas de « prêt-à-porter », les mères de famille confectionnent elles-mêmes les vêtements, aidées, dans les milieux aisés, par une « petite couturière ».

MESURE CHIFFRÉE DU GRAND CHANGEMENT

- CROISSANCE DE LA POPULATION (en millions d'habitants)
    1946 : 40,3 M   1990 : 56,6 M

Les trois explications de la croissance :

1. Des naissances plus nombreuses :

    Taux de natalité : moyenne 1935-1939 : 14,8 ‰
    moyenne 1946-1950 : 20,9 ‰

    Mais ralentissement depuis le milieu des années 1960, et en 1989, taux de natalité de 13,6 ‰

2. Une diminution relative de la mortalité

    Taux de mortalité : avant-guerre : 15,4 ‰
    1989 : 9,4 ‰

    Diminution rapide du taux de mortalité infantile   1950 : 50 ‰
    1989 : 7,7 ‰

    En conséquence allongement de la durée de la vie :

    Espérance de vie à la naissance :

    avant la guerre : hommes : 56 ans, femmes : 62 ans

    en 1989 : hommes : 72 ans, femmes : 81 ans

3. L'immigration

    Nombre d'étrangers en France (en millions) : 1931 : 2,7 M   1982 : 3,7 M
    1946 : 1,7 M   1990 : 3,6 M
    1962 : 2,1 M

Le rythme de l'évolution : la population continue à augmenter, mais sa croissance se ralentit rapidement depuis le milieu des années 1960. La chute de la fécondité entraîne un vieillissement de la population. Le taux actuel de fécondité (nombre d'enfants par femme en âge d'en avoir), qui se situe entre 1,8 et 1,9 ne permet pas le remplacement des générations (obtenu avec un taux de 2,1).

- URBAINS ET RURAUX (en millions et en pourcentage)

	Population urbaine		Population rurale	
1931	21 M	50,8 %	20,4 M	49,2 %
1954	23,9 M	56 %	18,8 M	44 %
1975	36,8 M	68,7 %	16,8 M	31,3 %
1982	38,1 M	69 %	17,1 M	31 %
1990	41,4 M	75 %	15,3 M	25 %

- LES FRANÇAIS AU TRAVAIL

1. Croissance de la population active (en millions) :   1954 : 19,2 M
    1982 : 23,5 M
    1990 : 25,2 M

2. Multiplication des salariés : 1954 : 63,7 % des actifs
   1990 : 85 % des actifs

3. Moins de paysans, de petits commerçants, d'artisans (en millions) :

	1954	1982
Paysans	5 M	1,7 M
Petits commerçants	1,2 M	0,8 M
Artisans	0,75 M	0,57 M

4. Davantage de cadres et d'employés (en millions) :

	1954	1982
Cadres supérieurs et professions libérales	0,5 M	1,8 M
Cadres moyens	1,1 M	3,2 M
Employés	2 M	4,6 M

5. Stabilité relative du monde ouvrier (en millions) :

	1954	1975	1982
Ouvriers	6,5 M	8,2 M	8,2 M

6. Structures de la population active en 1990 (en millions) :

Agriculture	1,25 M
Industrie et travaux publics	6,7 M
Services	15,2 M

Quarante ans après

L'espace rural a été dévoré par la ville et tous ses tentacules. La géométrie des champs a été bouleversée. Des maisons neuves ont poussé à côté des vieilles fermes et elles sont semblables aux pavillons de banlieue. Le confort domestique s'est installé. La machine est omniprésente. Les meules de foin ont disparu et parfois même les haies et les oiseaux. Les paysans sont trois fois moins nombreux, les gens des villes ont envahi les fermes, quelquefois les conseils municipaux. Les paysans sont désormais des entrepreneurs qui investissent, suivent les cours des produits, sont intégrés à l'économie marchande. Le village ne connaît plus l'animation des dimanches à la sortie de la messe, le presbytère est vide, l'école parfois désaffectée, le café fermé.

L'automobile a tout dévoré, l'espace comme le temps. Autoroutes, pompes à essence, parkings impriment leur marque sur tous les paysages. Les « grandes surfaces » encerclent les villes. Les vieilles usines du XIXe siècle, leurs carcasses de briques et de poutrelles d'acier, intéressent dorénavant les archéologues. Les terrils sont gazonnés. Les mineurs ont quasiment disparu et aussi les locomotives à vapeur. Les vieilles dames ne sont plus en noir mais vagabondent de par le monde avec les clubs du « troisième âge ». Les villes ont été à nouveau éventrées pour canaliser le ruissellement automobile. On a blanchi les façades, transformé les vieux centres en musées, en en chassant les derniers artisans. On a multiplié les « grands ensembles » pour loger hâtivement les populations qui affluaient des campagnes et de l'étranger. La famille a abandonné les règles strictes de la morale que l'on appelait bourgeoise. La télévision est dans chaque foyer. Le latin n'est plus l'ornement indispensable d'une élite, les esprits chagrins dénoncent la mort d'une culture.

La description est impressionniste. Tout n'a pas été bouleversé au même rythme. Une société ne change pas tout entière d'un seul mouvement. Le vieux coexiste toujours avec le neuf. Mais une génération a pu vivre la plus radicale ouverture à la modernité que la société française ait connue tout au long de son histoire.

MÉTHODES ET PROBLÈMES

Des chiffres

La croissance du rôle de l'État, sa volonté affirmée depuis 1945 de mieux connaître les évolutions économiques et sociales afin de pouvoir les infléchir, expliquant la naissance de l'Institut national de la statistique et des études économiques (INSEE) et de l'Institut national des études démographiques (INED). Ces organismes collectent et commentent les données chiffrées et offrent à l'historien les bases essentielles de son analyse : recensements de la population (1946, 1954, 1962, 1968, 1975, 1982), évolution culturelles... Peu de domaines échappent à la quantification. Les sondages d'opinion permettent d'étudier l'évolution des mentalités.

Contrairement aux historiens d'autres périodes, celui des sociétés contemporaines risque de succomber sous le poids des chiffres ou d'être tenté de choisir la série chiffrée qui conforte une thèse préalablement établie. D'autre part, le chiffre n'est jamais une donnée brute. Pour ranger les Français dans une catégorie, les statisticiens élaborent d'abord cette catégorie. Le concept précède le chiffre. Inversement, certaines réalités sociales ne sont pas quantifiées : la *bourgeoisie* est sans doute une réalité sociale française, pourtant aucun bourgeois n'apparaît dans les chiffres de l'INSEE. Enfin, additions de situations individuelles, les chiffres sont des moyennes qui gomment nécessairement la diversité de la société.

Ainsi l'historien de la société ne doit pas se contenter de collectionner ou de mettre en ordre des chiffres. D'autres sources lui sont indispensables. Les documents figurés (photographies, films...) permettent d'évoquer l'évolution des cadres de vie. La littérature, l'art, la nature des loisirs reflètent les manières de penser. Enfin il doit prendre en compte les *événements*. En effet, du fait divers au conflit social, certains événements traduisent les mouvements mêmes de la société, définissent les contours des groupes. L'évolution se lit à travers les affrontements.

Les imaginaires sociaux

Nous empruntons cette expression à Georges Duby, historien des sociétés et des mentalités médiévales, qui a montré comment les clercs du XIe siècle ont élaboré une image du corps social (les « trois ordres » : ceux qui prient, ceux qui combattent, ceux qui produisent) et comment le succès de cette vision de la société a modelé à son tour les pratiques sociales.

La société française contemporaine est caractérisée par la confrontation d'imaginaires sociaux. Les partis politiques, les syndicats, les associations, les Églises, les médias proposent des images concurrentes de la structure sociale. Tentons de présenter quelques-uns de ces imaginaires sociaux.

● *L'imaginaire gaulliste.* La table des matières des *Mémoires d'espoir* est significative : aucun chapitre n'est consacré à la société, les différentes couches sociales sont énumérées dans celui qui est consacré à l'économie et les organisations professionnelles sont dénoncées comme des *féodalités*. La participation est prônée comme un remède infaillible aux conflits sociaux. L'imaginaire occulte ici la société derrière la nation. On devine l'impatience devant les réticences de certains groupes sociaux à collaborer aux grands desseins nationaux, on voit s'affirmer le rôle irremplaçable de l'Etat, seul capable d'insuffler l'énergie nationale. Les Français sont sévèrement invités à se penser non comme membres des différents groupes sociaux mais comme citoyens d'une même nation.

● *L'imaginaire marxiste.* Les partis et mouvements de gauche, et tout particulièrement le Parti communiste français, donnent de la société une tout autre image. D'un côté, « le pouvoir et le patronat » ; de l'autre, les « travailleurs ». L'alliance du pouvoir et du patronat entraîne « l'exploitation et l'oppression de toutes les couches laborieuses » (PCF, Résolution du XXIIIe Congrès, 1979). Dans cette perspective la classe ouvrière a la mission historique de combattre au premier rang, d'entraîner l'ensemble des travailleurs : « L'union doit exprimer en premier lieu les intérêts de la classe ouvrière. » Certains ouvrages dans leur plan reflètent cet imaginaire social. Ainsi la grande *Histoire économique et sociale de la France* (F. Braudel, E. Labrousse, PUF) oppose la bourgeoisie aux classes populaires urbaines.

● *Un imaginaire pacifié.* Dans un livre publié en 1976 (*Démocratie française*), alors qu'il exerce la charge de président de la République, Valéry Giscard d'Estaing propose une image différente de la société et de son évolution : « L'évolution en cours, loin de conduire au face à face de deux classes, bourgeoise et prolétarienne, fortement antagonistes, se traduit par l'expansion d'un immense groupe central aux contours peu tranchés et qui a vocation, par sa croissance numérique exceptionnellement rapide... par son caractère ouvert qui en assure largement l'accès, par les valeurs modernes dont il est porteur, d'intégrer en lui-même pacifiquement la société française tout entière. » Réformisme, apaisement des conflits, unification autour des classes moyennes stabilisatrices, cette vision irénique rejette dans le passé une société dont le moteur aurait été la lutte de groupes antagonistes.

- *Autres imaginaires.* Certains sociologues, mettant l'accent sur l'uniformisation des comportements, la disparition progressive des inégalités régionales ou sociales, décrivent la constitution d'une *société de masse*, modelée par les médias, nivelée par les loisirs. D'autres, au contraire, insistent sur le jaillissement des différences, l'éclatement du vieux corps social, l'affirmation des minorités, la multiplication des associations. Ils décrivent une société en recomposition, à la recherche de valeurs neuves. Plus récemment, et il s'agit d'un imaginaire de crise, c'est en termes d'intégration et d'exclusion qu'on a pu analyser les structures sociales françaises. A la majorité des Français qui se reconnaissent une place et un rôle dans le corps social, s'opposeraient des minorités en exil : les immigrés, les chômeurs, les minorités culturelles.

Tous ces imaginaires, largement diffusés, parcourent le corps social et à leur tour modèlent les pratiques, par adhésion ou au contraire par rejet de l'imaginaire proposé. La société se produit elle-même par le regard de chacun de ses membres qui emprunte une image d'ensemble du corps social afin de pouvoir se penser lui-même au sein de la société. L'idéologie naît de cet aller et retour entre l'individuel et le collectif.

L'histoire de la société française depuis 1945

Ce livre ne peut être qu'une approche des différents aspects de l'histoire de la société depuis 1945. Sur un tel sujet il est impossible d'être exhaustif. Il aurait fallu mieux présenter les diversités régionales, développer l'étude de la mobilité sociale, analyser plus longuement le rôle de l'Etat dans les transformations de la société. Ce livre est un livre d'histoire et non de sociologie, il tente de rendre compte, en multipliant les approches, des transformations d'une société dans le temps. Inscrire la société dans une histoire, c'est tenter de mesurer les interactions qui peuvent expliquer et le changement et les permanences. C'est analyser le poids du passé et les exigences du présent sur les générations successives.

Il s'agit donc d'abord de mettre en évidence les grandes étapes du changement social.

Du lendemain de la guerre à la fin des années 1950, une société façonnée par les expériences de l'avant-guerre reçoit le premier choc de la modernité et semble hésiter entre l'ancien et le nouveau.

Des années 1960 à la crise, la société française choisit la modernité. C'est le temps des grandes mutations : croissance, consommation, bouleversements des mentalités.

La crise enfin, depuis le milieu des années 1970, révèle un corps social qui n'a pas toujours assumé les transformations des années précédentes. Société dans la crise ou crise de la société ?

L'approche chronologique doit s'accompagner ensuite d'analyses envisageant, sur l'ensemble de la période, les évolutions des différentes composantes de la société, les changements des modes de vie et de pensée.

2 La société après vingt ans de crise et de tentatives de renouveau

Il faut, en oubliant les évidentes ruptures, prendre la mesure de la société française dans la continuité tragique des années 1930, de Vichy, de la Libération et des débuts de la IVe République. On est alors frappé par l'inextricable mélange du conservatisme le plus étroit, des tentatives de repli sur soi et, en même temps, de la volonté de changement, d'ouverture et d'innovation sociale. Pendant ces vingt années (1930-1950) se livrent les combats parfois obscurs, parfois flamboyants, de la tradition et de la modernité. Les principaux acteurs du changement social portent en eux-mêmes et expriment souvent d'un même mouvement les élans conquérants et l'attachement aux anciens rivages. La construction des sociétés nouvelles traîne toujours derrière elle les lambeaux remodelés des formes sociales anciennes.

LE REPLI : UN DÉSARROI NATIONAL ET SOCIAL

Une société crispée sur ses valeurs

La ligne Maginot symbolise l'introversion d'une société. Le pacifisme de la gauche, comme le nationalisme de la droite expriment le même repli, le même refus des années 1930 de voir les dangers extérieurs. Ce comportement traduit le malaise social. La société est ébranlée par la guerre et par l'évolution économique. Le monde paysan et les « classes moyennes » indépendantes (artisans, commerçants, rentiers, professions libérales) constituent alors l'assise même de la République ; ils se sentent menacés. Inflation de l'après-guerre, apparition dans les années 1920 d'un néo-capitalisme qui risque de faire disparaître les formes traditionnelles de production et de distribution, crise des années 1930, enfin Front populaire perçu à la fois comme une offensive contre la propriété et comme l'arrivée sur la scène sociale d'une force ouvrière jusque-là ignorée par la synthèse républicaine.

On peut lire les principaux événements de la période comme l'expression de la volonté de restauration des classes sociales menacées : offensive antiouvrière de Daladier et de Paul Reynaud en novembre 1938, tentatives de Vichy pour reconstruire les assises sociales, paysannes au premier chef, d'un régime républicain que par ailleurs il rejette. Dans les années 1950, le poujadisme est

	Société	**Culture et vie quotidienne**
1944	LA LIBÉRATION - GOUVERNEMENT PROVISOIRE	
	Reconstitution des syndicats. Droit de vote aux femmes.	M. Carné, Les Enfants du paradis.
1945	Nationalisations (usines Renault, banques de dépôt). Création des comités d'entreprise. Création de la Sécurité sociale. Haut comité consultatif de la population et de la famille. Institut national d'études démographiques (A. Sauvy). Système du quotient familial (allègement de l'impôt sur le revenu). Commissariat général au Plan. École nationale d'administration.	Prix Goncourt : J.-L. Bory, Mon village à l'heure allemande. Premier numéro des Temps modernes (J.-P. Sartre, S. de Beauvoir). René Clément, La Bataille du rail.
1946	DÉMISSION DE DE GAULLE - CONSTITUTION DE LA IVᵉ RÉPUBLIQUE	
	Nationalisations (Gaz, électricité, compagnies d'assurances). Réorganisation des prestations familiales. Allocations prénatales. Statut des fonctionnaires.	La 4CV Renault au Salon de l'automobile. Premier Festival du cinéma à Cannes.
1947	FIN DU TRIPARTISME - LES COMMUNISTES QUITTENT LE GOUVERNEMENT	
	Grèves en avril-mai (Renault). Grandes grèves de l'automne. Scission entre la CGT et CGT-FO. Organisation de la retraite des cadres.	A. Camus, La Peste. J. Vilar crée le Festival d'Avignon. C. Autant-Lara, Le Diable au corps. C. Dior lance le new-look.
1948	Assurance vieillesse pour certaines catégories de non-salariés. Allocation logement. Grandes grèves de l'automne.	Marcel Cerdan, champion du monde de boxe. Boris Vian à La Rose rouge (cave de Saint-Germain-des-Prés).
1949		S. de Beauvoir, Le Deuxième Sexe. J. Tati, Jour de fête. Triomphe d'Édith Piaf.
1950	Création du SMIG. Meetings en faveur de l'école libre Création des H.L.M.	Aux Noctambules : La Cantatrice chauve, d'E. Ionesco. Premier numéro de la revue Maisons et jardins
1951	ÉLECTIONS LÉGISLATIVES	
	Loi Barangé en faveur de l'enseignement libre.	Théâtre national populaire (Vilar) : Gérard Philipe joue Le Cid. R. Bresson, Journal d'un curé de campagne A. Camus, L'Homme révolté.

	Société	Culture et vie quotidienne
1952	ANTOINE PINAY - PRÉSIDENT DU CONSEIL	
		F. Mauriac, prix Nobel de littérature. J. Becker, *Casque d'or* avec Simone Signoret. Procès Marie Besnard. Affaire Dominici. Le Corbusier construit la *Cité radieuse* à Marseille.
1953	Été : grands mouvements de grève dans la fonction publique.	Clouzot : *Le Salaire de la peur*. Fondation de *L'Express*.
1954	MENDÈS FRANCE - PRÉSIDENT DU CONSEIL	
	Appel de l'abbé Pierre en faveur des « sans-logis ».	Prix Goncourt : *Les Mandarins* de S. de Beauvoir. F. Sagan : *Bonjour Tristesse*. Le P.M.U. lance le *tiercé*. Coco Chanel rouvre sa maison de couture.
1955	Grève de l'impôt lancé par l'UDCA de Pierre Poujade.	Association française du cinéma d'art et d'essai. Citroën : La DS. Mode du blue-jean. Naissance d'Europe 1.
1956	ÉLECTIONS LÉGISLATIVES - GUY MOLLET PRÉSIDENT DU CONSEIL	
	Trois semaines de congés payés. Fonds national de solidarité (pour les vieux) Fondation du Planning familial.	Alain Resnais : *Nuit et brouillard*. Roger Vadim : *Et Dieu créa la femme* (avec Brigitte Bardot). Boulez : *Le Marteau sans maître*.
1957		Prix Goncourt : *La Loi* de R. Vailland. Dans *L'Express*, article illustré sur l'éducation sexuelle.
1958	FIN DE LA IVᵉ RÉPUBLIQUE - RETOUR DE DE GAULLE	
	Dévaluation, création du franc « lourd » (nouveau franc).	L. Malle : *Les Amants*. Construction du CNIT à la Défense. H. Alleg : *La Question*.
1959	DE GAULLE PRÉSIDENT DE LA RÉPUBLIQUE - GOUVERNEMENT M. DEBRÉ	
	Obligation scolaire portée à 16 ans. Institution des collèges d'enseignement général. Loi sur l'enseignement privé. Mise en place du système UNEDIC-ASSEDIC (allocations-chômage). Statut de l'ORTF. Ordonnances sur l'intéressement.	Mort d'Albert Camus. R. Queneau : *Zazie dans le métro*. N. Sarraute : *Le Planétarium*. Début du temps du rock. Europe 1 : *Salut les copains*.
1960	Manifestations paysannes à l'appel de la FNSEA. Loi d'orientation agricole.	J.-L. Godard : *A bout de souffle*. C. Chabrol : *Les Bonnes Femmes*. Succès de F. Raynaud et de R. Devos.

Vingt ans de crise et de tentatives de renouveau

un des derniers sursauts de la France d'autrefois. Mais à cette date le choc des années 1944-1945 a permis de refouler le passé et de renforcer la place de la classe ouvrière dans un nouveau consensus social.

Cependant, Pierre Mendès France, un des plus lucides artisans de la modernisation de l'économie et donc de la société, continue à promouvoir dans ses programmes électoraux les valeurs traditionnelles : « accession facile et rapide à la petite propriété » ; cette propriété est le « fruit de l'épargne et du travail », l'inflation est « ruineuse pour les salariés, les fonctionnaires, les retraités, les rentiers et les petits commerçants » (profession de foi électorale pour le scrutin du 2 juin 1946). Le neuf porte donc toujours en lui l'ancien.

Le repli démographique et la xénophobie

Le recensement de 1946 enregistre, à territoire équivalent, un nombre d'habitants identique à celui du début du siècle, soit environ 40 millions. Aux effets de la Première Guerre mondiale (les classes « creuses » arrivent à l'âge adulte dans les années 1930) s'ajoutent les conséquences d'un comportement malthusien qui gagne des couches de plus en plus larges de la population. Les familles nombreuses n'ont pas disparu, elles sont encore présentes dans les classes moyennes aisées, dans les campagnes de l'Ouest, chez les ouvriers immigrés. Le « croissant fertile » (Ouest, Nord et Nord-Est) se lit encore sur les cartes, mais le modèle dominant est la famille de un ou deux enfants ; les familles sans enfant ne sont pas rares. Le taux de natalité ne dépasse pas 15 ‰ dans les années 1930. De 1934 à 1939 il y a régulièrement plus de décès que de naissances. Le taux de mortalité (entre 15 et 16 ‰) est plus élevé que dans les pays voisins. La tuberculose comme la typhoïde sont encore des fléaux.

Giraudoux dans *Pleins Pouvoirs* (1939) constate : « Dans l'année où je suis né (1882), les Français qui naissaient étaient un million. Ils étaient 300 000 de moins l'année dernière. » L'écrivain met en accusation « le culte aveugle rendu aux qualités morales et spirituelles de la France » qui fait passer au second plan l'hygiène et le sport. Le démographe pourrait discuter les observations de Giraudoux, mais son témoignage a le mérite de révéler des traits caractéristiques de mentalités qu'on pourrait dire radicales : le goût de l'épargne, le latin préféré à la gymnastique. De l'exaltation de la petite entreprise, de la petite propriété, de l'ascension sociale par l'école ne passe-t-on pas naturellement à la petite famille ?

« Le Français devient rare », dit encore Giraudoux, qui s'inquiète de la « qualité » de l'immigration étrangère et dénonce l'entrée en France des « échappés des ghettos polonais ou roumains... qui éliminent nos compatriotes... de tous les métiers du petit artisanat... » Comme au temps de l'affaire Dreyfus, l'intégrité française est menacée par les étrangers qui arrivent gare de l'Est. Au recensement de 1931, la France compte près de 3 millions d'étrangers (près de 7 % de la population), la communauté immigrée est essentiellement composée d'Italiens, de Polonais, d'Espagnols et de Belges. Depuis 1919, 600 000 Polonais sont entrés en France. La carte de la présence étrangère coïncide avec la carte industrielle et avec la zone de salariat agricole (vallée de la Garonne, pourtour de la Méditerranée).

Les années 1930 voient le développement d'un important mouvement xénophobe alimenté par la crise, par les ligues et les organisations nationalistes. Le pouvoir limite le nombre des étrangers : en 1934-1935 c'est par trains entiers que des Polonais du Nord sont renvoyés dans leur pays avec trente kilos de bagages ; les derniers combattants espagnols, chassés en 1939 par la victoire de Franco, sont installés dans des camps du Midi ; enfin les Allemands anti-nazis, réfugiés en France dans les années 1930, sont après juin 1940 livrés aux nazis. Dans le même temps, de nombreuses mesures sont adoptées pour protéger le « travail français » (loi de 1932). Le régime de Vichy poursuit la politique de l'avant-guerre : il est désormais possible de réviser les naturalisations intervenues depuis la loi libérale de 1927. La politique antisémite (statut des juifs d'octobre 1940) n'est pas inspirée par le nazisme mais s'inscrit dans la logique d'une xénophobie que le régime de Vichy renforce et exploite ; née dans les années 1930 elle atteint de larges couches de la population et témoigne de la crispation du corps social.

Les ankyloses rurales

Le monde rural des lendemains de la Seconde Guerre mondiale est au terme d'une très longue évolution ; il s'est progressivement gonflé au XVIIIe et dans la première moitié du XIXe siècle, le recensement de 1846 enregistrant même des formes de surpeuplement : la plus grande partie des communes françaises atteignent alors leur maximum historique de population. Les sociétés paysannes diverses, plus ou moins isolées, sont pénétrées de multiples activités : dans la forêt les bûcherons, les sabotiers, les charbonniers, les métallurgistes, peuple nomade qui inquiète les sédentaires ; la prolifération de l'industrie rurale, textile essentiellement. La petite propriété paysanne domine dans la France du Midi, la grande propriété dans l'Ouest intérieur, la France du Nord est plutôt celle des fermiers. Selon les régions, les hiérarchies sociales sont plus ou moins pesantes, le château reste centre économique et centre de patronage social. Aux paysans se mêlent les « messieurs », bourgeois ruraux, notaires, propriétaires rentiers. Les artisans, charrons, maçons, bourreliers, tailleurs d'habits... sont toujours plus ou moins liés à la terre.

Ce monde s'est peu à peu transformé : de la ville sont venus le chemin de fer, l'école, le journal. Les migrations ont évacué les plus pauvres vers les villes, puis l'industrialisation a affaibli l'artisanat rural. Enfin au XXe siècle les paysans eux-mêmes ont commencé à quitter les campagnes alors que la crise touchait les rentiers du sol. Dans les années 1920, la population urbaine dépasse la population rurale. La population active agricole, qui représentait encore 42 % de la population active en 1921, n'en représente plus que 36 % en 1936. En 1929, on recense encore 569 000 artisans ruraux, mais si les métiers traditionnels sont en crise, une nouvelle génération apparaît : les entrepreneurs de battage, les électriciens-mécaniciens relaient dans les campagnes les sabotiers et les charrons. Dans les bourgs les commerçants sont plus nombreux et plus divers.

Cependant tout converge vers un renforcement de l'exploitation familiale indépendante. La grande propriété recule, soit démembrée au profit de l'exploitation paysanne, soit prise en charge par des fermiers économiquement et socialement indépendants. Les exploitations de taille moyenne (entre 10 et 50 hectares) progressent en nombre, elles sont aux dimensions d'une famille paysanne. La progressive émancipation paysanne vis-à-vis des notables se marque aussi par la multiplication des coopératives (vin, lait). La constitution de l'Office national interprofessionnel des céréales (1936) accélère la création de coopératives céréalières. Dans les années 1930, sauf dans quelques régions, les exploitants ont pris la relève des nobles grands propriétaires ou des « messieurs » républicains qui dominaient jusqu'alors les organisations agricoles. Mais les syndicats de producteurs de vin, de betteraves ou de blé restent contrôlés par les gros exploitants.

A la veille de la guerre, le monde paysan reste peu intégré à la société industrielle. Alors même que depuis 1914 près de 20 000 kilomètres de voies ferrées d'intérêt local ont été ouvertes à la circulation, que le réseau de chemins vicinaux est de plus en plus dense, que l'essentiel des communes rurales ont été électrifiées, la modernisation économique ne pénètre encore que faiblement les campagnes : les moissonneuses-lieuses se sont généralisées, mais on ne compte que 30 000 tracteurs ; on utilise davantage d'engrais mais les rendements moyens en blé sont parmi les plus faibles d'Europe. Si quelques régions ont réussi leur modernisation (maraîchers du Vaucluse, céréaliers du Bassin parisien, betteraviers du Nord), l'ensemble du monde paysan conserve des réflexes conservateurs : le crédit agricole est plus utilisé pour thésauriser que pour investir, les paysans produisent d'abord pour leur propre consommation. Malgré l'importance de son secteur agricole, la France est déficitaire dans ses échanges alimentaires extérieurs.

La vie quotidienne paysanne traduit les hésitations d'un monde partagé entre les traditions et la modernité : des hangars neufs, des sols de ciment au lieu de la terre battue, mais la maison paysanne ne change guère dans sa structure. Si les fours à pain sont désaffectés, la soupe, qui mijote dorénavant sur une cuisinière, reste l'essentiel du repas paysan. Le vêtement se modifie lentement : encore des blouses, alors qu'apparaissent les pardessus. Les fêtes traditionnelles suivent toujours le calendrier agricole (repas des moissons et des vendanges) et la vie religieuse. Mais dans certaines régions la ferveur décroît, la sortie de la messe dominicale n'est plus le moment privilégié de la sociabilité villageoise. Les plus anciennes coutumes, célébration du solstice de juin avec les feux de la Saint-Jean ou le carnaval, survivent d'autant plus difficilement que les jeunes ruraux sont de moins en moins nombreux. La création en 1937 du musée des Arts et Traditions populaires symbolise la progressive disparition de l'ancien monde rural. Mais tout se passe comme si les campagnes subissaient les évolutions sans prendre conscience des nécessités de modernisation qu'elles impliquaient. Il est vrai que le discours officiel, volontiers paternel et passéiste, ne peut guère inciter aux transformations indispensables.

Sclérose bourgeoise

Dans son livre, médité pendant la guerre, *A l'échelle humaine*, Léon Blum décrit sévèrement la bourgeoisie qui « régit la France depuis un siècle et demi » et qui s'est effondrée en 1940. Définir la bourgeoisie n'est pas sans problèmes. Comment tracer les contours des élites dirigeantes ?

La bourgeoisie en France tient encore à la terre, à la boutique, à la rente. Crispée sur la défense de son patrimoine, elle vécu le Front populaire comme une atteinte inadmissible à ses droits acquis, une injustifiable poussée de haine contre sa supériorité légitime. La promotion de la classe ouvrière que Léon Blum veut intégrer dans la cité est ressentie comme une rupture de la synthèse républicaine. Déjà les effets de la Première Guerre mondiale ont ruiné de nombreux rentiers. L'essor économique des années 1930 aurait pu renouveler la bourgeoisie, mais les chefs d'entreprise qui réussissent sont alors considérés avec dédain par la « bonne société ». Puis, face à la crise, la bourgeoisie se crispe sur la sauvegarde des acquis : réflexes malthusiens, repli sur le marché colonial protégé qui assure la survie d'industries (textiles en particulier) non compétitives sur le marché mondial. Les événements des années 1930 révèlent l'attachement à la hiérarchie et à l'obéissance ouvrière, le refus obstiné de relations contractuelles avec les salariés ; même si parfois cette pratique de l'autorité se nuance de paternalisme. Le tableau ne serait pas complet si l'on n'évoquait pas la crise des bourgeoisies provinciales lentement dépossédées de leur pouvoir local quand s'accroît la centralisation financière et administrative parisienne, les difficultés de propriétaires terriens habitués à vivre de leurs métayages ou de leurs fermages et qui en vivent de plus en plus mal, l'appauvrissement des propriétaires d'immeubles urbains dont les revenus sont amoindris quand les loyers sont bloqués.

Menacée, la bourgeoisie entend cependant maintenir l'essentiel de son mode de vie et de ses pratiques culturelles : sa conception de la famille et de l'école. Certes les bourses et « l'élitisme républicain » permettent l'ascension sociale de quelques fils du peuple, mais les cloisons sont étanches entre l'enseignement primaire et un enseignement secondaire fief quasi exclusif de la bourgeoisie : les effectifs masculins des lycées ne progressent pas des années 1880 aux années 1930. Les « humanités » sont toujours au centre de la culture bourgeoise ; les débats parlementaires les moins violents sont ceux où s'opposent, toutes opinions politiques confondues, les champions du thème latin et les hérauts de la version latine.

Certes de nombreux travaux permettent de nuancer ce tableau ; les non-conformistes, les patrons audacieux et les bourgeois éclairés n'ont pas manqué dans la société française des années 1920 et 1930, mais, au-delà même de la bourgeoisie, les classes moyennes ont intériorisé les valeurs dominantes qui imprègnent l'ensemble de la société française. Ce qui l'emporte, c'est bien le repli, voire la léthargie.

Il reste à tenter de cerner les contours de la classe dirigeante. A la différence d'autres pays de niveau de développement comparable, la classe dirigeante française est si insaisissable (ou si masquée ?) que l'on peut douter parfois de son existence comme un ensemble homogène. C'est si vrai que l'imaginaire collectif recourt à des mythes pour en donner une image concrète : ainsi les « 200 familles » (les 200 plus gros actionnaires de la Banque de France) qui succèdent au « mur de l'argent » de l'époque du Cartel des gauches. Le pouvoir économique et social du monde des affaires est incontestable, mais son emprise sur la société n'est pas totale. Il n'atteint guère le monde rural, et l'État conserve une certaine autonomie. Professions libérales, boursiers de l'État, professeurs se partagent le pouvoir politique. Ils représentent plus la petite et la moyenne bourgeoisie que la grande. Ainsi, dans la crise des années 1930, tentent-ils de préserver le monde rural, la boutique et l'atelier avant de songer à promouvoir la modernisation économique.

Nous avons jusqu'ici insisté sur les crispations de la société française. Pour reprendre une expression qui a beaucoup servi dans les années 1950 et 1960, tout se passe comme si cette société était *bloquée*. Il est indispensable de garder ces blocages en mémoire pour mesurer les pesanteurs qui, dans l'après-guerre, freinent le changement social. Cette vieille France, rentière, morose, gardienne de valeurs désuètes, est encore là quand l'expansion économique fait craquer le corps social.

LA CONJONCTURE DE LA LIBÉRATION

Rationnement, pénurie, misère

Rappelons simplement ici l'essentiel. 600 000 morts, civils ou militaires, auxquels il faut ajouter le déficit de population résultant des départs d'étrangers et de la diminution des naissances, soit 850 000. La guerre a directement touché 74 départements ; se loger est une entreprise quasi impossible. La désorganisation des transports rend très difficile le ravitaillement des villes. L'indice de production industrielle est tombé à 38 (100 en 1938) et même à 29 si l'on prend la production de 1929 comme référence. L'insuffisance tragique des produits disponibles, alors que la masse monétaire s'est gonflée pendant la guerre, entraîne les classiques phénomènes inflationnistes, que ne peut enrayer le blocage des prix ; une situation qui favorise naturellement le développement des marchés noirs. Alors qu'après les souffrances de la période de la guerre et de l'Occupation les Français aspirent à mieux vivre, les difficultés de tous ordres s'accumulent pour rendre malaisée la vie quotidienne.

Les blessures nées des événements tragiques de 1940-1944 restent ouvertes avec les débats sur l'épuration. D'autres fractures traversent le corps social. Les paysans sont parfois accusés d'avoir profité des pénuries alimentaires ; les intermédiaires gonflent artificiellement l'appareil commercial français ; on dénonce les trop rapides fortunes édifiées sur les tractations d'arrière-boutique. Il n'est pas indifférent de souligner que les deux groupes sociaux les plus fréquemment accusés d'avoir « profité » de la guerre sont ceux-là mêmes qui étaient l'armature sociale de la IIIe République. Sur le plan politique, l'effacement du Parti radical à la Libération va dans le même sens.

Un autre discours sur la société

Trois textes d'époque pour introduire ce thème.

● *Discours du général de Gaulle le 12 septembre 1944 :* « ...Tout en assurant à tous le maximum possible de liberté et tout en favorisant en toute matière l'esprit d'entreprise, elle (la France) veut faire en sorte que l'intérêt particulier soit toujours contraint de céder à l'intérêt général, que les grandes sources de la richesse commune soient exploitées et dirigées non point pour le profit de quelques-uns mais pour l'avantage de tous, que les coalitions d'intérêts qui ont tant pesé sur la condition des hommes et sur la politique même de l'État soient abolies une fois pour toutes et, qu'enfin, chacun de ses fils, chacune de ses filles, puisse vivre, travailler, élever ses enfants, dans la sécurité et dans la dignité. »

● *Ordonnance du 4 octobre 1945 :* « Article premier. Il est institué une organisation de sécurité sociale destinée à garantir les travailleurs et leurs familles contre les risques de toute nature susceptibles de réduire ou de supprimer leur capacité de gain, à couvrir les charges de maternité et les charges de famille qu'ils supportent. »

● *Préambule de la Constitution de 1946* (extraits) : « ...Chacun a le devoir de travailler et le droit d'obtenir un emploi...
« Tout homme peut défendre ses droits et ses intérêts par l'action syndicale et adhérer au syndicat de son choix.
« Le droit de grève s'exerce dans le cadre des lois qui le règlementent.
« Tout travailleur participe, par l'intermédiaire de ses délégués, à la détermination collective des conditions de travail ainsi qu'à la gestion des entreprises.
« Tout bien, toute entreprise, dont l'exploitation a ou acquiert les caractères d'un service public national ou d'un monopole de fait, doit devenir la propriété de la collectivité.
« La Nation assure à l'individu et à la famille les conditions nécessaires à leur développement.
« Elle garantit à tous, notamment à l'enfant, à la mère et aux vieux travailleurs, la protection de la santé, la sécurité matérielle, le repos et les loisirs... »
Inutile de multiplier les textes dont la tonalité serait identique ; relevons l'emploi insistant du mot « travailleur ». Sans doute pour la première fois dans l'histoire de la France il apparaît ainsi au premier plan, sans aucune réticence, tout au moins avouée. Exaltation donc du travailleur, producteur essentiel de richesses : toutes les familles politiques et syndicales, au lendemain de la guerre, appellent à l'intensification de la production. Inversement, pour une grande partie de l'opinion, la bourgeoisie est dévalorisée. Les patrons sont « au piquet ». Dans son livre, *A l'échelle humaine*, qui paraît au lendemain de la guerre, Léon Blum accuse la bourgeoisie d'être responsable de la défaite de 1940 et dénonce ainsi la faillite des élites dirigeantes.
Il y a donc rupture du langage dominant sur la société. Ce n'est plus le temps de Méline, la France ne repose plus sur l'alliance de la bourgeoisie et de

la paysannerie. Vichy a dévalué quelques images. La France repose désormais sur les épaules des travailleurs. Produire, c'est aussi faire de la France de nouveau une puissance, c'est lui permettre de retrouver son *rang*.

La société qui était l'assise de la IIIe République doit servir de repoussoir, de contre-modèle à la société que l'on entend construire. D'Alfred Sauvy à Jean Monnet, de l'agronome René Dumont à Pierre Mendès France, le discours, qu'il soit politique ou technicien, est unanime pour condamner une société *malthusienne* et affirmer la volonté de se donner les moyens du progrès et de l'expansion. Les historiens savent que cette image d'une France d'avant-guerre tout entière stigmatisée par l'adjectif *malthusien* est schématique et partielle. Peu importe. L'essentiel est que ce rejet souligne la volonté du présent. Ainsi la France inaugure une nouvelle période saint-simonienne, mais la déconsidération générale des anciennes élites impose que l'État soit l'artisan du renouveau. Ce qui coïncide avec la volonté politique du général de Gaulle, la reconstruction d'un pouvoir fort. De 1944 à 1946 les grandes décisions sont prises : *nationalisations* qui étendent le *service public*, *plan* qui doit permettre à l'État de prendre en main la reconstruction économique, *Sécurité sociale*, *allocations familiales* qui élargissent le rôle tutélaire de l'État. Dans les entreprises enfin les *comités d'entreprise*, émanation élue des travailleurs, leur donnent théoriquement un droit de regard sur la gestion.

Ce rôle croissant de l'État dans la modernisation a derrière lui, en 1945, déjà une longue histoire. L'historien américain Richard Kuisel (*Le Capitalisme et l'État en France ; modernisation et dirigisme au* XXe *siècle*, 1984) a montré que la création d'un « ordre économique mixte et dirigé où l'État fonctionne dans le but de promouvoir la modernisation » trouve ses origines dans la Première Guerre mondiale. Mais l'important est que le corps social, en 1945, non seulement accepte mais fait siens ces thèmes et qu'ils lui paraissent riches des promesses de la modernité.

Quant aux idées plus précises sur l'ordre social souhaité, hors le monde communiste, il est vain d'en chercher. Le consensus est plus sentimental qu'idéologique. *Combat*, le journal d'Aron, Bourdet et Camus, porte en sous-titre « De la Résistance à la Révolution », mais quelle révolution ? et pour quelle société ? Humanisme général, souhait d'une société plus fraternelle et plus juste, consensus sur le rôle de l'État, mais absence d'une vision plus précise de la société à reconstruire. C'est négativement que se définit le projet social, contre la frileuse bourgeoisie de la IIIe République, contre la société ruraliste de Pétain.

Certes la bourgeoisie dominante n'a pas magiquement disparu en 1945 ; la table n'est pas rase. Ceux qui se taisent encore au lendemain de la guerre vont progressivement réapparaître ; la France traditionnelle coexiste avec les forces de renouveau ; le corps social, s'il adhère au nouvel imaginaire social, retrouve vite les habitudes anciennes. C'est le thème essentiel du passionnant dialogue entre un historien (Jean Bouvier) et un praticien de la modernisation (François Bloch-Lainé) dans un livre au titre volontairement ambigu : *La France restaurée, 1944-1954. Dialogue sur les choix d'une modernisation* (1986).

LES FORCES DU CHANGEMENT SOCIAL

Le monde ouvrier

« Mes camarades ». C'est ainsi, raconte-t-on, que le premier président de la Régie Renault, nationalisée à la Libération, s'adressait à ses ouvriers. Pierre Lefaucheux témoignait par ces mots d'un climat social qui est celui du lendemain de la guerre. C'est l'époque du grand prestige de Maurice Thorez à la tête du Parti communiste, et de la diffusion de son autobiographie, *Fils du peuple*, où il insiste sur ses débuts à la mine. Ces travailleurs, dont on exalte le rôle dans la Résistance, apparaissent alors comme un groupe cohérent dont il est nécessaire d'étudier la formation.

● *La constitution d'une classe ouvrière.* Au lendemain de la guerre les ouvriers représentent environ quelque 6 millions de travailleurs, soit un tiers de la population active. Depuis les débuts de la grande industrie au XIXe siècle, ils ne se sont que très lentement dégagés des structures artisanales rurales et urbaines. Longtemps l'idéologie sociale dominante a privilégié la terre et l'atelier et refusé l'usine. Non seulement parce que l'usine symbolisait pour les élites traditionnelles dominantes le risque de subversion sociale, mais encore parce que les travailleurs de la terre et de l'atelier la considéraient comme un « bagne ». On sait, grâce aux travaux de Rolande Trempé sur les mineurs de Carmaux, qu'il fallut au XIXe siècle près de cinquante ans pour faire des paysans-mineurs des ouvriers-mineurs. La IIIe République s'est appuyée sur le village et sur ce monde des classes moyennes auquel étaient promises les apparences de la vie bourgeoise. Mais le monde ouvrier était exclu de la « synthèse républicaine ». Les mouvements sociaux de la Belle Époque traduisent l'enfermement du monde ouvrier. C'est le temps du syndicalisme révolutionnaire et de l'attente du « grand soir ». Léon Blum, en 1936, avait si bien perçu cette situation qu'il résumait son intention sociale à la volonté de faire entrer dans la cité « ceux qui campaient à ses portes ».

Rejeté comme un corps étranger, le monde ouvrier se constitue cependant. Des bastions industriels stables s'enracinent régionalement : le Nord et le Pas-de-Calais, domaine de la mine et du textile, la Lorraine minière et sidérurgique, la banlieue parisienne et ses grandes usines de métallurgie de transformation (automobile par exemple), la région lyonnaise plus diversifiée avec l'importance particulière du pôle chimique ; les grands ports avec toutes les activités liées à la manutention et les industries alimentaires de transformation des produits importés.

Une partie du patronat français abandonne alors sa timidité dans l'emploi des innovations technologiques. Entre le début du siècle et 1930 les industries françaises se mécanisent rapidement et certains secteurs commencent à adopter l'organisation scientifique du travail. Le travail ouvrier évolue. Dans certains secteurs les travailleurs maîtres d'une technique spécialisée disparaissent, l'autonomie des contremaîtres et des ouvriers professionnels est progressivement remise en cause, les équipes qui, au sein de la grande entreprise, reproduisaient le monde de l'atelier, sont plus rares. Les pièces progressivement sont normalisées, le travail parcellisé. Dans le même temps (années 1920) le patronat fait largement appel à la main-d'œuvre immigrée : à la veille de la Seconde Guerre mondiale, les étrangers représentent près de la moitié des effectifs de mineurs travaillant au fond dans le Pas-de-Calais, la quasi-totalité dans les mines de fer de Lorraine.

La crise des années 1930, puis la guerre et enfin la période de reconstruction vont figer ce monde ouvrier tel qu'il était organisé et structuré vers 1930. De 1931 à 1954 les effectifs industriels ne progressent que de 500 000 personnes. Les espaces économiques sont immuables : les grands bastions industriels sont constitués. Cette permanence permet la constitution de la classe qui se donne ses figures emblématiques : le mineur, le métallo, le docker, l'ouvrière du textile. Le charbon, la fonte et l'acier, les métiers textiles, les gazomètres, les usines de briques : c'est l'univers ouvrier.

La stabilité du groupe permet son homogénéisation, dont un des premiers facteurs est l'hérédité professionnelle. Philippe Ariès, étudiant la banlieue parisienne au lendemain de la guerre, soulignait ce phénomène. Alors qu'au XIXe siècle prédominaient les tentatives d'évasion hors du monde ouvrier vers la boutique ou vers la fonction publique, dorénavant les travailleurs qualifiés ont conscience de pouvoir accéder à un certain nombre de privilèges et à la sécurité, sans évasion hors de la classe ouvrière. Les acquis sociaux du Front populaire et de la Libération renforcent ce sentiment. Cette hérédité professionnelle joue aussi pour les travailleurs immigrés : la deuxième génération s'enracine. Une enquête du début des années 1950 montre que les trois quarts des fils des ouvriers mineurs polonais sont ouvriers eux-mêmes, et la moitié mineurs.

● *La lutte sociale renforce la cohésion ouvrière*. A la stabilité des structures industrielles et à l'hérédité accrue du groupe s'ajoute un troisième facteur essentiel pour expliquer et l'homogénéisation du monde ouvrier et son importance nouvelle au cœur même de l'imaginaire social. La génération ouvrière de ces années 1930-1950 a trouvé dans la lutte sociale et politique une identité et des structures d'expression. Les grèves de 1936 et la poussée syndicale qui les accompagne, puis la grève générale de novembre 1938 pour défendre les acquis du Front populaire et la répression patronale qu'elle provoque, les luttes de la Résistance et enfin les grandes grèves des automnes 1947 et 1948 s'inscrivent dans un cycle de luttes, donnent au groupe une histoire commune, nationalisent les conflits du travail en faisant dorénavant de l'État l'interlocuteur essentiel du monde ouvrier.

Le syndicalisme français ne devient en effet un syndicalisme de masse qu'au moment du Front populaire, alors même que le Parti communiste, jusquelà secte, se transforme en un grand mouvement représentant prioritairement la classe ouvrière. Les effectifs de la CGT réunifiée atteignent peut-être 4 millions en 1936-1937 et près de 5 millions en 1945-1946. Le PCF, qui ne comptait que 40 000 militants en 1934, dépasse les 300 000 fin 1937 et revendique 819 000 adhérents en décembre 1946. Certes, ces organisations indiquent en général le nombre des cartes commandées par les fédérations et non les cartes réellement placées ; ainsi peut-on estimer que les effectifs du PCF ne dépassent pas 600 000 en 1946. Il reste que la progression est considérable.

Ces organisations syndicales et politiques, qui revendiquent la représentation exclusive de la classe ouvrière, contribuent d'autant plus à créer des réflexes de solidarité qu'elles s'enracinent dans un contexte national. Si l'on met à part la parenthèse qui va du Pacte germano-soviétique d'août 1939 à 1941, le PCF et les organisations qui lui sont liées retrouvent depuis 1935, un langage bleu-blanc-rouge, inscrivent l'action sociale dans une tradition à la fois populaire et nationale. C'est bien souvent ainsi que de nombreux travailleurs immigrés ont pu s'insérer dans la société française. Les organisations représentatives du monde ouvrier donnent alors une image de la classe qui la conforte dans son existence. Le combat social exalté permet au monde ouvrier d'avoir désormais une histoire. Le mineur devient un personnage héroïque de la société française : la grève de mai-juin 1941 des mines du Nord-Pas-de-Calais est saluée plus tard comme la « grande grève patriotique ». Maurice Thorez, né dans le « pays noir », peut en 1945 lancer la « bataille de la production ».

Les groupes ouvriers sont d'autant plus attachés aux organisations syndicales et politiques qui les représentent que la lutte apporte des satisfactions à leurs revendications : conquêtes sociales de 1936, grandes lois de la Libération et, plus particulièrement pour certaines professions, l'obtention de la garantie du travail marquée par le *statut* (celui des mineurs ou celui des dockers). La lutte paie : c'est l'enseignement intériorisé par le monde ouvrier et que confortent la pratique et le discours des organisations ouvrières. Si l'on se souvient que cette génération a connu une France sans Sécurité sociale (les lois des années 1930 sont partielles et incomplètes), sans congés payés, sans aucune sécurité de l'emploi, une France où le plus souvent la retraite signifiait le dénuement, on comprend l'attachement des travailleurs aux conquêtes sociales.

● *Les grèves de 1947 et de 1948.* En mai 1947 les ministres communistes sont éliminés du gouvernement Ramadier. L'unanimité socio-patriotique de la Libération est du domaine du passé. Mais le monde ouvrier, appuyé sur son histoire, a dorénavant une identité constituée qu'il entend préserver. La scission syndicale de 1947-1948 accentue la ligne de partage entre les ouvriers et les autres catégories de salariés. Alors que se forme la Fédération de l'Éducation nationale qui entend rester autonome, les syndiqués qui suivent Léon Jouhaux et se regroupent dans la CGT-Force ouvrière appartiennent majoritairement au monde des fonctionnaires et des employés. Ainsi la CGT de Frachon, après la scission, renforce-t-elle son identité prioritairement ouvrière.

Les conflits sociaux de 1947 et de 1948 s'inscrivent d'abord dans un contexte social difficile : inflation, difficultés d'approvisionnement, marché noir, problèmes de logement, faiblesse des salaires. Mais ils témoignent aussi de la volonté de la classe ouvrière et de ses organisations de maintenir une identité qui n'est plus aussi naturellement reconnue qu'en 1945. Ainsi s'explique la violence de ces mouvements sociaux : volonté d'affirmation, crainte d'un nouvel enfermement. D'autre part, dans le cadre de la guerre froide, la CGT et le PCF entendent conserver la maîtrise des forces sociales qu'ils ont su rassembler. Des études précises ont montré que le PCF n'a pas cherché alors à prendre le pouvoir, mais à perpétuer son contrôle sur les bastions ouvriers.

Plutôt que de résumer l'ensemble de ces grèves, nous choisirons de décrire les troubles sociaux qui ont touché Marseille en novembre 1947. Le mouvement social peut s'expliquer par la rencontre de plusieurs facteurs :

— La fin du consensus de la Libération : en 1946, à Marseille, les CRS défilaient avec des banderoles proclamant : « La police au service du peuple » ; les travailleurs étaient représentés par les ministres communistes dans les gouvernements successifs. On les incitait au travail productif et à la sagesse sociale en leur promettant des lendemains meilleurs. Mais, en 1947, les difficultés sociales sont toujours présentes, la vie est de plus en plus chère : les premiers troubles sont déclenchés par une hausse des tarifs des tramways urbains.

— Facteur politique : non seulement les ministres communistes ont dû quitter en mai le gouvernement Ramadier, mais, localement, lors des élections municipales, le succès du Rassemblement du peuple français, créé la même année par le général de Gaulle et violemment anticommuniste, entraîne le remplacement du maire communiste Cristofol par le gaulliste Carlini.

— La combativité ouvrière est le troisième facteur. Dans de nombreuses entreprises marseillaises, l'implantation de la CGT et du PCF est importante, tout particulièrement dans les *Aciéries du Nord* qui emploient 12 000 métallurgistes.

La grève s'accompagne de troubles dans la ville et de violentes manifestations. Des tramways sont renversés. L'émeute atteint l'hôtel de ville, le palais de justice où sont jugés des manifestants, mais également, et c'est la composante locale, le quartier de l'Opéra où les ouvriers mettent à sac les boîtes de nuit : colère sociale contre les lieux de plaisir insolents en période de pénurie, mais aussi contre le « milieu » marseillais accusé de servir la droite. Ce mouvement social marque symboliquement la rupture entre le monde ouvrier et l'appareil d'État : les CRS, chargés de rétablir l'ordre, sont critiqués pour leur attitude. Le ministre SFIO de l'Intérieur Édouard Depreux leur reproche même d'avoir fourni des armes aux insurgés. L'accusation ne résiste pas à l'analyse, mais elle permet de dissoudre certaines compagnies de CRS et surtout d'éliminer des officiers anciens membres des milices patriotiques et proches du PCF.

La grève des houillères du Nord est tout aussi violente. Le 3 décembre, le sabotage de l'express Paris-Tourcoing fait 21 victimes. Jules Moch (SFIO), qui remplace Depreux fin novembre, mobilise toutes les forces de l'ordre, rappelle des réservistes. Le mouvement s'apaise en décembre. A l'automne 1948, c'est surtout le bassin houiller du nord de la France qui est touché par ces mouvements de grève violents. La troupe doit dégager les installations occupées par les grévistes fin novembre et début décembre.

Les conséquences de ces mouvements sont graves : ils provoquent directement la scission syndicale et la création de la CGT-FO. Ils signifient aussi pour la part importante de la classe ouvrière qui suit la CGT et le PCF le retour dans une forme de ghetto. L'État, considéré comme l'instrument des trusts et de l'impérialisme américain, est désormais l'ennemi de la classe ouvrière, ou tout au moins de son noyau dur. Mais ce noyau dur peut s'appuyer sur une classe ouvrière enracinée, homogène ; une classe ouvrière qui utilise son histoire militante et préserve son identité.

● *Niveau de vie, modes de vie du monde ouvrier*. Les conditions de vie restent très dures jusqu'au milieu des années 1950, même si les transferts sociaux permettent d'améliorer progressivement la condition ouvrière. L'inflation, la « vie chère », provoque une course entre les prix et les salaires. Jusqu'au milieu des années 1950 l'alimentation représente 50 à 60 % des dépenses ouvrières. Les conditions de logement sont très difficiles. Les enquêtes de Chombart de Lauwe sur les ouvriers de la région parisienne font apparaître l'entassement et l'inconfort : en 1946, dans le département de la Seine, 780 000 familles (c'est-à-dire la moitié de la population du département) vivent à trois ou plus par pièce. Dans l'hiver 1954, l'abbé Pierre révèle la grande misère des *sans-logis*, la détresse des occupants des bidonvilles de Nanterre et de Saint-Denis. Ce n'est qu'à la fin des années 1950, avec la construction des grands ensembles, que la situation s'améliore lentement. Les vieux travailleurs, les *économiquement faibles* affrontent des situations particulièrement rudes.

La culture ouvrière prend des aspects divers selon les lieux : la colombophilie est une distraction très répandue dans le Nord, de même les fanfares ou autres cliques. L'identification du groupe se réalise également à travers un mode d'alimentation : le vin rouge, la viande rouge sont indispensables à la reconstitution des forces physiques du travailleur manuel. Les organisations du groupe agissent aussi pour conforter l'identité. En juin 1947, Laurent Casanova, membre du Comité central du PCF, fixe la position du parti lors du XIe Congrès : « En vérité, lorsque les masses sont en mouvement, les valeurs culturelles essentielles ont leur source dans la lutte des masses... ». Le mineur de fond, avec le métallo de Billancourt, devient héros célébré par des poèmes d'Aragon, et en 1949 par le recueil de nouvelles d'André Stil, *Le Mot mineur, camarades* ; le film de Louis Daquin, *Le Point du jour*, magnifie la grève des mineurs de 1948. Enfin la CGT invite le peintre Fougeron à visiter les mines du Nord : son exposition de 1951, *Le Pays des mines*, exalte et les souffrances et la noblesse du monde ouvrier, associant, selon les règles du réalisme socialiste, misérabilisme ouvriériste et épopée.

La croissance démographique

Entre 1942 (le retournement est précisément daté par les démographes) et le milieu des années 1960, les Français semblent abandonner le malthusianisme démographique, comme si étaient intériorisées les valeurs de renouveau et les volontés de rajeunissement. Adéquation rare entre le discours des responsables et la réponse du corps social : le général de Gaulle obtient les « 12 millions de beaux bébés » qu'il réclamait, lors de la Libération, du patriotisme des Français. L'explication du phénomène n'est pas simple, d'autant plus que, contrairement au passé, le comportement démographique des Français est dorénavant conforme au comportement des Anglais, des Allemands ou des Américains du Nord ; il serait donc vain de chercher une réponse dans la conjoncture nationale (Code de la famille de 1939, allocations familiales...).

Nous analyserons dans un chapitre ultérieur les conséquences de cette croissance sur les structures familiales ; il importe ici de mesurer l'ampleur du phénomène et ses conséquences sociales.

Tous les indices vont dans le même sens : la natalité augmente en chiffres absolus : 630 000 naissances en 1936, toujours plus de 800 000 de 1946 à la fin des années 1950. Le taux de natalité, 15 ‰ en 1936, varie de 21 à 18 ‰ de 1946 à 1958. Le taux net de reproduction pour 100 femmes qui était de 80 en 1946 est toujours supérieur à 120. Comme d'autre part la mortalité recule et surtout la mortalité infantile (71 ‰ en 1936, moins de 25 ‰ au début des années 1960), on comprend l'accroissement de la population : 40,1 millions en 1946, 45 millions à la fin des années 1950. L'entrée de travailleurs étrangers est encore assez faible. Cette croissance globale de la population est donc due essentiellement à l'accroissement naturel. L'effort de la collectivité nationale (hôpitaux et surtout Sécurité sociale) a été décisif. Mais l'action de l'État ne peut expliquer que partiellement ce rajeunissement : est-ce un hasard s'il coïncide avec le recul des valeurs traditionnelles d'épargne et donc avec une autre attitude face à l'avenir ?

La première conséquence majeure de cette croissance démographique est l'augmentation du nombre des jeunes dans l'ensemble de la population : alors qu'en 1936 les moins de 20 ans étaient 28,9 %, ils représentent en 1954 30,7 % et, en 1962, 33,1 % de l'ensemble des Français. Il faut souligner que cette évolution fait reposer sur la population active, qui elle n'augmente pas, une charge d'autant plus lourde que la scolarité s'allonge. La France doit faire face à un afflux d'enfants d'abord dans l'enseignement primaire, puis dans l'enseignement secondaire au début des années 1960, dans l'enseignement supérieur enfin. Que ce rajeunissement coïncide avec la croissance économique n'a été possible que grâce à un important transfert de population des campagnes vers les villes.

Les campagnes en mouvement

Alors que la population agricole est à peu près stable de 1936 à 1946, l'exode s'accélère au lendemain de la guerre. De 1946 à 1954 le monde rural perd près d'un million d'actifs masculins, et 700 000 de 1954 à 1962. Mais les départs sont sélectifs : partent vers la ville d'abord les salariés agricoles, qui trouvent dans l'emploi industriel des rémunérations plus élevées qu'à la campagne, les jeunes adultes et tout particulièrement les jeunes filles.

L'idéologie technicienne pénètre alors le monde rural et l'on observe, ici comme ailleurs, une coïncidence entre le discours des élites dirigeantes et les pratiques de la société rurale. L'agronome René Dumont publie en 1946 *Le Problème agricole français* ; il affirme : « Une agriculture instruite, équipée, modernisée, productive, prospérera dans un cadre adapté à l'économie d'abondance. Une agriculture routinière, repliée dans une position autarcique et malthusienne conduirait à la ruine le pays en entier : l'agriculture française sera moderne... ou ne sera pas. » René Dumont est conseiller agricole au Commissariat général au Plan. Le 1er Plan (Plan Monnet de 1947) met l'accent sur les investissements nécessaires et la mécanisation de l'agriculture qui bénéficie ensuite des crédits américains dispensés dans le cadre du Plan Marshall. Ce moment est décisif puisque dorénavant la voie est ouverte à une intégration de l'agriculture dans l'économie nationale : consommation de produits industriels, autosuffisance de la production agricole et même dégagement de surplus pouvant être exportés. Ce projet rencontre une génération de jeunes agriculteurs prêts à le mettre en pratique, et même parfois impatients de remplacer leurs aînés pour réaliser la modernisation des exploitations. Un homme est le symbole de cette génération, Michel Debatisse. « Ils avaient quinze ans à la Libération », écrit-il dans son livre *La Révolution silencieuse, le combat des paysans*, paru en 1963. « Ils ont également un même sentiment collectif de frustration, d'aliénation. Ils se sentent des retardataires, hommes d'un autre âge, d'une autre civilisation, en position de faiblesse, incompris, non participant à la vie de la cité. » La génération agissante que représente Michel Debatisse a été formée par la Jeunesse agricole chrétienne dont le rôle s'explique par la carence de l'État dans le monde rural ; l'école primaire uniforme et abstraite ne suffit guère pour préparer les paysans au progrès technique. La JAC est née avant la guerre mais elle atteint son plus grand rayonnement au début des années 1950. En mai 1950, elle réunit au Parc des Princes, à Paris, 70 000 jeunes paysans venus de toute la France : « Pendant trois jours, ils entendront proclamer par quelques-uns des leurs qu'un monde nouveau doit naître et que c'est eux-même qui vont le créer. » Dans ces années, la JAC multiplie les stages, les rencontres de jeunes, les enquêtes. L'idéologie du mouvement doit beaucoup aux aumôniers jésuites et au personnalisme d'Emmanuel Mounier. Le monde paysan ne doit plus être ce monde replié sur lui-même, cette sorte de réserve protégée dont les vertus ont été exaltées par des générations d'agrariens. Le moyen de s'ouvrir au monde est d'adopter le progrès technique qui seul doit permettre de sortir de l'humiliation. Secrétaire général de la JAC, Michel Debatisse est un des fondateurs du Centre national des jeunes agriculteurs (CNJA) qui naît en 1956 et qui marque le passage de cette génération de l'Action catholique au syndicalisme professionnel. Le CNJA est lié à la Fédération nationale des syndicats d'exploitants agricoles (FNSEA), la plus puissante des organisations syndicales du monde paysan, alors que la Confédération générale agricole (CGA), créée à la Libération sur le modèle de la CGT et qui entendait regrouper tous les *travailleurs* de la terre, est en sommeil dans les années 1950. Le syndicalisme rural se développe comme un regroupement d'*exploitants*.

Les campagnes alors se motorisent : 137 000 tracteurs en 1950, 558 000 en 1958, 1 million au milieu des années 1960 ; 4 900 moissonneuses-batteuses en 1950, plus de 100 000 au milieu des années 1960. Dans la même période, la consommation d'engrais est multipliée par trois. Cette transformation technique n'est possible que par le recours à l'emprunt que l'État encourage et donc par la transformation des mentalités paysannes traditionnelles.

Cependant, cet effort d'une génération, s'il est une réussite globale, profite surtout aux grands exploitants. Les petits exploitants ne peuvent toujours pas faire face aux investissements indispensables, d'autant plus que le prix de la terre augmente. En 1953, d'abord dans le Midi languedocien (mévente du vin), puis dans le Centre, quelques semaines plus tard (effondrement du prix de la viande), à l'appel du Comité de Guéret, pour la première fois dans l'histoire de la France les tracteurs barrent les routes. Entre 1960 et 1962, pour des raisons comparables, on assiste de nouveau à des manifestations paysannes de grande ampleur.

Ainsi, alors que le monde paysan entre dans l'économie nationale, que s'améliorent les conditions de vie (adductions d'eau), que disparaissent progressivement les bœufs attelés à la charrue et dont le pas lent était le symbole ressassé de l'ordre éternel des champs, une partie de la société paysanne ne peut faire face au progrès. On vit mieux, le gaz butane s'introduit, les mobylettes permettent aux jeunes d'aller travailler à la ville proche, les femmes n'accouchent plus guère dans les fermes, on ne commande plus les meubles à l'ébéniste du village, on achète en ville, mais il y a les oubliés de la modernité : les vieux paysans en conflit avec la jeune génération qui est impatiente d'accéder aux responsabilités, les petits exploitants, les paysans sans terre.

D'autre part, et c'est bien aussi la signification des manifestations paysannes, l'interlocuteur privilégié du monde rural devient l'État.

La France change

Les Français consomment plus qu'ils n'épargnent. Au Salon de l'automobile de 1946, la Régie Renault présente la 4 CV ; c'est une véritable révolution, le président de la Régie a dû en effet imposer la construction d'une voiture populaire contre l'avis de ses cadres qui étaient pénétrés des traditions d'avant-guerre : production très diversifiée pour une clientèle à hauts revenus. La Régie a dû aussi imposer la 4 CV au ministre communiste Marcel Paul qui entendait consacrer l'entreprise à l'équipement de base, à la fabrication de camions. Le choix de Renault marque l'introduction du *fordisme* en France : une production de masse qui parie sur la consommation populaire. Bientôt Citroën, avec la 2 CV, suit un chemin identique. Certes, la France ne se couvre pas d'automobiles : encore au début des années 1950 les acheteurs doivent attendre plusieurs mois, voire plusieurs années la livraison de leur véhicule, mais la demande est là. Jusqu'en 1961 la Régie produit 1 105 000 4 CV. Au Salon de 1955 Citroën présente la DS. Alors qu'en 1936, au *tandem* prolétarien s'opposait l'automobile symbole de l'individualisme d'une élite, la France s'engage désormais dans la voie américaine. Même si les habitudes sont longues à disparaître. En 1955, il n'y a que 7 % d'ouvriers parmi les acheteurs de voitures neuves.

Dans un autre secteur, l'habillement, les traditions commencent aussi à céder devant la nouveauté. Le mot *prêt-à-porter* apparaît en 1949, et le premier salon qui lui est consacré ouvre en 1957, alors que déjà le Salon des arts ménagers est un grand succès annuel.

La place consacrée aux loisirs augmente. En 1956 le gouvernement de Guy Mollet fait passer à trois semaines la durée des congés payés. En 1954 les sociétés de courses lancent le *tiercé*. Les microsillons remplacent les 78 tours. On s'émerveille des premiers stylos à bille.

Les classes moyennes se transforment, derrière l'ingénieur en blouse blanche se profile *le cadre* ; toute une série de mots, venus des États-Unis, s'imposent peu à peu : *marketing, management*. L'économie doit s'organiser pour produire certes, mais aussi pour vendre. La publicité se développe, relayant la *réclame*.

Dans le monde politique même on peut relever des indices de changement : l'École nationale d'administration a été créée à la Libération, elle permet de former des techniciens du service de l'État plus instruits que leurs prédécesseurs des dimensions économiques du monde contemporain. Bientôt les premières générations d'*énarques* vont passer de la fonction publique à la politique. Valéry Giscard d'Estaing, polytechnicien, puis énarque, est élu député en 1956, après un passage dans les cabinets ministériels. La IVe République prépare ainsi le personnel politique dont la Ve va largement user.

Changements et résistances aux changements

L'historien américain Laurence Wylie a étudié dans les années 1950 deux villages français : Roussillon dans le Vaucluse et Chanzeaux dans le Maine-et-Loire. Revenant en 1961 dans ces mêmes villages, il hésite à conclure ; la société qu'il observe accepte le changement mais en même temps lui résiste. Résistance des valeurs, des symboles. L. Wylie évoque la difficile pénétration des potages en poudre : « 52 % des femmes interrogées ont reconnu que la soupe en poudre était pratique, mais qu'elles préféraient ne pas en acheter. Et il est évident qu'elles n'en achetaient guère, car, si 96 % des Français mangent de la soupe une fois par jour, la consommation moyenne de potage en poudre n'est que de dix bols par Français et par an... » ; et l'auteur cite un article de *L'Express* de janvier 1960 : « ...Le potage en sachet heurte quelque chose de très profond... L'image stéréotypée de la soupière fumante sur la table familiale. C'est le symbole du foyer. Au même titre que les pantoufles et le coin du feu. La soupe, qui mijote avec son odeur si révélatrice, attend le retour du mari et des enfants comme la femme elle-même qui reste au foyer. Lui enlever sa soupière, c'est la priver d'une part considérable de son prestige et de son autorité. »

Faisons la part de l'étonnement d'un Américain, ethnologue des soupières bien françaises, mais l'anecdote traduit la permanence de valeurs familiales et sociales enracinées. Le changement qui bouleverse la société française ne transforme ni le décor ni les mentalités. Le décor reste celui de l'avant-guerre, on construit toujours aussi peu dans les villes, alors même qu'affluent les nouveaux travailleurs urbains. Résistance des mentalités : Antoine Pinay, président du Conseil en 1952, est un des hommes politiques les plus populaires de la IVe République. Les valeurs qu'il incarne renvoient pourtant davantage à la IIIe République qu'aux élans de la modernité ; petit industriel de province sans charisme évident (« il s'est fait une gueule d'électeur », disait Édouard Herriot), il rassure par son bon sens affiché, son refus du parisianisme et de l'intellectualisme. Le nom même du parti politique auquel il appartient, les Indépendants et Paysans, est à lui seul tout un programme : indépendance de l'ancienne classe moyenne artisanale et boutiquière, individualisme rétif à l'effort collectif, attachement atavique aux racines rurales.

Rien n'illustre mieux ce conflit entre la résistance au changement et l'aspiration à la modernité que l'opposition, au milieu des années 1950, de Pierre Mendès France et de Pierre Poujade.

MENDÉSISTES ET POUJADISTES

- *1953* : naissance à Saint-Céré, dans le Lot, de l'Union de défense des commerçants et artisans (UDCA) créée par un petit papetier pour s'opposer aux contrôles fiscaux. Pierre Poujade étend son mouvement progressivement en 1954 et 1955.

- *1954* : fin de la guerre d'Indochine (chute de Diên Biên Phû le 7 mai 1954). Débuts des « événements » d'Algérie. Ministère de Pierre Mendès France (18 juin 1954 - 6 février 1955), soutenu par l'hebdomadaire *L'Express* fondé en 1953 par J.-J. Servan-Schreiber et Françoise Giroud.

- *1956* : élections législatives du 2 janvier. Le *Front républicain* l'emporte de peu avec 186 députés ; il regroupe la gauche non communiste (SFIO) et la « nouvelle gauche » rassemblée autour de Pierre Mendès France. Surprenant succès des *poujadistes* qui obtiennent plus de 10 % des suffrages exprimés et 50 députés.

- *Un même diagnostic :* « Nous sommes en 1788 », disent également Pierre Poujade et Pierre Mendès France. Ils constatent l'un et l'autre le risque de décadence de la France et en appellent à un grand effort national. Mais ni les remèdes proposés ni les bases sociologiques des deux courants ne sont comparables.

- *Poujadisme et poujadistes.* Le mouvement symbolise la défense de la petite entreprise indépendante, des *braves gens*, de tout les *petits* menacés par les débuts de l'expansion et de la croissance. Mouvement *provincial*, le poujadisme dénonce le *complot* fomenté par les élites parisiennes, bureaucrates et intellectuels confondus. Pierre Poujade est le porte-parole des anciennes classes moyennes, qui se tournent vers le passé et veulent restaurer la vraie France. Le discours retrouve les valeurs des années 1930, à la fois celles du radicalisme et celles des ligues (antiparlementarisme, xénophobie). S'y ajoute la défense de l'Empire.

- *Mendésisme et mendésistes.* Pierre Mendès France veut *moderniser la France*. Il déplore le vieillissement de l'économie française. « Il faut mettre les travailleurs en mesure de s'adapter rapidement à des métiers nouveaux. » Moderniser la France, c'est libérer les échanges et reconvertir les activités.

  La République souhaitée : celle des techniciens et des savants opposés à la France de la boutique et des bouilleurs de cru. Les mendésistes appartiennent aux nouvelles classes moyennes de salariés, d'étudiants, à la néo-bourgeoisie « éclairée » des cadres et des techniciens. Pour Pierre Mendès France, enfin, il faut transférer les ambitions françaises de l'Empire à l'industrie moderne.

- *Un conflit social majeur.* En 1874, Gambetta saluait « ce monde de petits propriétaires, de petits industriels, de petits boutiquiers » et la démocratie de petits propriétaires, ces « nouvelles couches » qui étaient les assises de la République. Ces catégories, quatre-vingts ans plus tard, sont marginalisées par la modernité économique. Elles se raccrochent aux valeurs du travail et de l'épargne récompensées par la possibilité de « se mettre à son compte ». Dorénavant, les nouvelles classes moyennes sont *salariées* et l'ascension sociale passe plus par l'école que par l'atelier et la boutique.

Ainsi, au milieu des années 1950, le conflit social majeur, parce que décisif pour l'avenir de la société française, oppose moins le prolétariat ouvrier et la bourgeoisie que, au cœur même de la société, les classes moyennes entre elles. A terme, et c'est le sens des années 1960, les troupes des Pierre Poujade sont vaincues ; les nouvelles classes moyennes triomphent parce qu'elles sont porteuses de la modernité économique et d'un style de vie contemporain de cette modernité.

Pour aller plus loin :

Bédarida (F.) et Rioux (J.-P.). (ed.) – *Pierre Mendès France et le mendésisme* (Actes du colloque de 1984), Paris, Fayard, 1985.

Borne (D.) – *Petits Bourgeois en révolte ? Le Mouvement Poujade*, Paris, Flammarion, 1977.

3 *Les grandes mutations des années 1960*

QUINZE ANS DE BOULEVERSEMENTS SOCIAUX

La victoire des modernistes

Préparées par la IV⁰ République, les mutations sociales décisives s'effectuent sous l'autorité du général de Gaulle, jusqu'en 1969, puis pendant la présidence de Georges Pompidou de 1969 à 1974.

Symboliquement, coïncident dans le temps l'adieu au passé que signifie la décolonisation et l'ouverture vers l'avenir marquée par le choix européen. Dans ces deux domaines essentiels l'ambition du général de Gaulle est celle même qui animait Pierre Mendès France. Mais le Général sait parer l'ambition économique des couleurs du patriotisme : « Le développement de la France ! Telle est l'immense entreprise qui nous offre la puissance, la fraternité, la grandeur », s'écrie-t-il le 8 mai 1961 à la télévision.

Une France ouverte aux vents du large doit être une France économiquement compétitive ; la commission Rueff-Armand créée en novembre 1959 recense encore une fois toutes les rigidités qui affectent l'économie : les ententes et tous les « privilèges ». Elle dénonce une société individualiste qui tolère l'existence de professions « fermées », boulangers, commissaires-priseurs, notaires ou pharmaciens. Elle stigmatise les corporatismes, la fraude fiscale.

Dès les premières années de la V⁰ République, les options décisives sont prises. En 1959 le Plan Jeanneney décide du repli progressif de la production de charbon. Avec Edgard Pisani au ministère de l'Agriculture les décisions accélèrent les mutations rurales : les Sociétés d'aménagement foncier et d'établissement rural (SAFER) sont chargées d'acquérir des terres et de permettre une amélioration des structures agraires. Une indemnité viagère de départ est accordée aux agriculteurs âgés qui acceptent de céder leur exploitation. C'est le début d'une politique des structures qui ne considère plus l'exode rural comme un mal absolu et tend même à le faciliter.

	Société	Culture et vie quotidienne
1961	Manifestations d'agriculteurs en Bretagne. Grève des mineurs de Decazeville. Manifestations de travailleurs algériens en France.	J. Demy, *Lola*. Télévision : Pierre Sabbagh, *Au théâtre ce soir*. Chanson : grands succès de Brassens, Brel et Ferré. Première laverie libre-service (à Aubervilliers).
1962	FIN DE LA GUERRE D'ALGÉRIE - G. POMPIDOU PREMIER MINISTRE	
	Loi Pisani sur l'agriculture.	J. Hallyday à l'Olympia. Y. Montand au théâtre de l'Étoile. Inauguration du paquebot *France*.
1963	Grève des charbonnages (35 jours). Création du Fonds national pour l'emploi Création de la DATAR.	M. Foucault, *Histoire de la folie à l'âge classique*. Madeleine Renaud joue *Oh ! les beaux jours* de Beckett. Chanteurs « yéyé » : Claude François et Sylvie Vartan à l'Olympia.
1964	Naissance de la CFDT (scission de la CFTC). Télévision : naissance de la deuxième chaîne.	J.-P. Sartre, *Les Mots*. Ariane Mnouchkine fonde *Le Théâtre du Soleil* (coopérative ouvrière). J. Demy, *Les Parapluies de Cherbourg*.
1965	DE GAULLE RÉÉLU PRÉSIDENT DE LA RÉPUBLIQUE CONTRE F. MITTERRAND	
	Procédures « Toutée » permettant de fixer de manière concertée les salaires dans les entreprises publiques. Création de l'Épargne-logement.	Althusser, *Pour Marx*. Télévision : J.-C. Averty, *Le père Ubu*. Grand succès des Beatles.
1966	Création des instituts universitaires de technologie (IUT). Loi sur la garantie de l'emploi en cas de maternité.	J.-L. Barrault joue *Les Paravents* de Jean Genet. A. Resnais, *La guerre est finie*. C. Lelouch, *Un homme et une femme*.
1967	Vague de grèves. Création de l'Agence nationale pour l'emploi (ANPE). Réforme de la Sécurité sociale. Loi Neuwirth sur la contraception.	R. Barthes, *Le Système de la mode*. C. Etcherelli, *Elise ou la vraie vie*. Tati, *Play Time*. G. Oury, *La Grande Vadrouille*. Télévision : Guy Lux, *Jeux sans frontières*. Exposition Toutankhamon à Paris.
1968	CRISE DE MAI-JUIN - ÉLECTIONS LÉGISLATIVES	
	Manifestations étudiantes et grèves ouvrières. Accords de Grenelle. Loi sur les sections syndicales. Loi d'orientation de l'enseignement supérieur (E. Faure).	En librairie : *Les murs ont la parole*, *Livre noir de l'UNEF et du SNES-SUP*. Jean Vilar contesté à Avignon. Succès français aux J.O. de Grenoble (Killy, les sœurs Goitschel).

	Société	Culture et vie quotidienne
1969	DÉMISSION DE DE GAULLE - G. POMPIDOU PRÉSIDENT DE LA RÉPUBLIQUE	
	J. Chaban-Delmas, Premier ministre : « la nouvelle société ». Début de la politique contractuelle. Quatre semaines de congés payés. Mouvements écologistes.	Les villes nouvelles sortent de terre. Fin de l'aménagement de la côte languedocienne.
1970	Manifestations de commerçants (G. Nicoud). 1er mai unitaire (CGT, CFDT, FEN). Le SMIC remplace le SMIG. Accord sur la mensualisation des salariés. Autorité parentale partagée entre les époux.	C. Sautet, *Les Choses de la vie*. Costa-Gavras, *L'Aveu* (d'après le livre d'A. London).
1971	Création du ministère de l'Environnement. Mouvement *Choisir*. Nombreuses grèves. Loi sur les conventions collectives et la formation professionnelle.	Théâtre du Soleil : *1789*. Harris et Sédouy, *Le Chagrin et la Pitié*. Inauguration du premier tronçon du RER.
1972	P. MESSMER PREMIER MINISTRE - PROGRAMME COMMUN DE LA GAUCHE	
	Loi relative au racisme. Premier accord sur les préretraites. Mort de P. Overney, militant maoïste, aux usines Renault (Flins). Loi sur les enfants naturels assimilés aux enfants légitimes. Exécution de Buffet et de Bontemps.	Savary, *Le Grand Magic Circus*. Concours de Polytechnique ouvert aux jeunes filles. A. Chopinet reçue première.
1973	Agence nationale pour l'amélioration des conditions de travail. Affaire Lip. Manifestations lycéennes contre la loi Debré sur les sursis. Loi Royer limitant l'extension des grandes surfaces.	Troisième chaîne de télévision. Le *Concorde* au Salon de l'aéronautique. Affaire de Bruay-en-Artois.

Le gaullisme au pouvoir choisit donc la modernité. Mais le discours du Général lui permet de se faire entendre même par ceux qui gardent quelque attachement aux lampes à huile et à la marine à voile qu'il renvoie au musée. De Gaulle appartient à la génération des anciens combattants de 1914 ; sa formation est traditionnelle ; il parle naturellement le langage patriotique de la France éternelle que comprennent les anciennes classes moyennes inquiètes de l'irruption de la modernité. Aux nouvelles classes moyennes salariées il tient le

Les grandes mutations des années 1960

langage de l'industrialisation et de la compétitivité ; aux anciennes celui, rassurant de l'union nationale ; il garantit le maintien des valeurs éternelles que la France incarne.

Georges Pompidou, qui succède en 1969 au général de Gaulle, accentue le choix industriel. Dès sa première conférence de presse il précise : « Le premier résultat économique est de faire de la France un véritable pays industriel. » Cette orientation s'accompagne du lancement de grands projets ; le complexe sidérurgique de Fos-sur-Mer, symbole coûteux de la volonté de transformer la géographie industrielle de la France, est construit à partir de 1970.

Cette politique, soutenue par une conjoncture économique internationale favorable, permet une très rapide croissance économique, la constitution de grands groupes industriels et une élévation générale du niveau de vie des Français. Elle marque l'entrée décisive de la société française dans l'ère des loisirs et de la consommation de masse. Elle se traduit aussi par un changement de décor : alors que les campagnes se vident, les grandes villes subissent des transformations comme elles n'en avaient jamais connues depuis le Second Empire. Le choix industriel bouleverse le travail des Français, les choix urbains modifient leur vie quotidienne. Ces années sont bien celles des changements décisifs.

Cependant, dans ces quinze années qui vont de la fin de la guerre d'Algérie à la crise, les événements de 1968 marquent une césure. Ils révèlent le divorce entre la modernité économique et le maintien des valeurs traditionnelles. La France a changé à marche forcée : adieu au temps des colonies, affrontement de la concurrence internationale, aménagement du territoire (la DATAR est créée en 1963). Adieu à l'ordre éternel des champs, aux gueules noires, multiplication des automobiles et des HLM de banlieue. Après la crise de 1968 l'élan modernisateur se confirme. Alors que politiquement la réaction est conservatrice (Chambre « introuvable » élue à la fin du mois de juin), l'État se donne dorénavant comme tâche d'aider le corps social à assurer le choc de la modernisation. Les modernistes ont gagné et imposent à la France une mutation rapide, mais Jacques Chaban-Delmas, en 1969, promet aux Français une « nouvelle société » ; Valéry Giscard d'Estaing, élu en 1974 président de la République, veut « décrisper la société ». De 1969 au milieu des années 1970, l'État multiplie les tentatives pour faire aboutir les grandes négociations contractuelles entre le patronat et les syndicats.

La France et le monde

Le temps de la modernisation coïncide avec une ouverture de la France et des Français sur le monde. Le choix européen s'affirme dans les années 1950 (le traité de Rome instituant la CEE est signé en 1957), il est confirmé par la Ve République dans les années 1960 alors même que la France abandonne ses colonies. A la vision d'une France crispée sur son empire, introvertie, rêvant encore aux temps où elle dominait l'Europe et rayonnait sur le monde, succède une France à la fois plus ouverte et plus ordinaire, même si le verbe gaullien réussit encore à la parer des habits de la grandeur. L'ambition de Valéry Giscard d'Estaing est de faire de la France la première des puissances moyennes.

Longtemps encore la société française est parcourue par les regrets et les nostalgies, mais les générations nées dans les années 1950 et 1960 sont entrées de plain-pied dans un autre monde. Les voyages dans les pays voisins se multiplient : tourisme, séjours linguistiques. Les contacts avec les jeunes Allemands ou Anglais deviennent fréquents, les frontières européennes progressivement s'effacent.

Certes les débats européens, souvent très techniques, ne passionnent pas toujours les Français. Mais les paysans prennent l'habitude de voir les prix agricoles fixés à Bruxelles ; les industriels apprennent que l'impératif industriel exige une mentalité exportatrice. Les modes de vie des Européens s'uniformisent : comportements démographiques, habitudes alimentaires.

Cependant on peut se demander s'il s'agit d'une européanisation des Français ou de leur américanisation. Les étudiants de mai 1968 utilisent pour contester l'impérialisme américain les thèmes, les slogans, les gestes mêmes nés sur les campus des États-Unis. Dans ces années de croissance la France hésite entre plusieurs modèles : l'attachement au passé, l'ouverture à l'Europe, l'américanisation. Les patriotismes, héritages des différents âges de l'histoire de France, se superposent : un patriotisme traditionnel fondé sur l'Histoire, un patriotisme qui, par peur de la décadence, hésite entre l'attachement à l'Empire et le rôle possible en Europe, un patriotisme de rejet dans un ensemble occidental dominé par les États-Unis. A l'époque des grandes mutations les Français n'ont pas toujours de leur pays une vision claire.

Générations

Grands-parents, parents, enfants des années 1960 incarnent trois générations dont les expériences historiques, les mentalités sont profondément contrastées. Les grands-parents sont de la génération du général de Gaulle (né en 1890), leurs souvenirs d'enfance plongent dans la France de la Belle Époque, rentière et malthusienne. Ils sont nés avant 1914, la Grande Guerre est l'expérience majeure de leur jeunesse. Cette génération est profondément enracinée dans la France traditionnelle, la plupart d'entre eux ont des liens directs avec le monde rural. Pacifistes, ils ont pour la plupart fait peu d'enfants dans l'entre-deux-guerres.

Les parents sont peu nombreux : nés dans les années 1920 et 1930, ils ont entre 20 et 40 ans au seuil des années 1960. Ils ont connu la Seconde Guerre mondiale et les grands déchirements idéologiques qu'elle a provoqués ; dans leur enfance et leur adolescence la France était encore peu différente de la France de leurs parents. Ils ont été marqués par la pénurie, l'inconfort, l'absence de salle de bains, les poêles à bois, les engelures, les vacances à la campagne, le catéchisme. Ils ont attendu plusieurs années leur première 4CV, ils ont entassé leurs enfants dans des appartements exigus. Ils se souviennent des tickets de pain, de la réapparition des gâteaux dans les pâtisseries. Ils sont peu nombreux : malgré l'installation en France des rapatriés d'Afrique du Nord (plus d'un million de la fin des années 1950 à 1962), malgré l'afflux des travailleurs immigrés (1 700 000 étrangers en France en 1954 et 3 500 000 en 1975), la population active n'augmente que faiblement : 19 200 000 en 1962, 20 400 000 en 1968. Cependant, c'est cette génération qui a assuré au lendemain de la guerre la renaissance démographique de la France. Georges Perec (né en 1936) publie *Les Choses, Une histoire des années 60* en 1965 : Jérôme et Sylvie, le couple qui est au centre du livre, entrent dans la vie active au début des années 1960, ils sont psychosociologues et réalisent les premières enquêtes de motivation : pourquoi achète-t-on les *choses* qui commencent à se multiplier ? Quel est l'effet de la publicité sur les pratiques des consommateurs ? Écoutons Perec :

« Ils étaient des " hommes nouveaux ", des jeunes cadres n'ayant pas encore percé toutes leurs dents, des technocrates à mi-chemin de la réussite. Ils venaient presque tous de la petite bourgeoisie, et ses valeurs, pensaient-ils, ne leur suffisaient plus : ils lorgnaient avec envie, avec désespoir, vers le confort évident, le luxe, la perfection des grands bourgeois. [...] Pour tous les autres, l'enfance avait eu pour cadre des salles à manger et des chambres à coucher façon Chippendale ou façon rustique normand, telles qu'on commençait à les concevoir à l'aube des années 1930 : des lits de milieu recouverts de taffetas ponceau, des armoires à trois portes agrémentées de glaces et de dorures, des tables effroyablement carrées, aux pieds tournés, des porte-manteaux en faux bois de cerf. Là, le soir, sous la lampe familiale, ils avaient fait leurs devoirs. Ils avaient descendu les ordures, ils étaient allés " au lait ", ils étaient sortis en claquant la porte [...] ».

Dans ce texte, Perec met l'accent sur l'essentiel : cette génération est celle de la rupture ; de l'adieu à la petite bourgeoisie ou tout au moins à sa façon de vivre ; l'adieu à la salle à manger, au salon protégé par des housses. Cette génération est celle de l'avènement de la *salle de séjour* (ou du *living*), celle de la première grande mobilité de la société française, au moment où l'ascension sociale est facilitée à la fois par la pénurie même des actifs et par la naissance de nouveaux produits et de nouveaux métiers.

Les enfants, eux, sont nombreux ; ils appartiennent aux générations du *baby boom* ; ils atteignent l'adolescence dans les années 1960. La génération de leurs parents était celle de la rupture voulue, de l'adieu à la France traditionnelle. Eux, la France éternelle, ils ne l'ont jamais connue, c'est celle des récits des grands-parents que l'on n'écoute guère, c'est celle du « père de Gaulle ». Ils sont nés dans une France de l'automobile et de la télévision. Leur nombre fait craquer les écoles ; nés dans le monde de la consommation, ils imposent leur propre vision de la consommation, leurs journaux, leur musique. Est-ce un hasard si cette génération, à la différence de la précédente, a moins d'enfants ? C'est au milieu des années 1960, quand les premiers-nés de l'époque du *baby boom* atteignent l'âge de la procréation, que la fécondité des couples se retourne. Ces jeunes n'ont pas à inventer un monde nouveau ; la modernité leur est donnée. Il leur suffit de la vivre. Mais, au pouvoir, aux postes de responsabilité, les générations précédentes, celles qui ont inventé la modernité, leur proposent encore des valeurs qui viennent de la France traditionnelle dans laquelle leur passé les enracine. On touche ici ce qui fait sans doute la plus grande originalité des années 1960 : il ne s'agit pas seulement d'un banal « conflit de générations » mais des affrontements profonds entre la modernité, dont les jeunes ont spontanément adopté les valeurs, et le poids de l'éthique de la France traditionnelle qu'incarnent encore les parents comme les grands-parents. La crise de 1968 peut être analysée comme un *ajustement des valeurs.*

L'ère de la consommation de masse et des loisirs

● *La société de consommation.* De 1960 à 1975 le revenu national disponible par habitant a presque doublé. La très rapide croissance de la production permet cette multiplication des produits disponibles.

L'indicateur le plus concret de cette évolution est la diffusion des quatre produits symboles de ce nouvel âge : le réfrigérateur, l'automobile, la télévision, la machine à laver le linge. Or, en 1965, plus de la moitié des ménages français disposent d'un réfrigérateur, en 1966 d'une automobile et de la télévision, en 1968 d'une machine à laver le linge. Encore au début des années 1960 ces biens de consommation sont répartis de manière très inégalitaire mais, progressivement, leur diffusion s'étend à l'ensemble de la société : en 1970 plus de 70 % des ménages de contremaîtres et d'ouvriers qualifiés disposent d'une automobile. De 1960 à 1975 le nombre de véhicules automobiles en circulation en France passe de 5 à 15 millions. Le premier tronçon de l'autoroute du Sud est inauguré en 1960 ; au début des années 1970 le président Pompidou célèbre lui-même, au volant d'un véhicule, son achèvement.

Les logements neufs se multiplient, ils disposent dorénavant du confort : en 1954, 17,5 % des logements étaient équipés d'une salle de bains ou de douche ; le pourcentage atteint 70 % en 1975. En 1963, à Sainte-Geneviève-des-Bois s'ouvre le premier hypermarché *Carrefour*. Le *caddie* des grandes surfaces est le symbole de l'époque : débordant, permettant de transporter les produits du magasin au parking, il devient une silhouette familière des banlieues, jusqu'à finir, détourné par les jeux des enfants, erratique, à l'ombre des grands ensembles.

Les Français consomment. Dans les années 1960 la part des revenus consacrés aux dépenses d'alimentation passe de 34 à 27 % alors que s'accroissent les dépenses de logement, de santé, de loisir. La législation protège dorénavant le consommateur. L'Institut national de la consommation (INC) est créé en 1966. La France entre dans l'*Ère de l'opulence* (le livre de J.-K. Galbraith qui porte ce titre est traduit en 1961). Certains saluent cette évolution avec optimisme, tel Jean Fourastié annonçant la croissance dès 1947 dans son « Que Sais-je ? », *La Civilisation de 1960*, régulièrement réécrit dans les années suivantes (*La Civilisation de 1975*...). D'autres ont un regard plus critique, comme le cinéaste Jacques Tati dans *Play Time* en 1967, ou *Trafic* en 1971. De nombreux intellectuels dénoncent une société où la consommation accrue ne peut entraîner que frustrations et aliénations. La pauvreté est d'autant plus visible qu'elle persiste au sein de l'opulence. D'autres dénoncent le culte des objets. L'expression même *société de consommation*, qui devient usuelle, porte en elle une forte charge moralisatrice. Consommer, n'est-ce pas détruire inutilement dans une perpétuelle fuite en avant ? Ne risque-t-on pas de transformer des citoyens conscients en une *masse* informe et manipulable ?

Le sociologue Joffre Dumazedier publie, en 1962, un essai, *Vers une civilisation des loisirs*. L'idée du loisir n'est possible que dans une société qui abandonne des racines paysannes. Le monde rural est le monde de la *fête*, intégré au travail et à l'existence quotidienne. Le loisir, au contraire, est fils de la ville, il est revanche du travail subi. Il n'est pas intégré dans la vie quotidienne mais il est symbole d'une autre vie.

De cette apparition des loisirs retenons quelques traits : l'épanouissement du *Club Méditerranée*, la multiplication des résidences secondaires, la pratique du *week-end*. Mais surtout la diffusion de la télévision : en 1958, moins d'un million de récepteurs, 11 millions en 1973. La *télé* pénètre dans tous les foyers. Enfin le tiercé, né dans les années 1950, s'affirme dans les années 1960. En 1975 on compte 7 à 8 millions de joueurs réguliers. Son succès correspond à la croissance du nombre des petits et moyens salariés qui constituent l'essentiel de sa clientèle.

Dans les années 1960, le dimanche, après le tiercé, on sort sa *bagnole*. Ainsi se dessine un autre usage du dimanche. La pratique de la messe dominicale est de moins en moins régulière ; elle s'inscrivait dans la vie d'un groupe, elle rythmait le temps villageois ou structurait le quartier urbain. Elle permettait l'existence et d'un espace et d'un temps de la sociabilité. Elle appartenait à l'ère de la fête. Le nouveau dimanche des années 1960 est dorénavant « évidé », il appartient au *temps libre*. Une nouvelle société est révélée par ses loisirs.

Un paysage culturel renouvelé

Nous ne voulons ici ni établir un fastidieux catalogue, ni approfondir un domaine qui appartient à l'histoire des idées. Plus simplement, il s'agit de retrouver l'air du temps, le climat intellectuel et culturel d'une époque.

Le temps de Jean Vilar, du militantisme culturel disparaît au seuil des années 1960. Avec la fin de la guerre d'Algérie en 1962 une période s'achève. Dès la fin des années 1950 au cinéma et en littérature des formes nouvelles s'imposent ; Françoise Giroud baptise *nouvelle vague* le petit groupe de cinéastes qui, derrière Jean-Luc Godard et François Truffaut, proposent des films moins lourds, moins conventionnels, plus sensibles aux problèmes ou, plutôt, à la description du quotidien ; résolument les nouveaux cinéastes se réclament d'un cinéma d'auteur et, même si assez vite les jeunes révoltés rentrent dans les usages du métier, certains d'entre eux, tel J.-L. Godard, décèlent les grands courants des mentalités de ce temps : ainsi *La Chinoise* en 1967 et la même année *Week-End* où l'aliénation par le travail est compensée, si l'on peut dire, par une aliénation à travers les loisirs.

Le *nouveau roman* (Michel Butor, Claude Simon, Nathalie Sarraute, Alain Robbe-Grillet), publié par Jérôme Lindon aux *Éditions de Minuit*, rejette l'engagement de l'écrivain, qui était au cœur de l'œuvre de Sartre ; Alain Robbe-Grillet condamne le « roman de personnage » ; « l'époque actuelle, écrit-il, est plutôt celle du numéro matricule ».

De même, alors que le *structuralisme* entend appliquer aux sciences de l'homme les méthodes des sciences exactes, analyse les structures et démonte les systèmes, semblant ainsi évacuer le rôle de l'homme agissant dans l'histoire, les nouveaux historiens formés à l'École des Annales privilégient les longues durées, les permanences structurelles aux dépens de l'événementiel. A l'échelle des siècles, révoltes et révolutions ne deviennent alors que de minuscules événements, des rides à la surface du fleuve.

Dans le foisonnement intellectuel des années 1960 il faut faire une place au savant paléontologue et jésuite Pierre Teilhard de Chardin, dont l'œuvre n'est publiée qu'après sa disparition en 1955. Vision cosmique du devenir humain, son livre, *Le Phénomène humain*, est lu comme une perspective optimiste de l'histoire, un néo-providentialisme : l'humanité converge vers un *point oméga*. L'eschatologie catholique se trouve réconciliée avec le progrès technique, l'humanité dans son effort de plus en plus efficace de contrôle et d'utilisation de la matière et de la nature accomplit le plan divin.

Et quand vers le milieu des années 1960 renaît la pensée engagée, quand étudiants et intellectuels retrouvent le goût de témoigner et d'agir sur l'histoire de leur temps, leur rôle et leur discours sont transformés. C'est le moment du tiers-mondisme, de la dénonciation de l'impérialisme américain, de la recherche de modèles ; c'est le temps où Che Guevara disparaît dans un maquis bolivien (1967), le temps du *Petit Livre rouge* et de la pensée Mao Zedong. Le temps aussi de la critique de la société de consommation, de la dénonciation de l'État français centralisateur et meurtrier des cultures régionales (cf. *La Révolution régionaliste* de Robert Lafont parue en 1967). C'est l'adieu à un certain marxisme, le stalinien ; c'est le foisonnement des idéologies.

Comment trouver dans cette diversité une cohérence ? Dans quelle mesure ces courants nouveaux pénètrent-ils la France profonde ? A ces questions il est encore bien difficile de répondre. La diversité des visions du monde traduit sans doute une appréhension malaisée des mutations sociales. Le structuralisme a été rapidement, trop rapidement, analysé comme le signe de la « mort de l'homme », l'acte de décès de l'humanisme. Peut-être était-il nécessaire d'apprendre à lire les systèmes avant de reconstruire des valeurs. La description de l'implacable édification d'une société de masse nécessairement totalitaire, où l'œuvre d'art n'est plus témoignage sinon d'elle-même, illustre les difficultés des intellectuels à trouver place dans la société de leur temps. Sans doute le maître mot de tous ces courants est-il le mot *aliénation* : faute de pouvoir reconstruire les groupes d'antan protecteurs, on décrit l'isolement et la solitude. Peut-être les années 1960 sont-elles ce moment privilégié pour l'historien où l'on peut saisir la lente modification des structures d'une société, l'inadaptation des mentalités à ces cadres nouveaux, les fuites et les replis qui en résultent.

Mais à côté, ailleurs, les paysages se recomposent. En 1964, *L'Express*, l'hebdomadaire militant du mendésisme et de la dénonciation des guerres coloniales, se reconvertit et adopte le modèle américain du *news magazine* ; son directeur J.-J. Servan-Schreiber transforme le format de son journal, impose des articles courts et lisibles par le plus grand nombre. C'est un succès, qui répond à la nouvelle culture des cadres, des ingénieurs, des médecins modernistes et proches des idées de Pierre Mendès France sur le plan économique et social.

Mais l'événement à la fois culturel et social qui annonce les paysages nouveaux est sans doute l'irruption de la jeunesse, d'une jeunesse sans frontières avec ses modes autonomes, sa musique, sa manière d'être et de vivre : l'émission de Daniel Filipacchi sur Europe 1 *Salut les Copains*, le journal qui porte le même titre, et dans la nuit du 22 au 23 juin 1963, place de la Nation, la grande fête de la musique où quelque 150 000 jeunes peuvent applaudir leurs « idoles », Johnny Hallyday, Sylvie Vartan, Richard Anthony en témoignent. Le rock américain pénètre en France ; un peu plus tard, c'est l'énorme succès des Beatles. La jeunesse refuse désormais de reproduire une culture héritée ; bénéficiant d'un niveau de vie supérieur à celui de leurs parents au même âge, contemporains du transistor et de la guitare électrique, disposant avant l'arrivée à l'âge adulte d'un temps d'adolescence beaucoup plus long, les jeunes se constituent en groupe générationnel séparé. Ils imposent leur mode, leurs comportements sexuels et familiaux. Ils annoncent le temps où les jeunes deviennent, par une inversion des traditions qui les obligeaient à imiter les générations précédentes, des modèles et des cibles, recherchés dorénavant par les publicitaires. Cette irruption d'un groupe générationnel, horizontal, correspond à la crise des anciens mouvements de jeunes encadrés par les adultes (scoutisme par exemple) et à la contestation du modèle familial traditionnel.

Certes la clientèle de Johnny Hallyday n'est sans doute pas la même que celle de Brel ou de Brassens. La jeunesse est encore diverse et s'exprime de différentes manières. Nous retrouverons en analysant le mouvement de mai 1968 l'expression de la jeunesse étudiante. Mais ce phénomène est sans aucun doute, dans le désarroi moral et dans l'incertitude quant aux structures nouvelles de la société, un des premiers signes de recomposition du corps social autour d'autres valeurs.

DES CADRES DE VIE BOULEVERSÉS

Les Français déménagent, l'État aménage

Plus que jamais dans leur histoire les Français des années 1960 déménagent. Le plus apparent des mouvements de population a pour résultat la croissance rapide des villes : entre les deux recensements de 1954 et de 1975 la population des villes de plus de 5 000 habitants s'accroît de 13 millions de personnes. De 1954 à 1962, 3 millions de personnes changent de région, 3 millions de 1962 à 1968 et 4,5 millions de 1968 à 1975. Ces chiffres ne tiennent pas compte des déplacements à l'intérieur d'une même région ; ainsi, de 1954 à 1962, 12 millions de personnes ont changé de commune, de résidence.

A ces mouvements internes il faut ajouter, d'une part, le retour en métropole des rapatriés d'Afrique du Nord (plus d'un million de la fin des années 1950 à 1962) et, d'autre part, l'accélération de l'immigration. Le recensement de 1954 enregistre la présence sur le territoire national de 1,7 million d'étrangers (soit 4,1 % de la population totale) ; en 1975 on compte 3,5 millions d'étrangers (soit 6,5 % de la population totale).

Ces grands mouvements s'expliquent aisément par la croissance économique. La France s'industrialise rapidement. Les transformations de l'agriculture permettent un transfert de population du secteur primaire vers l'industrie et les services. De nouvelles régions industrielles s'ajoutent aux centres anciens. La mobilité des Français devient une nécessité que l'État désormais encourage. L'appel à la main-d'œuvre immigrée est indispensable en raison de l'insuffisance de la population active.

Ces mouvements de population et les transformations économiques provoquent un bouleversement des cadres de vie et des nécessités d'aménagement à grande échelle. Il faut pouvoir accueillir dans les villes les populations de nouveaux citadins, alors même que les années d'après-guerre sont marquées par le nombre insuffisant de logements construits. Au début des années 1950 on ne construit encore, en France, que moins de 100 000 logements par an. Le rythme de la construction s'accélère dans les années 1960 (plus de 300 000 logements annuels, puis plus de 400 000 à partir de 1965). Dorénavant l'État joue le rôle majeur et se donne les moyens de son intervention massive dans l'aménagement du cadre de vie des Français.

La DATAR (Délégation à l'aménagement du territoire et à l'action régionale) est créée en 1963, elle permet la coordination des différentes actions de l'État dans les domaines des implantations industrielles, des équipements collectifs, du logement et de l'urbanisme. L'ambition de l'État n'est pas seulement de produire comme au lendemain de la guerre, la planification économique et sociale devant s'accompagner d'une planification territoriale. Dès 1947, J.-F. Gravier avait dénoncé l'hypertrophie parisienne et la constitution du « désert français ». La DATAR est chargée de promouvoir un développement harmonieux de l'ensemble français. Dans un premier temps c'est la politique des « métropoles d'équilibre » : la création des communautés urbaines regroupant plusieurs communes (Bordeaux, Lyon, Lille). Puis vient le temps des villes nouvelles (1965). Enfin, au début des années 1970, l'effort porte sur les villes moyennes. Pour pallier la pénurie de logements, se mettent en place des sociétés d'économie mixte, souvent filiales de la Caisse des dépôts et consignations. L'État finance directement les HLM (habitations à loyer modéré) par des avances du Trésor. Le Crédit foncier de France propose un système de prêts et de primes pour faciliter l'accès à la propriété. Après 1965 on organise l'épargne-logement.

Dès 1958 sont créées les ZUP (zones à urbaniser en priorité). La ZUP, fixée par arrêté ministériel, doit permettre d'éviter la dispersion anarchique de la construction, de lier la mise en place des équipements (transports, écoles...) à celle des logements neufs. Ainsi peut-on lancer des opérations de grande ampleur, mais les communes sont le plus souvent dépossédées de la maîtrise de leur développement.

Enfin, à partir du milieu des années 1960, l'accent est mis sur la rénovation des vieux centres : là encore des opérations lourdes sont prévues, destruction de l'ancien tissu urbain, urbanisme vertical. Le projet de la Défense date de 1963, puis les aménageurs s'attaquent au cœur même de Paris (les Halles transférées à Rungis). Des opérations comparables sont lancées dans les grandes villes de province.

Ainsi le nouveau décor de vie des Français doit-il l'essentiel de ses caractéristiques à une action volontariste de l'État et fort peu aux désirs ou aux besoins des néo-citadins.

Mort du village ?

Un tableau au début des années 1970 ne pourrait être que pessimiste sur l'avenir du monde rural. Le dépeuplement rapide des plus petites communes entraîne, particulièrement dans certaines régions de montagne, leur disparition. La population agricole active diminue rapidement :

1954	5 000 000
1962	3 900 000
1968	3 000 000
1975	2 000 000

En 1968, l'INSEE dénombre 33 600 communes rurales. Sur ce total 27 000 sont à vocation agricole presque exclusive. Plus du tiers d'entre elles n'ont pas 200 habitants, les trois quarts moins de 500. Ce sont ces communes qui continuent à décroître. Les communes rurales dont la population augmente appartiennent à une ZPIU (zone de peuplement industriel ou urbain), soit en raison d'une implantation industrielle, soit en raison de la proximité d'un centre urbain qui transforme ces communes en communes-dortoirs.

C'est donc le rural profond qui perd peu à peu sa substance : départ des jeunes, vieillissement de la population agricole, disparition des commerçants.

Plus gravement, c'est ce qui faisait la spécificité même du monde rural français qui disparaît, quand se ferme l'école et que se vide le presbytère. C'est à la fin des années 1950 que l'épiscopat prend conscience du problème et met en route le processus de regroupement des paroisses. Pour le spécialiste de sociologie religieuse F. Boulard, le petit village dépeuplé n'est plus un centre réel de vie sociale ; dans les villages, le paysan, désormais motorisé, côtoie souvent l'ouvrier de la ville voisine, c'est une autre civilisation ; et F. Boulard constate la nécessaire disparition de la « paroisse totalitaire » dans laquelle « le curé, maître à son bord après Dieu, tenait en ses mains puissantes tout le domaine spirituel, et bien un peu le temporel de ses ouailles ». Dorénavant, le curé installé dans une commune-centre dessert plusieurs églises et de nombreuses paroisses ne bénéficient qu'épisodiquement de la messe dominicale.

Parallèlement l'école déserte aussi le village. Du début des années 1960 au début des années 1970 le nombre de classes annuellement fermées passe de 2 000 à 4 000 ; 6 500 classes sont même supprimées à la rentrée de 1971 ; aux classes fermées pour effectifs trop réduits s'ajoute la suppresssion des classes de fin d'études transférées dans les CES et les CEG. Le mouvement se ralentit ensuite (900 suppressions en 1974) mais le car de ramassage scolaire est dorénavant devenu familier sur les routes rurales.

L'État s'efface aussi dans d'autres secteurs : dès les années 1950 la distribution du courrier est motorisée, puis de nombreux bureaux de poste sont fermés. En 1969, 38 % seulement des communes rurales disposent d'un bureau de poste. Enfin de nombreuses voies ferrées d'intérêt local sont abandonnées.

Ainsi dans ces années est démantelé tout un ordre rural mis en place dans les débuts de la IIIe République qui permettait à la ville d'avoir dans les campagnes des réseaux de diffusion. Les républicains respectueux de la spécificité rurale s'étaient alors contentés d'implanter des relais dans les campagnes. Dorénavant ce sont les paysans qui vont à la ville, et non la ville qui va aux paysans. D'autre part la croissance du nombre des résidences secondaires (330 000 en 1954 et 1 700 000 en 1975), le néo-ruralisme post-1968, la critique souvent virulente de la ville qui se développe dans les années 1960 sont signes de nostalgie de la campagne perdue.

Au début des années 1970 le monde rural semble en voie de décomposition, anémié, folklorisé, voire même américanisé avec l'apparition des majorettes dans les fêtes votives. Cependant certains signes prouvent la résistance des campagnes et même des formes de recomposition. Résistance des communes à leur disparition, puisque malgré les incitations du pouvoir central les fusions de communes marquent le pas, ralentissement des fermetures d'écoles, restauration de vieux villages, réanimation avec le retour des retraités et le développement du tourisme.

Mais la société rurale est en voie de transformation profonde, la crise visible des années 1960, après une longue période de lente anémie, est sans doute un signe annonçant la recomposition d'un espace et d'une société.

Les transformations des villes

• *La croissance globale.* Volonté de l'État, besoins de l'économie, croissance démographique, tout se conjugue pour faire des années 1960 une grande période de croissance urbaine et d'aménagement urbain comme la France n'en avait jamais connus depuis le Second Empire. Il suffit de souligner que de 1945 à 1975 plus de 8 700 000 logements ont été construits, soit près de la moitié du parc total d'habitations. Ainsi un ménage sur deux vit dans un logement neuf ou récent.

La croissance urbaine a d'abord atteint les grandes unités urbaines qui, de 1954 à 1962, ont grandi de près de 2 % par an, puis la croissance de ces grandes agglomérations se ralentit (croissance de l'agglomération parisienne de 1968 à 1975 : 0,4 %), alors que les petites unités urbaines (moins de 20 000 habitants) continuent à progresser. De manière générale le taux de croissance annuel de la population urbaine passe de 1,9 % de 1954 à 1962, à 1,8 % de 1962 à 1968 et à 1 % de 1968 à 1975. On assiste donc à une décélération de la croissance, qui cependant reste pendant toute cette période plus élevée que la croissance globale de la population.

Mais toutes les villes ne grandissent pas au même rythme. Pour choisir deux exemples extrêmes, si Bruay-en-Artois perd 11 % de sa population de 1968 à 1975, Montpellier dans la même période croît de 65 %. Dès le milieu des années 1960 les villes des vieilles régions industrielles déclinent ou stagnent alors que la croissance des villes du Midi est rapide.

LE TEMPS DES GRANDS ENSEMBLES

● *L'expansion des grands ensembles.* Entre 1954-1955 et la fin des années 1960, la période est, en effet, celle de la construction des grands ensembles. En 1973, la circulaire Guichard recommande de diminuer la taille des zones d'habitation et d'en diversifier le contenu.

Il s'agit alors de construire vite et au meilleur coût. Les groupes d'immeubles peuvent abriter plusieurs centaines, voire plusieurs milliers de logements (ainsi à La Courneuve la « Cité des Quatre Mille ») ; depuis 1954, 153 grands ensembles de plus de 1 000 logements ont été construits dans la région parisienne, transformant, souvent brutalement, des villages. Grigny, par exemple, est encore, en 1954, un village de 1 100 habitants, qui grandit d'abord raisonnablement (1 700 habitants en 1962 et 2 900 en 1968), puis entre 1969 et 1972 sont occupés les 4 900 logements d'un grand ensemble (la « Grande Borne ») ; au recensement de 1975, la population passe à 25 600 habitants.

Le grand ensemble a une morphologie standardisée. La rue a disparu. Entre les tours ou les barres (ainsi à Clermont-Ferrand la « Muraille de Chine ») on trouve de la verdure et des parkings. Le plan d'ensemble est conditionné par les procédés de construction (chemins de grue) et la rationalité économique. Les appartements sont de taille moyenne, généralement de 3 ou 4 pièces. L'absence de petits comme de grands appartements ferme l'accès du grand ensemble aux retraités et aux familles nombreuses.

● *Sociologie des grands ensembles.* Une enquête de 1965 permet d'analyser les caractères de la population de ces grands ensembles. Sur 190 grands ensembles de plus de 1 000 logements, 84 % des habitants ont moins de 40 ans. Sont particulièrement représentés les couples jeunes (25-30 ans) et les enfants de moins de 10 ans. Manquent les adolescents, les retraités. Même homogénéité sur le plan de la composition sociale : ouvriers et employés constituent 65 à 70 % des occupants, 80 à 85 % si l'on y ajoute les cadres moyens. C'est une population de salariés donc, mais coupée de son lieu de travail. L'ancienne association de l'usine et de l'habitat ouvrier est alors rompue. La population des grands ensembles est soumise à des migrations journalières de travail ; les équipements locaux sont le plus souvent insuffisants ou tardifs.

● *De grands ensembles pour cadres supérieurs.* Cependant quelques autres grands ensembles ont des caractères bien différents. Le promoteur Balkany édifie à partir de 1966, à proximité de Versailles, un ensemble de 5 000 logements, Parly II. La publicité du promoteur décrit un lotissement « segmenté en résidences de quelques centaines de logements, tournées vers leur *square* et réparties selon leur standing en trois types, commun, moyen, luxueux ». Un centre commercial d'ambition régionale se veut une « cathédrale » des temps modernes. La proximité du parc de Versailles, des tennis doivent ajouter à la séduction de l'ensemble. Si à Parly II on retrouve les déséquilibres démographiques qui caractérisent les grands ensembles, la composition sociale est bien différente : ici, les cadres supérieurs représentent presque la majorité des « résidents ». Les grands ensembles de la banlieue ouest contrastent avec ceux qui sont édifiés au nord ou à l'est de l'agglomération. Le constat est vrai aussi dans les grandes villes de province.

● *La remise en cause.* Ainsi retrouve-t-on dans les banlieues des grandes villes les catégories sociales de la croissance : employés et ouvriers dans leurs HLM ou cadres triomphants dans leurs immeubles de *standing*, se croisant les uns comme les autres au supermarché. Populations sans structures de sociabilité, liées à leurs voitures ou à leur train de banlieue. Grands ensemble, vite construits, et pour les plus ordinaires très vite dégradés. Dans les années 1970, les petits enfants du temps de l'installation sont devenus grands ; et c'est une surcharge d'adolescents qui caractérise alors le grand ensemble ; un peu plus tard la crise aggrave le problème.

La critique des grands ensembles devient un lieu commun à partir du début des années 1970 ; elle ne doit pas nous faire oublier le climat des années 1960, où l'optimisme bâtisseur rejetait la conception patrimoniale du logement, transmis de génération en génération ; dans le climat de la croissance on choisissait de construire pour quinze ou vingt ans. Les logements étaient clairs, disposaient du confort indispensable alors qu'encore dans les années 1950 rares étaient les logements bénéficiant d'une salle de bains ; beaucoup des nouveaux occupants quittaient des bidonvilles.

Cependant dans les grandes agglomérations il faut différencier les centres qui ont tendance à perdre une partie de leur population (de 1968 à 1975 Bordeaux perd 16 % de sa population, Lyon 14 %, Paris 11 %...) et les banlieues qui connaissent une croissance accélérée (de 1968 à 1975 croissance de 79 % de la banlieue de Toulouse, de 33 % de la banlieue de Marseille...).

● *Évolution des centres.* Comme dans les périphéries les années 1960 sont le temps des grands travaux, des grandes opérations d'urbanisme. Que ce soit à Lyon (La Part-Dieu), à Bordeaux (Mériadeck) ou à Paris, de vieux quartiers sont rasés (îlots insalubres) au profit d'opérations immobilières d'autant plus denses que le prix du terrain est plus élevé. La population existante, le plus souvent à faibles revenus, est refoulée vers la périphérie. On construit alors immeubles de bureau ou logements. Ainsi la population des centres évolue-t-elle sociologiquement. Entre 1962 et 1975 *tous* les arrondissements de Paris ont perdu une part de leur population ouvrière ; symétriquement, les cadres supérieurs et les professions libérales s'installent en force dans les arrondissements périphériques du nord-est et du sud, considérés jusqu'alors comme des arrondissements populaires. Dans certains cas, l'aménagement des centres s'accompagne d'une volonté monumentale : la tour Maine-Montparnasse (200 mètres de haut) est achevée en 1973 ; à Bordeaux, le quartier insalubre de Mériadeck, proche de la mairie et de la cathédrale, est remplacé par un centre triomphant et composite rassemblant bâtiments administratifs, zones commerciales, hôtels et immeubles d'habitation.

● *Un nouveau décor ?* Les valeurs sociales révélées par les nouveaux paysages sont véhiculées par la catégorie montante des cadres : souci d'efficacité économique et de rationalité, volonté de répondre au « défi américain », hygiénisme. La circulation, la mobilité des automobiles, des produits et des hommes comptent plus que la sociabilité.

Sclérose des villages déstructurés, bouleversement des villes, ségrégation sociale accrue des populations, tel pourrait être le bilan au début des années 1970. La transformation du décor est inséparable des grandes mutations sociales ; elle accélère ces mutations jusqu'à la caricature. Elle symbolise l'éclatement d'une société hors de ses cadres anciens. Le corps social doit retrouver d'autres repères, inventer d'autres formes de sociabilité. Au décousu du décor, à sa décomposition répondent le décousu et la décomposition de la société. Mais les forces de recomposition sont déjà au travail.

LES CRISES SOCIALES, AFFRONTEMENTS DE L'ANCIENNE ET DE LA NOUVELLE SOCIÉTÉ

Les bouleversements rapides des conditions de vie et de travail, les mutations de l'appareil productif, les déplacements de population, les chocs entre les anciennes et les nouvelles valeurs sociales entraînent des conflits sociaux ; leur nature témoigne de l'ampleur des évolutions.

Colères rurales

Même si dès 1953, à l'appel du Comité de Guéret, les paysans barrent les routes, les grandes manifestations du monde rural se placent au début des années 1960. En juin 1961 la sous-préfecture de Morlaix est occupée, les troubles s'étendent à la Bretagne entière, puis à une partie de la France. Ces manifestations sont exemplaires à un double titre : elles se déploient au moment où l'État prend conscience de la nécessité économique de la modernisation agricole et de son intégration dans l'économie française. Elles sont aussi un appel à l'État protecteur dans la tradition de la IIIe République et une crainte de l'État envahisseur risquant de transformer habitudes et genres de vie. Mais, d'autre part, quand les valeurs urbaines commencent à pénétrer dans les campagnes, quand s'effritent les vieilles solidarités, les paysans utilisent les moyens qui leur permettent de se faire reconnaître, de se faire *voir* par la totalité de la nation. Barrer les routes quand, dans les années 1960, l'automobile se répand, quand les Français se mettent en mouvement, c'est affirmer sa présence. Attaquer les sous-préfectures, c'est reconnaître l'État comme l'interlocuteur, c'est l'affronter mais admettre aussi le caractère inévitable de son intervention. Bientôt les choux-fleurs déversés dans les cours des bâtiments officiels, le lait répandu, les fruits jetés à la décharge vont être les signes visibles de la situation paysanne. Progressivement intégrés dans des circuits commerciaux sur lesquels ils n'ont aucune prise, à la merci de la surproduction, de l'effondrement des cours, les paysans n'ont d'autre moyen que de montrer les effets concrets de la situation qui leur est faite. Le tracteur est l'outil de ces manifestations paysannes ; il permet d'investir les villes, de donner du monde paysan une image technicienne et responsable, de signifier clairement le sens des troubles paysans : quand l'intégration est possible, visible, quand le monde rural cesse d'être le conservatoire des traditions de la patrie, quand les paysans ont conquis l'usage de la machine, qu'ils utilisent cette machine pour revendiquer un sort identique à celui des autres Français.

Ainsi dans un monde rural en évolution rapide se croisent les nostalgies du temps passé et les affirmations modernistes du présent.

Mineurs en grève

- *Decazeville, décembre 1961-février 1962.* Le Plan Jeanneney de 1959 prévoyait une réduction de la production de charbon. A l'exception des mines à ciel ouvert il était décidé de fermer les puits de Decazeville et des mesures de reconversion seraient prises pour les mineurs. Huit cents mineurs se mettent en grève dès la notification des premiers licenciements. Les mineurs menacés présentent deux revendications essentielles : conserver dans leur nouvel emploi les avantages de leur statut, retraite à 55 ans, avantages médicaux et sociaux, et, d'autre part, ne pas changer de région. Un journaliste rapporte en janvier 1962 les propos des mineurs : « On n'est pas des Américains qui déménagent tous les trois ans... On n'est pas des Russes qui, du jour au lendemain, peuvent être envoyés au fin fond de la Sibérie. » Cette grève, sous le signe du maintien des droits acquis et du refus de quitter *le pays*, suscite un mouvement de solidarité dans la région. « Leur combat est celui de tous ; leur défaite sonnerait le glas des régions sous-développées », dit-on à Rodez, en janvier 1962, dans un grand rassemblement d'organismes et d'associations venus de dix-sept départements voisins. L'opinion publique elle-même dans son ensemble soutient le mouvement des grévistes. Les *gueules noires* restent symboliques du monde ouvrier et de l'effort de redressement entrepris au lendemain de la guerre. Le thème du droit de chacun à continuer à exercer le métier qu'il a choisi et à *vivre au pays* où il est enraciné suscite en France soutien et sympathie.

- *Les mineurs en 1963.* La grève de 1963 est plus importante encore que celle de Decazeville. Elle naît dans le bassin du Nord et du Pas-de-Calais pour les mêmes raisons. La France de l'automobile et du pétrole dit adieu à la France du charbon. Cependant cette même France soutient le mouvement des mineurs, qui est aggravé par les maladroites mesures de réquisition du gouvernement Pompidou. Au-delà de la sympathie que suscite la cause des mineurs, ces grèves témoignent de l'ébranlement que connaît l'ancienne classe ouvrière, progressivement attaquée dans ses plus importants bastions. Elle traduit les difficultés de la société à affronter la modernisation économique et les changements qu'elle lui impose. Ces crises sociales sont des crises de croissance et d'adaptation. Plus tard les sidérurgistes de Lorraine opposeront une résistance comparable à la reconversion et à la transplantation quand on proposera à certains d'entre eux de quitter leur région pour aller travailler à Fos-sur-Mer.

Ainsi dans les années 1960 se multiplient les mouvements sociaux défensifs de groupes qui se sentent menacés. Cependant d'autres mouvements expriment un désir de réformes et surtout d'adaptation des mentalités aux nouvelles conditions de vie.

Mai 1968

Nous ne raconterons pas, après tant d'autres, les « événements » de mai (voir encadré). Notre ambition est différente : montrer comment la société s'exprime à travers le conflit. Notre premier lieu d'observation est provincial, dans un lycée périphérique d'une grande métropole du Midi.

● *Un lycée en mai :* des bâtiments neufs, des classes claires, un lycée aéré. L'établissement est mixte, le corps professoral plutôt jeune, la discipline n'est pas plus sévère qu'ailleurs. Cependant, à huit heures comme à quatorze heures, les élèves montent, en rangs, de la cour dans leur salle, ils défilent devant toute l'administration du lycée en faction auprès de l'escalier ; les filles n'ont pas le droit de porter le pantalon, la blouse est obligatoire, le maquillage interdit. Le mouvement vient de l'extérieur, mais il se propage et chez les élèves et chez leurs professeurs de manière naturelle, comme une évidence ; pourtant, nous sommes loin des théâtres parisiens, pas de leaders révolutionnaires, à aucun moment dans l'établissement on n'entend d'appel à la révolution. Tous les textes qui émanent du mouvement sont clairement réformistes. Que disent ces lycéens ?

« Nous, lycéens, nous occupons nos lycées ! QUE VOULONS-NOUS ? La société moderne nous refuse tout contact, dans les grands ensembles, aucune possibilité de rencontre ; dans les lycées, aucun contact avec les professeurs en dehors des cours ; aucune possibilité d'échange entre nous... Les lycéens écoutent et ne participent pas à la vie active. Peuvent-ils devenir de véritables citoyens ? [...].

« Nous voulons un enseignement intelligent permettant l'éclosion de la personnalité, et non un bourrage de crâne systématique [...].

« Nous voulons réveiller l'intérêt des professeurs ayant désespéré de nous.

« Nous voulons encore montrer à nos parents que nous prenons en main notre avenir [...]. »

Les lycéens élaborent alors un cahier de revendications, intitulé « Réformes », qui propose une réorganisation du lycée et des méthodes d'enseignement. Les maîtres mots de ce document sont : prise de conscience, responsabilité, esprit de dialogue, participation. Les élèves réclament un lycée cogéré, la multiplication des possibilités de rencontre entre les parents et les professeurs comme entre les élèves et les professeurs. Loin de rejeter les « adultes », les lycéens souhaitent dialoguer avec eux. Au lycée, ils veulent un lieu de réunion, un foyer. Ils insistent sur la nécessaire mixité et sur l'éducation sexuelle : « Toujours dans le cadre d'une ouverture sur la vie, l'éducation sexuelle, sujet tabou jusqu'à présent, doit être abordée dans les lycées. » Quant au contenu de l'enseignement les critiques portent sur la notation, le « bourrage de crânes » ; l'enseignement doit être vivant et ouvert sur la vie.

« A ceux qui, du haut d'une chaire, répandaient le savoir, ils proposent le dialogue, enrichissement mutuel. A ceux qui considéraient l'élève comme une boîte où venaient s'empiler pêle-mêle ordres, idées préconçues, habitudes, ils imposent une participation à la décision, à l'action » (documents inédits).

CHRONOLOGIE : LES ÉVÉNEMENTS DE MAI 1968

● *Les signes avant-coureurs.* L'Université traverse une crise de croissance : les structures sont inadaptées face à l'afflux de centaines de milliers d'étudiants (de 157 000 étudiants en 1956-1957, le nombre passe à 483 300 en 1967-1968). Un malaise qu'accentue le refus de beaucoup de jeunes d'accepter les valeurs des générations précédentes. Le monde étudiant s'est politisé : l'UNEF militante des temps de la guerre d'Algérie s'est fractionnée en groupuscules trotskistes, maoïstes, anarchistes (idéologies tiers-mondistes, antiaméricaines, lutte contre la guerre du Viêt-nam...). La contestation débute à Nanterre, le 22 mars.

● C'est le 3 mai, à la suite d'une tentative maladroite de reprise en main que naît *le mouvement universitaire.* Les étudiants se mettent en grève ; suit une semaine d'agitation autour de la Sorbonne gardée par les CRS. L'épreuve de force survient dans la nuit du 10 au 11 mai : des barricades sont dressées au Quatier latin, de violents affrontements ont lieu. Le mouvement s'étend aux lycées.

● *Le mouvement social* relaie le mouvement étudiant. Par solidarité, une grève générale est déclenchée le 13 mai à l'appel des syndicats ouvriers et de la FEN. Des cortèges ont lieu dans de nombreuses villes puis des grèves avec occupation d'usines à partir du 14 mai. Le mouvement gagne en ampleur (la Régie Renault) : entre le 18 et 22 mai, le nombre de grévistes passe de 1 à 8 millions.

● *La crise politique* s'ouvre alors. Une motion de censure déposée par la gauche est repoussée le 22 : l'issue parlementaire est donc impossible. De Gaulle annonce le 24 un référendum sur la participation, mais sa parole est mal accueillie. Dans la nuit du 24 au 25, de nouvelles barricades sont dressées. Enfin, les négociations de Grenelle entre patrons et syndicats sous la présidence de G. Pompidou aboutissent à un protocole d'accord (hausses de salaires, reconnaissance de l'exercice du droit syndical dans l'entreprise, réduction des horaires de travail...) qui est rejeté par les ouvriers à la base, le 27 au matin. C'est l'impasse.

L'opposition songe à un nouveau gouvernement, mais elle est divisée. Le PCF et la CGT se défient des gauchistes. Au contraire la « nouvelle gauche », la CFDT et le PSU se rassemblent au stade Charléty le 27 mai. Pierre Mendès France est présent. Le 28, F. Mitterrand annonce sa candidature à la présidence de la République. Le 29, on apprend que le général de Gaulle n'est plus à Paris. Le pouvoir semble en décomposition.

● *Le dénouement.* Le président de la République réapparaît le 30 mai, dans un appel radiodiffusé il annonce la dissolution de l'Assemblée ; contre la subversion il faut, dit-il, que « s'organise l'action civique » : 3 à 400 000 personnes sur les Champs-Elysées répondent le même jour à cet appel. Puis l'essence revient miraculeusement dans les pompes, le week-end en automobile conforte la démobilisation. Un mois plus tard, les 23 et 30 juin le suffrage universel donne raison au pouvoir gaulliste (au premier tour plus de 43 % pour l'UDR, 16 % pour la Fédération (à la gauche).

Les « élections de la peur », victoire de la « majorité silencieuse » sur l'utopie de mai, renforcent les aspects conservateurs du pouvoir, plus que ne le souhaitait le général de Gaulle ; le véritable vainqueur est Georges Pompidou.

Les grandes mutations des années 1960

Que dire de ces textes sinon qu'une génération nouvelle, nombreuse, habitant des quartiers neufs, secoue les vieux cadres d'un enseignement qui depuis l'avant-guerre n'a guère évolué dans son esprit ? Plus généralement on lit dans ces textes la contestation d'un système d'autorité. Non que ces jeunes veuillent renverser un ordre social, nous sommes loin ici des fulgurances parisiennes. Mais ils sont à la recherche d'un autre type de rapports humains ; ils ne veulent plus d'un système hiérarchisé. Les valeurs d'ordre régnaient traditionnellement dans les familles comme à l'école ; l'afflux dans l'enseignement secondaire – et aussi dans les universités – de jeunes de plus en plus nombreux fait craquer ce carcan. Ce qui court chez ces jeunes et qui déborde très largement les adolescents pour atteindre de nombreuses couches de la société, c'est un désir de reconstruire une société plus fraternelle et moins anonyme. Non par rejet du groupe, qu'il soit familial ou scolaire, mais par la volonté de permettre à l'individu un épanouissement plus libre, une autonomie plus grande dans ces groupes. En ce sens le mouvement de mai est bien porteur de valeurs nouvelles.

● *Les ouvriers en mai :* Les grèves ouvrières commencent le 13 mai, puis se généralisent à partir du 16. A l'origine on trouve très souvent de jeunes ouvriers ; les centrales syndicales canalisent ensuite le mouvement né dans les entreprises. Entre le 18 et le 22 mai le nombre des grévistes passe de 1 à 8 millions, le mouvement atteint alors près de un salarié sur deux ; jamais dans toute l'histoire de la France contemporaine il n'y eut un mouvement social d'une telle ampleur ; en 1936 on avait compté 3 millions de grévistes. Partout les grèves s'accompagnent de l'occupation des lieux de travail. Les origines sociales d'un tel mouvement de masse sont malaisées à décrire : certes la croissance économique, si elle a provoqué une hausse incontestable du niveau de vie de l'ensemble de la population, a entraîné de multiples frustrations ; les écarts des rémunérations se sont accrus ; les biens de consommation se multiplient mais tous ne sont pas accessibles. L'automobile se banalise mais reste encore pour beaucoup un rêve.

Pour résoudre en priorité la crise sociale, le pouvoir s'appuie sur les appareils syndicaux souvent méfiants – comme la CGT – vis-à-vis du mouvement étudiant. Les *accords de Grenelle* (25-27 mai 1968) permettent une augmentation de salaires, le SMIG en particulier croît de 35 %. La section syndicale d'entreprise est reconnue. Malgré les concessions de l'État et du patronat le reflux des grèves est malaisé, la reprise du travail s'étale de la fin mai au 15 juin. Les élections de la fin du mois, après la dissolution de l'Assemblée, mettent un terme à la crise conservatrice ; les médias ont complaisamment étalé les « saturnales » du Quatier latin, les barricades, les automobiles incendiées. La majorité silencieuse ne veut pas la révolution.

● *Lectures d'une crise.* Le risque est de proposer des explications trop *parisiennes* ; le mai parisien a été flamboyant, du grand amphithéâtre de la Sorbonne à la scène de l'Odéon ; là se sont affrontées les multiples facettes du gauchisme et du tiers-mondisme, là est née, à l'écart des appareils syndicaux et politiques, une autre gauche, utopique, inventive. Ce courant, violemment anti-impérialiste, est curieusement marqué par les formes de contestation apparues sur les campus des États-Unis en révolte contre la guerre du Viêt-nam. Les enfants de

Marx et de Coca-Cola ont vécu l'euphorie de la parole créatrice. A travers les événements de 1968 se constitue ce nouveau continent social, la jeunesse. Les jeunes sont déjà des consommateurs, ils sont aussi les enfants du transistor. Les premiers grands rassemblements de jeunes autour de la musique datent des débuts des années 1960. La radio, et en particulier les postes périphériques, joue un rôle majeur dans les événements de mai. La jeunesse apparaît donc comme acteur social.

Mais les événements de mai 1968, c'est aussi autre chose : les années 1960 sont des années de rupture ; les anciennes solidarités, les anciennes formes d'enracinement social se brisent. L'exode rural s'accélère, les grands ensembles se multiplient aux portes des villes. L'automobile permet l'évasion. La pratique religieuse devient épisodique, résultat d'un choix réfléchi et non d'une tradition familiale. Les comportements démographiques évoluent : c'est vers le milieu des années 1960 que la courbe de la natalité s'infléchit de manière décisive. On ne fonde plus une famille dans la tradition, pour s'établir, perpétuer des valeurs. L'amour se libère. La sexualité ne veut plus être l'accompagnement d'une pratique sociale codifiée, mais une valeur à part entière : la libération de soi-même et de l'autre.

Ainsi le mouvement de mai n'est pas tant l'expression d'une France qui s'*ennuie*, selon le mot du journaliste Pierre Vianson-Ponté dans *Le Monde*, c'est celle d'une mutation sociale brusque. En France l'attachement aux permanences s'accompagne toujours de l'exaspération devant la force de ces permanences. Dans les années 1960 la vieille société résiste ; les Français ont déménagé en grand nombre, les solidarités de village, de quartier se sont effritées, mais les valeurs qui accompagnaient les anciennes structures sont toujours vivantes : un pays centralisé, un État tutélaire symbolisé par le général de Gaulle, des partis et des associations accrochés à d'anciennes définitions de la société, des familles encore pudibondes. A cette permanence des structures d'autorité de la société s'ajoutent de nouveaux cadres de vie qui ne permettent guère les épanouissements individuels, une glorieuse société de consommation souvent vécue dans des HLM sinistres de banlieue. Alors qu'un monde nouveau se met en place, la société n'a pas encore recréé les groupes et les solidarités qui permettraient de vivre ce monde neuf. Le mouvement de mai est avant tout à la recherche de formes de convivialité. Mai 1968, en somme est le moment où le corps social cherche à se construire autrement.

Mais, comme toujours, le neuf coexiste avec l'ancien. La difficulté à construire de nouvelles valeurs urbaines, à s'accomplir dans cette société du loisir et de la consommation explique ces curieuses nostalgies qui peuplent les rêves de mai. Et s'éclairent toutes les ambiguïtés d'une révolution sociale : à la fois le désir de construire, l'utopie fondatrice mais, le futur social étant au sens propre inimaginable, le rêve prend aussi couleur de nostalgie. Ainsi de ces jeunes intellectuels de mai qui, en créant des communautés rurales, allient les espoirs du présent – mort de la famille close – et les regrets du passé en édifiant une société du partage égalitaire des fruits de la terre. Ainsi un peu plus tard de la défense des paysans chassés du plateau du Larzac par l'armée : l'utopie ici vole au secours des permanences, en soutenant le droit de chacun de vivre et de travailler au pays.

Le mouvement de mai traduit à la fois la peur du déracinement, l'adieu difficile aux vieilles communautés et le rejet de toutes les valeurs qui étaient consubstantielles à ces enracinements. Les grands mouvements sociaux ne sont jamais univoques ; ils mêlent toujours la volonté et la peur du changement.

BILAN DE QUINZE ANS DE REMUE-MÉNAGE

De de Gaulle à Pompidou

De Gaulle pense sortir de la crise de mai par la réforme ; il comprend plus qu'on ne l'a dit les aspirations de la société. La participation qu'il prône était bien une des revendications du mouvement de 1968. La loi Edgar Faure du 12 novembre 1968 (loi d'orientation de l'enseignement supérieur) multiplie le nombre des universités, affirme le principe de l'autonomie universitaire, le refus de la sélection à l'entrée de l'enseignement supérieur, la cogestion. Mais les projets gaullistes de réforme de l'entreprise rencontrent l'opposition non seulement de la majorité des élus mais encore du patronat et des syndicats. Le grand dessein gaulliste s'applique alors à la réforme régionale : le référendum propose aux Français la création de régions : « Le bon sens exige... que la participation prenne place là où se déterminent les mesures qui concernent la vie des Français » (titre I du projet). La réforme régionale est accompagnée d'une réforme du Sénat.

Le scrutin du moins d'avril 1969 est un échec pour de Gaulle qui quitte le pouvoir. Si la gauche a voté contre le « pouvoir personnel », une part non négligeable de l'électorat conservateur a voté contre la réforme. Georges Pompidou incarne une fraction bien différente de la société française ; il y a du radical dans ce gaulliste et la conviction enracinée qu'on ne change pas la société d'en haut. La « nouvelle société » de son Premier ministre Jacques Chaban-Delmas ne l'enthousiasme guère. Ainsi au pouvoir les deux hommes expriment-ils deux grandes tendances. L'un, le président de la République, est sceptique, qui n'entend avancer qu'avec prudence : il fait confiance à la croissance économique, à la modernisation industrielle, il pousse à la construction des autoroutes et à l'adaptation de la ville à l'automobile ; la société doit suivre le mouvement. Jacques Chaban-Delmas au contraire entend construire une société « où chacun considère chacun comme un partenaire ». Prenant en compte les revendications de mai 1968, il souhaite faire bouger les structures « archaïques et conservatrices » et tente de rendre plus efficace un « État tentaculaire ».

Le gouvernement multiplie les négociations avec les centrales syndicales, dans le secteur public des contrats de progrès sont signés prévoyant une augmentation du pouvoir d'achat en fonction des résultats de l'entreprise. Dans le secteur privé les partenaires sociaux sont invités à multiplier les accords contractuels. En janvier 1970 le SMIC (salaire minimum interprofessionnel de *croissance*) se substitue au SMIG, un effort particulier est consenti pour l'amélioration des rémunérations les plus faibles. Progressivement les salariés sont mensualisés. Dans un autre domaine la libéralisation de l'ORTF est réalisée à travers la création d'unités autonomes d'information.

Déjà la politique de Chaban-Delmas annonce les tentatives de Valéry Giscard d'Estaing pour « décrisper » la société française.

Cependant les modifications du paysage politique témoignent elles aussi de l'importance des mutations sociales. Le Parti socialiste naît de la vieille SFIO en 1969 à Issy-les-Moulineaux, puis en 1971 le Congrès d'Epinay-sur-Seine amorce la création d'un grand courant social-démocrate, même s'il refuse encore cette appellation, et intègre une grande partie des héritiers du mendésisme avec les fidèles de F. Mitterrand. Moment important pour la configuration des élites politiques : en effet le PS rassemble les archéo-socialistes, enfants de Guy Mollet, et les modernistes, enfants de Mendès France, des laïques mais aussi des chrétiens de gauche. Comme Chaban-Delmas, le nouveau parti, avec une autre rhétorique, veut séduire cette nouvelle bourgeoisie de cadres, de techniciens, de professeurs que la croissance économique a épanouie. Dorénavant les conditions de la vie politique sont telles que les batailles électorales se gagnent au centre. Pour le PS la stratégie est de ne rien perdre à gauche, d'où la conduite de l'union de la gauche et l'unité d'action avec le PCF, ainsi que la volonté d'attirer les ingénieurs et les médecins libéraux.

Désormais, les incertitudes d'une petite frange de l'électorat assurent les résultats des grandes échéances. En 1969, c'est encore la France éprise d'ordre qui a gagné. Les élections suivantes sont plus incertaines.

Incertitudes sociales du début des années 1970

La croissance se poursuit, les grands projets continuent : la mise en chantier de Fos-sur-Mer, les autoroutes, les grands aménagements urbains. Mais de multiples conflits sociaux, l'apparition du chômage, l'inflation alourdissent le climat. L'agitation étudiante persiste. En 1973 l'affaire Lip passionne l'opinion : les ouvriers de l'usine de Palente tentent de faire repartir eux-mêmes la production de montres. La CFDT met au premier plan de ses revendications l'autogestion ouvrière. De nombreux conflits de type nouveau apparaissent : manifestations lycéennes de grande ampleur contre la loi Debré aménageant le régime des sursis d'incorporation des étudiants, manifestations pour l'abrogation de la loi de 1920 réprimant sévèrement toute propagande pour des produits anticonceptionnels et l'avortement. Cependant le gouvernement présidé par Pierre Messmer, qui a remplacé J. Chaban-Delmas en juillet 1972, reste ferme sur une ligne conservatrice. Significative est la loi Royer de 1973 : protégeant le petit commerce, elle freine l'installation des grandes surfaces. Jean Royer, maire de Tours, est d'ailleurs dans ces années le symbole d'une certaine France, provinciale, scandalisée par la progressive libéralisation des mœurs.

Au total, au terme d'une exceptionnelle période d'expansion, la société française n'a pas encore retrouvé ses assises. Tout se passe comme si les Français ne parvenaient pas à digérer les mutations sociales subies plus que désirées. La vieille France conservatrice n'a pas disparu, mais, alors que s'effritent les forces des grands bastions ouvriers, les nouvelles couches sociales inlassablement annoncées par les observateurs restent encore partagées entre le conservatisme et la libéralisation sociale. De manière significative, lors des élections présidentielles de 1974 après la disparition de Georges Pompidou, François Mitterrand comme Valéry Giscard d'Estaing sont l'un et l'autre soutenus par une fraction de cette néo-bourgeoisie.

4 La société depuis le milieu des années 1970

LA CRISE ET SES CONSÉQUENCES SOCIALES

Le temps de la crise

● *Portée et limites.* Du milieu des années 1970 au milieu des années 1980, les conditions économiques se transforment. Notre propos, ici, n'est pas d'analyser les origines ni les explications de la crise, mais de constater ses conséquences sociales. La crise, c'est d'abord le ralentissement de la croissance globale, le retour de l'inflation, l'augmentation rapide du chômage. La concurrence internationale, puisque la crise ne s'est pas accompagnée d'une fermeture des frontières, touche essentiellement les industries, et plus particulièrement les industries les plus anciennes : charbon, métallurgie lourde (sidérugie, chantiers navals), textiles. D'autre part, les grandes industries de consommation transforment et modernisent rapidement leurs modes de production, les nouvelles techniques adoptées sont économes de main-d'œuvre.

Quant aux technologies de pointe, comme celles qui sont liées à l'informatique, elles ne sont pas créatrices de nombreux emplois, et ne peuvent relayer les secteurs en crise. Au total le chômage qui n'avait cessé de s'étendre depuis la fin des années 1960 s'est brutalement aggravé depuis 1974. Le seuil des 500 000 chômeurs est dépassé en octobre 1974, celui du million en 1975, celui des 2 millions en octobre 1981. Le chômage est de plus sélectif : il pénalise les femmes, les jeunes, les travailleurs non qualifiés. Les délais pour retrouver un emploi s'allongent.

Cependant si la crise renforce certaines inégalités, les Français dans l'ensemble continuent à consommer. On pensait volontiers, lors du premier choc pétrolier en 1973, qu'ils réduiraient leurs achats de véhicules automobiles ; en réalité, dès 1975 la croissance des nouvelles immatriculations a repris : le taux d'équipement des ménages en automobiles passe de 61,1 % en 1973 à 70 % en 1981. De même on enregistre une augmentation des achats de récepteurs de télévision, magnétoscopes, chaînes haute fidélité. Manifestement les Français n'entendent pas transformer leur style de vie. La consommation de luxe se porte bien : les restaurants gastronomiques sont pleins alors que se multiplient les magazines enseignant l'art du bien-vivre.

	Société	Culture et vie quotidienne
1974	V. GISCARD D'ESTAING PRÉSIDENT DE LA RÉPUBLIQUE	
	J. Chirac Premier ministre. Majorité à 18 ans. Fermeture des frontières à l'immigration. Éclatement de l'ORTF.	Conseils de Ménie Grégoire sur RTL aux auditeurs qui ont des problèmes sexuels. Cinéma érotique : *Emmanuelle*. Ouverture de la FNAC.
1975	Loi Veil sur l'IVG. Loi sur le divorce. Loi Haby sur l'enseignement secondaire. « L'année de la femme ».	Prix Goncourt : E. Ajar, *La Vie devant soi*. P. Chéreau met en scène *Le Roi Lear*.
1976	R. BARRE PREMIER MINISTRE	
	Violentes manifestations dans le Midi viticole.	A. Peyrefitte ; *Le Mal français*. Naissance du Loto. Mort d'André Malraux.
1977	Loi sur le congé parental. Retraite à 60 ans pour les femmes. Début des « Pactes pour l'emploi ».	Inauguration du Centre Pompidou (Beaubourg). Institut de recherches et de coordination acoustique-musique (IRCAM). Les « nouveaux philosophes » (B.-H. Lévy, *La Barbarie à visage humain*.) Mort de Jacques Prévert.
1978	Nombreuses mesures pour les chômeurs. Les évêques français contre la peine de mort.	Marée noire en Bretagne. Mort de J. Brel.
1979	Reconduction de la loi sur l'IVG. Réforme de l'indemnisation du chômage.	Exposition Paris-Moscou au Centre Pompidou. Mort de Jean Renoir.
1980	Loi Sécurité et Liberté. Manifestations antinucléaires à Plogoff.	F. Truffaut, *Le Dernier Métro*. 200 villes françaises ont des rues piétonnes. Mort de J.-P. Sartre.
1981	F. MITTERRAND PRÉSIDENT DE LA RÉPUBLIQUE	
	Pierre Mauroy Premier ministre. Abolition de la peine de mort. Fortes augmentations du SMIC, des allocations familiales, du minimum vieillesse, de l'allocation logement.	Mgr Lustiger archevêque de Paris. Mort de G. Brassens. Mort de Jacques Lacan.
1982	Impôt sur les grandes fortunes. Durée hebdomadaire du travail : 39 h. Cinq semaines de congés payés. Nationalisations. Loi sur la décentralisation. Lois Auroux. Autorisation des « radios libres ». Suppression du secteur privé hospitalier.	J. Lang contre l'impérialisme culturel américain. Mort de Louis Aragon. Colloque national sur la recherche et la technologie. Première Fête de la musique.

	Société	Culture et vie quotidienne
1983	Retraite à 60 ans. Nouvelle politique de l'immigration. Adoption de la « rigueur ».	
1984	Projet Savary pour un « grand service public laïque ». Manifestations pour l'école libre. Retrait du projet. Mesures contre le chômage des jeunes (mise en place des Travaux d'utilité collective). L. Fabius, Premier ministre.	Canal Plus. M. Duras, *L'Amant*. Ouverture du Palais des sports de Bercy. Création du Centre national des arts plastiques.
1985	Lois sur les congés de conversion. 5ᵉ et 6ᵉ chaînes : naissance des télévisions privées.	Fête de SOS Racisme à la Concorde. Projet de Disneyland à Marne-la-Vallée.
1986	DÉFAITE DE LA GAUCHE AUX ÉLECTIONS - GOUVERNEMENT J. CHIRAC - COHABITATION	
	Loi sur la flexibilité du travail. Attentats terroristes à Paris. Dénationalisations. Manifestations étudiantes et lycéennes contre la loi Devaquet. Grève des cheminots.	Colonnes de Buren. Ouverture du musée d'Orsay. Mort de S. de Beauvoir. Mort de M. Dassault. Projet de privatisation de la première chaîne de télévision.
1987	Privatisations. Procès de Klaus Barbie. Début des « affaires ».	La Cinquième chaîne. Concert Madonna à Sceaux. Inauguration de l'Institut du Monde arabe.
1988	RÉÉLECTION DE F. MITTERRAND	
	Michel Rocard Premier ministre. Élections législatives : majorité relative du P.S. ; Front national : 14 % des votants.	Revenu Minimum d'Insertion. Plan de lutte contre le SIDA.
1989	Loi d'orientation sur l'enseignement (Lionel Jospin). Grèves à Sochaux (Peugeot).	Commémoration du bicentenaire de la Révolution française. La « pyramide » du Louvre Affaire du « foulard » islamique. TGV atlantique. Mort d'H. Beuve-Méry.
1990	Congrès du PS à Rennes. Manifestations lycéennes. Création du Haut Conseil de l'intégration.	Profanation du cimetière juif de Carpentras.
1991	ÉDITH CRESSON PREMIER MINISTRE	
	Mouvement des infirmières. 300 000 paysans à Paris.	Mort d'Yves Montand.
1992	PIERRE BÉRÉGOVOY PREMIER MINISTRE	
	B. Tapie éphémère Ministre de la ville. Les chauffeurs-routiers contre le « permis à points ».	Procès dit du « sang contaminé ».

... depuis le milieu des années 1970

● *Fractures sociales.* De nouvelles tensions déchirent la société. Une croissance de la délinquance, le plus souvent liée au chômage, fait passer au premier plan le thème de l'insécurité. Certains utilisent le discours sécuritaire comme argument électoral : dans les années 1980, le Front national de Jean-Marie Le Pen dénonce la présence de trop nombreux étrangers en France. Les immigrés deviennent les boucs émissaires, responsables et du chômage et de la délinquance. Une fraction qui n'est pas négligeable du corps électoral (autour de 10 %) est sensible à un tel discours. Mais le langage national-sécuritaire n'est pas seulement un produit de la crise, il véhicule aussi nostalgies et rancœurs de groupes sociaux qui regrettent les valeurs de la France éternelle bourgeoise et chrétienne tout à la fois. Dans ce domaine la crise permet l'émergence de ces courants, elle facilite leur expression et gonfle leur audience plus qu'elle ne les fait naître.

Par ailleurs la progressive perte d'audience du Parti communiste français dans les années 1980 est significative d'une fondamentale transformation de la société ; la crise accélère le démantèlement des grands bastions industriels sur lesquels il avait fondé son originalité et son audience. La période voit ainsi l'achèvement d'une évolution fondamentale : la dislocation de la classe ouvrière traditionnelle qui s'était construite et stabilisée des années 1930 aux années 1950. Cette classe s'effrite, et avec elle une culture et une mémoire. Mineurs, métallurgistes, hommes du charbon et hommes du fer sont de moins en moins nombreux. Une page de l'histoire sociale de la France est tournée : on gazonne les terrils, on désaffecte les usines de brique et les hauts fourneaux.

● *Une société informatisée ?* Chômage et nouvelle pauvreté, consommation globale maintenue, poussée nationaliste-sécuritaire, déclin de la culture ouvrière, le tableau ne serait pas complet si l'on n'ajoutait pas à ce paysage insolite de crise l'explosion des moyens modernes de communication et de gestion. Le rapport établi par S. Nora et A. Minc, *L'Informatisation de la société*, commandé en 1976 par le président de la République, est publié en janvier 1978. Il pose remarquablement les enjeux des bouleversements technologiques ; la fin des années 1970 est en effet le moment où l'informatique jusque-là chère, lourde et peu performante, était réservée à une élite. « C'est une informatique de masse qui va désormais s'imposer irriguant la société, comme le fait l'électricité. » Les conséquences sont clairement dessinées : « L'informatique permet et accélère l'avènement d'une société à très haute productivité : moindre travail pour une plus grande efficacité, et emplois très différents de ceux imposés par la vie industrielle. Cette mutation est amorcée : forte diminution de la main-d'œuvre dans les secteurs primaire et secondaire, montée des services, et surtout multiplication des activités où l'information est la matière première. » Mais la révolution informatique est aussi une révolution culturelle puisqu'elle transforme les conditions de l'acquisition et de la transmission du savoir, c'est-à-dire du pouvoir. « Allons-nous [...] vers des sociétés qui utiliseront les techniques nouvelles pour renforcer les mécanismes de rigidité, d'autorité, de domination ? Ou, au contraire, saurons-nous accroître l'adaptabilité, la liberté, la communication, de telle sorte que chaque citoyen, chaque groupe se prenne en charge de façon plus responsable ? »

CRISE ET MARGINALITÉ

● *Constat*

— *Les infractions (sources : police judiciaire)*

	Infractions constatées	Faits élucidés
1973	1 250 000	379 000
1983	3 033 000	845 000
1984	3 028 000	866 000

Cambriolages, vols, dégradations de biens publics ou privés, chèques volés ou sans provision représentent plus de 80 % des infractions enregistrées. L'inflation des infractions s'explique tout autant par le développement de la monnaie scripturale (chèques) que par la délinquance.

— *Les délinquants*

	Majeurs		Mineurs (13-18 ans)	
	Hommes	Femmes	Hommes	Femmes
1974	270 200	41 140	58 600	7 440
1984	396 900	70 200	89 200	11 800

— *La population carcérale.* En croissance continue depuis 1975 la population carcérale atteint 40 000 à 50 000 détenus depuis 1984.
  Les caractéristiques sociodémographiques des entrants en prison en 1984 sont les suivantes : les femmes représentent 5,3 % des entrants, 50 % des entrants ont moins de 25 ans, 7 % moins de 30 ans. Les 3/4 sont célibataires. Par ailleurs, 11,8 % sont illettrés, 20,8 % ont fait des études secondaires. 42 % des entrants sont sans profession ou chômeurs, 33 % sont ouvriers. Enfin la proportion des étrangers est de 26,5 %.

● *La délinquance comme produit de la pathologie urbaine et du chômage.* En 1977, le Comité d'études sur les violences présidé par A. Peyrefitte condamne les formes de l'urbanisation des années 1960 et recommande de réduire la taille des immeubles, de faire renaître les quartiers, d'éviter la ségrégation des quartiers par âges, revenus, cultures et enfin de faire de la ville un point de rencontre et non un carrefour de solitudes. En 1987, F. Dubet dans son livre *La Galère : jeunes en survie* décrit l'univers des jeunes de quatre grands ensembles d'H.L.M. de banlieue (Orly, Sartrouville, Clichy, Les Minguettes) : environnement dégradé, familles éclatées, échec scolaire. Les jeunes vivent au jour le jour, de l'aide sociale, du travail intermittent ou de la petite délinquance.
  Cependant quand le milieu local est encore fortement structuré le chômage n'entraîne pas nécessairement la délinquance. Ainsi la région de Longwy

en Lorraine où le chômage est très élevé mais la délinquance faible. Ici les liens familiaux, de quartier, syndicaux sont solides.

● *Des solutions ?*
— Restauration d'un environnement permettant la restructuration des liens sociaux. Ainsi les urbanistes reconnaissent-ils le rôle intégrateur de *la rue*.
— Lutte contre l'échec scolaire. L'école n'est-elle pas trop uniforme ?
— Lutte contre le chômage.

Mais la marginalisation ne se réduit pas à la délinquance ; à la fois sociale et culturelle, elle atteint les personnes seules, les vieillards isolés, les handicapés. La marginalisation ne peut être combattue que par la recomposition du tissu social et de nouvelles formes de solidarité.

● *Un nouveau rôle pour l'État ?* Le dernier grand thème qui est au cœur de ces années concerne la place et le rôle de l'État dans la société. La victoire de la gauche en 1981 semble marquer l'apogée de l'État protecteur et incitateur ; nationalisations, lois sociales, réformes se multiplient. Comme si s'accomplissaient dans ces années 1980 les espoirs qui, depuis la Libération, avaient été placés dans l'État-providence, seul capable d'instaurer la justice et l'égalité, de protéger les plus démunis, de désarmer l'arrogance des puissants. Cependant le slogan même de la gauche victorieuse, « *changer la vie* », nuance cette idée d'une continuité ; il prend en charge des aspirations qui sont plus individuelles que collectives. Un peu de temps encore et la gauche au pouvoir célèbre les valeurs de l'entreprise, desserre l'emprise du pouvoir central par la régionalisation, autorise l'explosion des radios libres. Tout se passe comme si, dans ces années 1980, l'État avait atteint une sorte de limite et entamait son désengagement. Crise d'une société qu'on a pu appeler *assurantielle* (F. Ewald), critiques de plus en plus violentes contre les droits acquis garantis par le pouvoir central, éloge de l'initiative individuelle... tout cela couronné par le retour d'un néo-libéralisme. Certes, il faut faire la part des modes intellectuelles passagères. La société, dans son ensemble, continue à réclamer la protection de l'État, reste attachée à la Sécurité sociale. Mais les espaces de liberté revendiqués sont de moins en moins des espaces collectifs. Déjà le mouvement de 1968 était porteur d'une volonté de bonheur individuel ; ce qu'on appelle la crise des idéologies ou, mieux, la renonciation aux modèles est signe de désengagement collectif, ce qui n'exclut nullement l'engagement individuel. Le néo-humanisme des droits de l'homme va dans ce sens.

Ainsi la crise peut être le moment où, après les grands bouleversements des années 1960, la société cherche à se recomposer, à digérer à la fois les effets de la haute croissance et les conséquences de la crise. Quelques signes montrent déjà le sens de cette recomposition sociale : la stabilisation de la croissance urbaine, l'attention portée à l'environnement, de nouvelles formes de sociabilité moins enracinées qu'autrefois dans la stabilité d'un terroir. Encore faut-il que la crise n'exaspère pas les tendances au corporatisme de la société française ; les difficultés économiques, en effet, provoquent souvent une crispation sur les avantages acquis, l'organisation de groupes de pression qui entendent maintenir les privilèges du temps de la croissance. Ainsi le tableau est-il contrasté et l'avenir ouvert.

LES ÉTRANGERS DANS LA SOCIÉTÉ FRANÇAISE

Si nous abordons le problème des immigrés dans l'étude des évolutions qui ont marqué les dix dernières années, ce n'est pas par méconnaissance de leur présence plus ancienne sur le territoire national. Pour ce problème comme pour d'autres la crise agit comme un révélateur. Les immigrés sont entrés en France pendant les années triomphantes de la croissance ; jusqu'à la crise leur nombre n'a cessé de croître, mais c'est quand ce nombre s'est stabilisé que leur présence a commencé à faire problème.

Les étrangers en France depuis 1945

● *Définition et nombre.* Rappelons d'abord les différentes manières d'accès à la nationalité française : est français par filiation tout enfant, dont l'un des parents est français ; ainsi tous les enfants nés d'un couple *mixte* sont français. Est français par filiation tout enfant né en France lorsque l'un de ses parents y est né ; rappelons qu'avant 1962 l'Algérie était française, sont donc français les enfants nés en France si un des parents est né avant 1962 en Algérie ; cependant un certain nombre de ces enfants sont déclarés algériens lors des recensements : c'est le cas en 1982 pour 220 000 enfants (soit 20 % des enfants étrangers de moins de 18 ans). Enfin tout enfant étranger né en France et qui y réside devient automatiquement français le jour de sa majorité, soit à 18 ans, sauf s'il décline, dans l'année qui précède, la qualité de Français. Ajoutons enfin que tout étranger dont le conjoint est français peut acquérir la nationalité française.

Le second point préalable est l'incertitude des statistiques concernant les immigrés en France ; ainsi en 1982 le recensement évaluait à 3 680 000 le nombre des étrangers présents en France, tandis que l'évaluation du ministère de l'Intérieur atteignait 4 223 000.

L'immigration en France est loin d'être un phénomène récent ; en 1931 le pourcentage de la population étrangère était comparable à celui de 1982 (entre 6 et 7 % de la population totale). La population française s'est même construite en grande partie par intégration successive de vagues d'immigrants. En effet, on estime que plus du tiers de la population française actuelle est d'origine étrangère à la première, deuxième ou troisième génération.

● *Les vagues d'immigrants.* L'appel à la main-d'œuvre étrangère dans les années 1950 et 1960 s'explique par l'insuffisance de la population active française. La reconstruction puis l'expansion nécessitaient l'apport des travailleurs étrangers. Dans certains cas c'est par villages presque entiers que des Portugais, des

Algériens ou des Marocains sont venus travailler en France, des responsables du personnel des grandes firmes allant eux-mêmes recruter sur place les migrants, choisissant ceux qui leur paraissaient disposer de la plus grande force de travail.

Dans une première période, l'immigration est essentiellement d'origine européenne. En 1954 sur 1,7 million d'étrangers en France 1,4 million sont européens (Italiens pour un tiers d'entre eux, puis Espagnols et Polonais). La situation est bien différente en 1975. Le nombre des Européens a augmenté (2,1 millions sur un total de 3,5 millions) mais leur répartition est différente, Portugais et Espagnols représentant dorénavant près de 60 % du total des Européens (760 000 Portugais) alors que le contingent italien et surtout polonais se réduit. Mais la population originaire d'Afrique ou d'Asie encore relativement faible en 1954 a notablement augmenté. Cette évolution se poursuit : en 1982 les immigrés les plus nombreux sont les Algériens (près de 800 000) dont le nombre dépasse alors celui des Portugais. A cette date les immigrés d'origine européenne (1,7 million) représentent moins de la moitié du total des étrangers en France (3,7 millions).

L'intégration et ses problèmes

• *Polonais et Italiens : une intégration réussie*. Deux collectivités étrangères sont résidentes en France depuis souvent plusieurs générations : les Polonais, venus très nombreux comme mineurs dans l'entre-deux-guerres, ne se sont guère renouvelés depuis 1945, et cela explique la diminution de leur nombre (65 000 en 1982) ; la plupart d'entre eux, à la deuxième génération, se sont intégrés dans la population française. De même les Italiens sont moins nombreux en 1982 qu'en 1975. Dans ces deux cas on a pu étudier les processus d'intégration : dans le Nord et le Pas-de-Calais (Polonais) ou dans les mines de Lorraine (Italiens), où l'accueil de la population française n'a guère été bienveillant, à tout moment on peut enregistrer des réactions de rejet du « barbare » jugé inassimilable. Cependant, et c'est particulièrement évident dans les exemples polonais et italien, l'intégration a fonctionné. Elle s'est faite sur deux générations le plus souvent, l'école républicaine jouant sans doute ici un rôle essentiel. Mais un autre facteur, tout au moins dans certaines régions, a été primordial. Les travaux de Serge Bonnet sur les « hommes de fer » lorrains ont montré, en effet, la corrélation étroite entre l'origine italienne et le vote communiste depuis 1945. La même observation peut être faite dans le Var et particulièrement à La Seyne-sur-Mer. C'est à travers le militantisme syndical et politique que de nombreux ouvriers immigrés ont pu ainsi opérer leur intégration dans la société française.

• *L'intégration en panne ?* Si, malgré les rejets initiaux, l'intégration de plusieurs millions d'étrangers dans la société française a été possible, comment expliquer les problèmes d'aujourd'hui ? Résultent-ils d'un changement de la nature de l'immigration ? Ou, au contraire, est-ce la France qui n'est plus capable d'intégrer comme autrefois les populations immigrées ?

Examinons d'abord la nature de l'immigration actuelle. Dans un premier temps les immigrants sont des hommes seuls, puis, même si le déséquilibre des sexes se maintient (pour les Algériens, en 1982, les hommes représentent 62 % du total), on assiste à des regroupements de ménages. Si le pourcentage des jeunes de moins de 15 ans est relativement faible pour les étrangers installés depuis longtemps en France (13 % des Espagnols ont moins de 15 ans en 1982), la situation est différente pour les immigrants plus récents : les groupes d'Algériens, de Marocains et de Tunisiens comptent un pourcentage de moins de 15 ans qui n'est jamais inférieur à 30 %, soit 336 000 jeunes de moins de 15 ans et 400 000 de moins de 18 ans sur un total d'environ 1 500 000.

Sur les 3 400 000 étrangers, 1 500 000 sont actifs dont 1 200 000 hommes, 67 % d'entre eux sont ouvriers dont une importante majorité de manœuvres ; 17 % font partie du personnel de service employé par les collectivités, les entreprises ou les particuliers. La géographie de l'immigration s'explique par la nature même des activités des immigrés : l'immigration étrangère est industrielle et urbaine essentiellement. 36 % d'entre eux sont en Ile-de-France (16,5 % de la population de la ville de Paris, 17 % de la population du département de la Seine-Saint-Denis). Les autres concentrations importantes sont le Nord, le Nord-Est, la région lyonnaise et la région méditerranéenne. On estime que près des trois quarts des étrangers résident au nord-est d'une ligne Le Havre-Marseille.

L'exemple de Marseille est significatif des problèmes actuels de l'immigration. En 1931 les étrangers représentent 25 % de la population totale, plus de la moitié d'entre eux sont des Italiens. Actuellement, avec un pourcentage de 8 à 9 % d'étrangers, jamais les immigrés n'ont été aussi peu nombreux dans l'agglomération marseillaise. Mais les années 1960 ont vu simultanément l'installation à Marseille et de nombreux rapatriés d'Afrique du Nord et de musulmans. L'immigration est d'autant plus visible que les étrangers ont « colonisé » le centre même de la ville (quartier de la porte d'Aix) profondément dégradé. D'autre part les quartiers nord de l'agglomération deviennent des ghettos, l'exode des autres familles isole progressivement les Maghrébins. Mais, là comme ailleurs, aux problèmes nés de la situation dans les ghettos s'ajoute l'importance du chômage qui, relativement, touche deux fois plus les travailleurs immigrés que les travailleurs français.

- *Débats actuels.* On sait que les succès du Front national sont d'autant plus grands que les immigrés sont plus nombreux, le discours sécuritaire et xénophobe s'adresse donc particulièrement aux Français qui vivent à proximité des immigrés. La nouvelle majorité élue en 1986 propose une réforme du Code de la nationalité, encore en discussion, mais dont le but serait de limiter l'automaticité de l'octroi de la nationalité française. Autour de ce projet visant ceux que l'on appelle les *Beurs* (le mot, dit *Le Robert*, apparaît en 1980 pour désigner un « jeune Arabe de la deuxième génération, né en France de parents immigrés ») un grand débat s'est instauré ; pour les uns, c'est l'identité française qui est menacée par un afflux d'immigrés que l'on prétend inassimilables, d'autres (comme *SOS Racisme* de Harlem Désir, dont un des slogans, *Touche pas à mon pote*, dit clairement l'orientation) défendent l'idée d'une France plurielle, capable de rassembler des cultures diverses.

LES ÉTRANGERS EN FRANCE

• *Les étrangers en France par département,
en pourcentage de la population de chaque département.
(Recensement de 1982).*

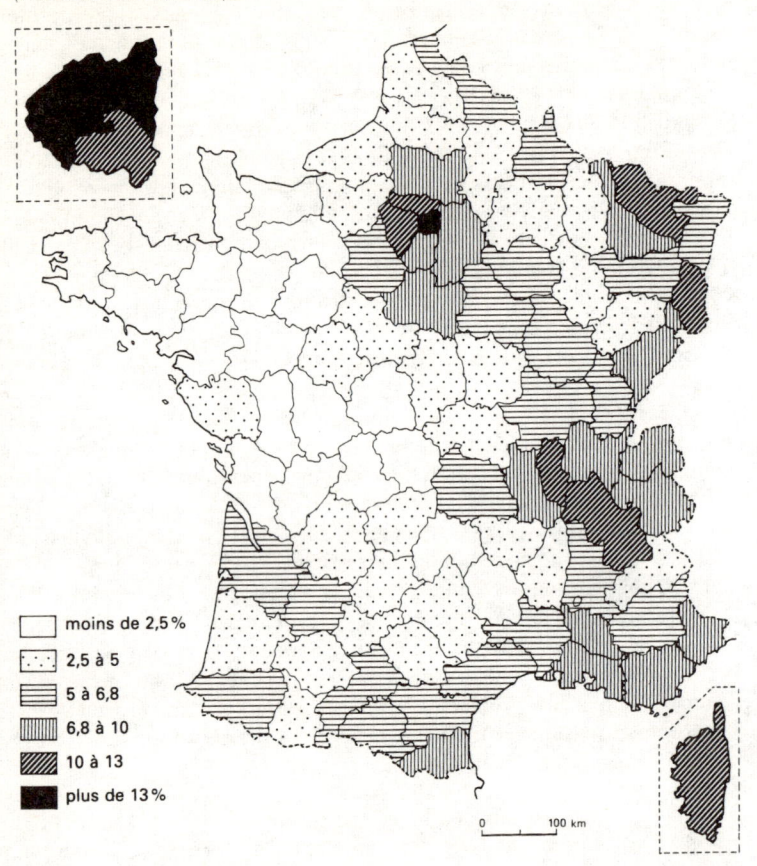

☐ moins de 2,5 %
⋯ 2,5 à 5
≡ 5 à 6,8
▥ 6,8 à 10
▨ 10 à 13
■ plus de 13 %

(Source : GEORGE (P.), *L'immigration en France*, A. Colin, 1986, p. 58.)

• *Les étrangers en France (en milliers)*

	1931	1954	1975	1982
Ensemble de la population	41 200	42 800	52 600	54 300
Ensemble des étrangers	2 700	1 700	3 450	3 680
Européens	2 460	1 430	2 100	1 760
Africains	100	230	1 200	1 600
Autres (Asiatiques essentiellement)	120	90	150	345

Certes la crise et les difficultés économiques peuvent, comme toujours, aggraver les réflexes xénophobes d'une partie de la population ; l'explication n'est cependant pas suffisante. L'école, moins sûre d'elle-même, et surtout moins sûre du modèle qu'elle diffusait dans la certitude autrefois, remplit moins aisément sa fonction assimilatrice. L'autre clef des problèmes actuels se trouve dans la carte de l'implantation des travailleurs immigrés. L'intégration à la société française s'est faite séculairement dans l'intégration à une communauté de travail et par l'accès à la culture ouvrière. Or, non seulement cette culture ouvrière est en crise, nous l'avons vu, elle se dilue dans une culture de masse, culture de la consommation et des loisirs auxquels les immigrés ne peuvent guère avoir accès, mais encore, comme le dit Hervé Le Bras, le travail industriel, « qui avait fourni aux étrangers le point d'appui pour s'élever dans la société et répercuter la pression sur toute la population, se dérobe. Bloqués sur place, les étrangers risquent de stagner quand ils veulent s'élever : l'ensemble de la société y perd l'un des ressorts de son dynamisme ».

LA SOCIÉTÉ DE VALÉRY GISCARD D'ESTAING A FRANÇOIS MITTERRAND

Une société décrispée ?

Affichant optimisme et sérénité, persuadé que « gouverner c'est réformer », le successeur de G. Pompidou, Valéry Giscard d'Estaing élu en 1974, souhaite présider une France « décrispée » tant sur le plan politique que sur le plan social. L'État, en choisissant la réforme, en évitant les affrontements, doit prendre acte des évolutions sociales et traduire ces changements dans la législation. La présence au gouvernement d'un ministre des Réformes (fort éphémère il est vrai puisque son titulaire J.-J. Servan-Schreiber n'occupe le poste que quinze jours), d'un ministre de la Qualité de la vie et surtout la nomination de Françoise Giroud comme secrétaire d'État à la Condition féminine symbolisent cette volonté présidentielle.

● *Le pouvoir et les citoyens.* Le Président innove par son style. La Marseillaise, réorchestrée, a des accents plus sereins. Le jour de son intronisation comme Président, V. Giscard d'Estaing regagne l'Élysée à pied. Il convie à son petit déjeuner de Noël les éboueurs du quartier de l'Élysée. Au-delà de l'anecdote il y a une volonté de désacralisation du pouvoir et une prise en compte des évolutions profondes de la société française. L'usage de la télévision peut en témoigner. Au temps du général de Gaulle, chaque intervention était mise en scène comme un drame, le Président utilisait ce nouveau moyen de communication comme un leader qui souhaitait galvaniser une foule, l'entraîner derrière lui. De Gaulle incarnait la France éternelle ; il cherchait moins à convaincre qu'à provoquer le sursaut national. Valéry Giscard d'Estaing a compris que s'adresser, à travers l'écran de la télévision, aux Français, ce n'est pas exalter les participants d'un meeting. Dorénavant la télévision fait partie de l'univers quotidien des Français, elle a perdu sa magie d'étrange lucarne en se banalisant. S'adresser aux Français à travers la télévision, ce n'est plus s'adresser à une foule – les Français ne sont plus à l'*âge des foules* – c'est parler à chaque individu, à chaque famille en particulier. Pour une télévision quotidienne il faut un discours quotidien, il faut convaincre plus qu'entraîner, séduire patiemment, converser simplement et non chercher à tout moment à faire souffler le grand vent de l'histoire. Certes les foules, animées par les certitudes idéologiques et une forme d'intolérance, n'ont pas totalement évacué la société française, mais, de plus en plus, ses comportements indiquent le passage à l'*âge des masses*, collection d'individus autonomes qui refusent désormais pour la plupart d'entre eux de suivre un leader dont le charisme les a rassemblés. Le rapport entre le pouvoir et les citoyens est en voie de privatisation.

● *La loi et les mœurs.* Les débuts du septennat de Valéry Giscard d'Estaing sont marqués aussi par la volonté de faire correspondre la législation avec l'évolution des mentalités et des mœurs. La loi du 5 juillet 1974 abaisse à 18 ans l'âge de la majorité et prend acte de l'évolution du rôle des jeunes dans la société. Cette décision traduit une transformation capitale : jusque-là la majorité (21 ans) correspondait non pas au moment de l'arrivée dans la vie active – la majorité des jeunes étaient depuis longtemps au travail à cet âge – mais au moment de l'*installation*, quand le jeune homme ou la jeune fille quittait sa famille, s'établissait à son compte, fondait un autre foyer. Abaisser l'âge de la majorité à 18 ans, c'est reconnaître l'autonomie des jeunes qui vivent encore dans leur famille, c'est prendre en compte les nouveaux modes de vie : la responsabilité individuelle ne passe pas nécessairement par la formation d'un nouveau groupe social. La législation nouvelle traduit une autre vision de la société, addition d'individus libres et non coalition de groupes structurés.

Les deux grands textes de 1975, la loi du 17 janvier 1975 autorisant dans certaines conditions l'interruption volontaire de grossesse et la loi du 11 juillet 1975 simplifiant les procédures du divorce, vont dans le même sens. La loi sur l'I.V.G., proposée par le ministre de la Santé Simone Veil, est débattue passionnément à l'Assemblée nationale en 1974 et ne peut être votée qu'avec l'appui de l'opposition politique. Nous reviendrons sur les aspects démographiques de ce problème, mais retenons deux enseignements : la loi s'adapte aux mœurs ; considérant l'importance du nombre des avortements clandestins, elle légalise ce qui est déjà pratique individuelle attestée ; le législateur renonce à peser sur les comportements individuels, à imposer une *morale*. Étape décisive dans le long processus de sécularisation de la société, de constitution d'une société civile par laquelle l'État transforme son rapport avec les citoyens. Que l'opposition à cette loi vienne des catholiques traditionalistes (ainsi le mouvement Laissez-les vivre) ou, sur un autre plan, d'un gaulliste comme l'ancien Premier ministre Michel Debré est significatif ; les uns refusent cette loi au nom d'une morale imprescriptible, d'une éthique de la vie qui doit s'appliquer à tous, les autres mettent au premier plan les arguments démographiques : ils souhaitent une France forte et peuplée. Dans les deux cas l'État est conçu comme devant encadrer moralement la population et définir, au nom de l'intérêt supérieur de la nation, le sens des comportements individuels des Français.

Le vote de la loi simplifiant les procédures de divorce va exactement dans le même sens. Elle prend acte de l'évolution des mœurs et de la croissance, antérieure à la loi, du nombre de séparations. Jusqu'alors pour divorcer il fallait mettre en évidence des *torts*, on « gagnait » ou on « perdait » un divorce, et même quand les torts étaient « partagés » il ne pouvait y avoir séparation des conjoints sans qu'apparaisse la notion de *faute*. Dorénavant le divorce est dédramatisé ; si les conjoints choisissent la séparation par consentement mutuel ils peuvent être représentés par le même avocat. Dans ce domaine, comme dans celui de l'avortement, il y a retrait de l'État et reconnaissance et de la liberté et de l'intimité des individus, le rôle du législateur n'étant plus d'imposer la norme morale.

Cependant si l'État se désengage des champs d'exercice de la morale et de la liberté des individus, il développe son rôle de protection. L'État-providence continue à se construire ; entre 1970 et 1980 les prélèvements obligatoires passent de 35,6 % à 41,6 % du PIB. Des textes de 1974 et 1975 généralisent la Sécurité sociale, la « loi Haby » de juillet 1975, réformant l'enseignement du second degré, se présente comme un moyen de donner des chances égales à tous les enfants scolarisés. Il faudrait encore citer les lois concernant les handicapés et l'abaissement de l'âge de la retraite des travailleurs manuels.

Mais, malgré les travaux de la Commission Sudreau sur *La Réforme de l'entreprise* (1975), les tentatives pour améliorer le climat social de l'entreprise en limitant la toute-puissance des patrons n'aboutit pas. Cet échec marque les limites des possibilités de réforme et les réticences de la majorité conservatrice qui édulcore en 1976 la loi sur l'imposition des plus-values du capital. La décrispation et la réforme pénètrent les problèmes de la vie quotidienne et individuelle mais, après une sorte d'âge d'or de la concertation et de la négociation entre 1968 et 1973, les conflits du travail réapparaissent et prennent des formes nouvelles.

● **Les travailleurs face aux « dégâts du progrès ».** Dans un livre, paru en 1977, sous le titre *Les Dégâts du progrès*, la CFDT analyse les conséquences des progrès techniques sur les conditions de travail et de vie, sur les mouvements sociaux et sur l'action syndicale. Edmond Maire présente ainsi le livre :

« Au-delà du " ras-le-bol ", c'est une véritable mise en cause de l'organisation du travail, des formes qu'a prises le progrès technique... depuis plusieurs années. Il suffit d'avoir en mémoire les grandes grèves des banques et des PTT en 1974 où les OS du tertiaire sont apparus en pleine lumière, celle de Renault au Mans sur le travail à la chaîne, de Pechiney-Nogueres contre le chantage technologique, d'Usinor-Dunkerque contestant la prétendue impossibilité technique d'assurer la sécurité ; et au-delà, la mise en cause croissante du travail posté, de la dangereuse accélération du programme d'énergie nucléaire, de l'impérialisme de l'informatique et du danger qu'il fait courir aux libertés. Toutes ces actions collectives témoignent de l'aggravation des contraintes qui pèsent sur la vie professionnelle et une contestation de plus en plus consciente des formes actuelles de l'organisation du travail et du progrès technique. »

« Ras-le-bol », l'expression est apparue, selon le *Robert*, en 1968 ; elle est constamment utilisée dans les années qui suivent et migre de l'école où elle est née à l'usine. Ras-le-bol pour les employés des PTT qui assurent le tri postal (« un travail idiot », dit maladroitement le secrétaire d'État aux PTT) et qui poursuivent une longue grève en 1974 ; ras-le-bol encore pour les employés de banque la même année : alors que le volume des opérations bancaires s'accroît très vite (de 20 à 30 % par an), les effectifs augmentent de moins en moins (7,4 % en 1972, 1,5 % en 1975, 0,25 % en 1977), l'introduction de l'informatique transforme les conditions de travail. D'une part, l'utilisation optimale des machines nécessite le développement du travail en équipes, des horaires décalés et parfois un travail de nuit ; d'autre part, on assiste à une déqualification croissante des tâches. Le travail est de plus en plus parcellisé et l'automatisation est source d'ennui et de monotonie. Dans ces années enfin se multiplient, et jusqu'au début des années 1980, les grèves d'OS travaillant sur les chaînes de montage.

Ainsi les conflits du travail ne sont pas seulement liés aux revendications salariales, les conditions de travail occupant désormais une place essentielle. D'autre part les mouvements sociaux se diversifient et se particularisent, les conflits de type nouveau mettent en cause l'encadrement et l'autoritarisme de ceux que l'on appelle les « petits chefs ». Alors qu'autrefois le conflit social portait surtout sur la vente de la force de travail et donc sur le salaire, il porte désormais sur la qualité de la vie dans l'entreprise. Les travailleurs réclament plus d'autonomie et d'initiative. Des manifestations, où la CFDT joue un rôle essentiel alors que les revendications de la CGT restent plus traditionnelles, réclament l'autogestion des entreprises.

● *Les minorités prennent la parole.* Par ailleurs les revendications féministes, les manifestations des prostituées, les défilés des écologistes (René Dumont est en 1974 candidat à la présidence de la République), auxquels il faudrait ajouter les agitations corses et bretonnes donnent l'image d'une explosion de minorités qui revendiquent le droit à la parole et, pour reprendre une expression de l'époque, exigent *le droit à la différence.* Tous ces conflits, ces prises de parole multiples donnent une image transformée du paysage social, ils indiquent un déplacement de l'axe des forces sociales. Ce qui est en mouvement dans la société, ce ne sont plus des grands groupes antagonistes, mais une multitude de petites communautés et même des individus qui n'aspirent plus seulement à exister à travers le groupe dont ils font partie mais qui réclament un droit individuel à la reconnaissance sociale, et le droit au bonheur personnel. Ainsi les conflits qui traversent le corps social sont-ils le reflet des transformations mêmes de la société dans son ensemble.

1981 : la gauche, un autre projet social ?

● *Le retour du refoulé.* Les débuts du septennat de F. Mitterrand ne sont pas marqués par une volonté de décrispation mais au contraire par un retour en force de l'histoire. La manifestation de joie du 10 mai est organisée par le Parti socialiste sur la place de la Bastille ; la cérémonie du Panthéon où le Président élu honore d'une rose les tombeaux de Jean Jaurès, de Jean Moulin et de Victor Schœlcher est clairement symbolique de la volonté de se référer à une vision de l'histoire et de placer le septennat nouveau sous le signe de la résistance à l'oppression ; la victoire de mai 1981 est la victoire des opprimés, celle du

« peuple de gauche ». Conception binaire de l'histoire de France et sans doute de la société française, mais l'expression « peuple de gauche » a-t-elle encore un contenu social ? Choisir Pierre Mauroy comme Premier ministre est tout aussi symbolique : homme du Nord, fils d'instituteur, pénétré du souvenir du Front populaire, créateur de la Fédération Léo-Lagrange, organisation de loisirs pour les jeunes, ce professeur d'histoire est aussi un militant syndical qui porte en lui tout un passé généreux de luttes populaires ; il contraste avec la componction doctorale du précédent Premier ministre Raymond Barre. Les mesures prises par le premier gouvernement Mauroy, avant les élections qui suivent la dissolution de l'Assemblée nationale, donnent le ton de l'action future : abandon de l'extension du camp militaire du Larzac dont la défense avait mobilisé écologistes et paysans, augmentation de 10 % du SMIC, relèvement des allocations familiales, projet de création de 55 000 emplois publics.

C'est dire que la nouvelle majorité entend prendre en compte à la fois les revendications traditionnelles des salariés et les aspirations nouvelles qui, depuis 1968, irriguent le corps social. D'un côté il s'agit d'accroître le rôle de l'État-providence, d'en faire l'instrument d'une redistribution sociale, de préparer les conditions d'une « rupture avec le marché », de l'autre côté il s'agit de *changer la vie*, de libérer les forces de création individuelle. Jusqu'en 1983, c'est-à-dire jusqu'au moment où le pouvoir choisit la pause et la rigueur, les socialistes incarnent simultanément ces deux cultures, ces deux visions de la société dont on pourrait dire que l'une est proche du regard de la CGT sur la société, l'autre de la CFDT.

● *Réformer la société ?* L'impôt sur les grandes fortunes qui excèdent 3 millions de francs, frappe 200 000 personnes soit environ 1 % des foyers fiscaux ; c'est le moyen de faire « payer les riches », selon l'expression surtout employée par les communistes associés au gouvernement. Le symbolisme de cette mesure est si grand que l'impôt sur les grandes fortunes est supprimé dès le retour, en 1986, de la droite au pouvoir. Il incarne en effet la permanence d'un imaginaire social qui depuis le XIXe siècle est présent à gauche : de l'image des « gros » ou des « monopoles » utilisée par les radicaux, au « mur de l'argent » du temps du Cartel de 1924, et aux « 200 familles » de 1936, il y a continuité d'une vision de la société. D'un côté le peuple, c'est-à-dire l'immense majorité des Français et, de l'autre, une toute petite minorité de riches à qui il suffit de faire rendre gorge. La prégnance de cette vision dans l'imaginaire collectif dit assez la passion de l'égalité visible dans la société française, et aussi le rôle de l'histoire : « les riches » jouent depuis le XIXe siècle le rôle des aristocrates au temps de la Révolution de 1789.

D'autres mesures orientent clairement le pouvoir dans la filiation du Front populaire de 1936 : la généralisation de la cinquième semaine de congés payés, la retraite à 60 ans, l'instauration de la semaine de 39 heures. Là encore on retrouve une vieille culture socialiste pour laquelle le travail est une sorte de malédiction ou tout au moins une oppression et la conquête des *loisirs* une victoire populaire. Dans le même sens, le gouvernement Mauroy tente une reprise de la production de charbon, avant de revenir en 1983 à la diminution de la production et à la fermeture des puits non rentables. Les nationalisations illustrent aussi le rôle dévolu à l'*État* dans le changement économique et social ; seule la puissance publique est capable de conduire les entreprises pour accroître la richesse nationale et permettre donc la solidarité sociale.

Cependant, si tout cet ensemble de mesures situe le pouvoir dans la tradition – archaïque, disait Michel Rocard –, d'autres décisions répondent à une vision différente de la société. Ainsi de la décentralisation (loi de mars 1982) assurant un transfert de pouvoirs et de compétences de l'État aux collectivités territoriales (communes, départements, régions), ainsi de l'élan donné, sous l'impulsion de Jack Lang, au ministère de la Culture, de la suppression de la peine de mort, de la création de la Haute Autorité de la communication. Mais le plus significatif est peut-être l'ensemble des textes promulgués en 1982 et connus sous le nom de *lois Auroux* (Jean Auroux est le ministre du Travail). Ces textes complexes pourraient être résumés en disant qu'ils tentent d'instaurer la démocratie dans l'entreprise. Ils réglementent le droit disciplinaire, le droit à l'expression directe et collective des salariés à l'intérieur des entreprises sur le contenu du travail et son organisation ; ils obligent à une négociation annuelle sur les salaires. L'opposition du Sénat à ces textes illustre les craintes du patronat de se voir dépossédé de ses pouvoirs dans l'entreprise.

Cependant l'inflation, le gonflement rapide du chômage contraignent le gouvernement à infléchir sa politique dès 1983 avec Pierre Mauroy, puis à partir de 1984 avec le nouveau Premier ministre Laurent Fabius. La société a-t-elle véritablement changé ? Le plus important est sans doute que l'expérience du pouvoir a transformé la vision socialiste de la société française et remis en cause les possibilités de l'État de modifier en profondeur les structures d'une société. Plus profondément, cette période a permis de mesurer une sorte d'épuisement du rôle de l'État, et même de réhabiliter l'entreprise et les valeurs qui lui sont attachées.

1984-1986 : LES MANIFESTATIONS SOCIALES TRADUISENT-ELLES L'ÉMERGENCE D'UNE NOUVELLE SOCIÉTÉ ?

Des centaines de milliers de personnes dans les rues en 1984 pour la défense de la liberté de l'enseignement. Des centaines de milliers de lycéens et d'étudiants dans la rue en décembre 1986 contre la loi Devaquet sur l'enseignement supérieur. Des grèves des services publics le même mois, tout particulièrement à la SNCF. Tentons de montrer que ces mouvements sociaux par leurs formes indiquent des changements en profondeur du corps social.

Pour la liberté de l'enseignement

● *L'enseignement privé dans la société française.* Les problèmes de l'enseignement ont été depuis les années 1880 au cœur des rapports entre l'Église et la République. L'enseignement privé, en grande majorité enseignement catholique, a de multiples visages ; dans certains départements, où l'empreinte catholique est restée forte, certaines écoles primaires représentent l'élément essentiel de ces contre-sociétés édifiées en opposition à l'État républicain. Certes, après 1945, le régime n'est plus guère en cause mais l'école est souvent restée un élément majeur d'une culture enracinée dans l'histoire des familles et dans la vie locale. Dans l'Ouest de la France en particulier, l'école catholique est une réalité à la fois culturelle et sociale. La situation est différente dans les villes : les écoles secondaires sont très diverses, certains établissements coûteux s'adressent à des catégories sociales aisées ; dans les grandes villes de province, des collèges (souvent contrôlés par les jésuites) éduquent, de génération en génération, les enfants de la bourgeoisie locale, d'autres établissements (ceux par exemple qui sont tenus par les Frères des écoles chrétiennes) s'adressent aux couches moyennes de la société ; dans d'autres cas enfin (en particulier dans l'enseignement technique et l'enseignement agricole) les écoles libres suppléent les carences de l'enseignement public.

Depuis la guerre la situation de ces écoles a profondément changé. Dans une première étape, en 1951, la *loi Barangé* accorde aux familles ayant des enfants à l'école primaire, qu'elle soit publique ou privée, une subvention, dont le montant est d'ailleurs faible. Par ailleurs (*loi Marie*) les élèves du privé peuvent bénéficier des bourses publiques d'enseignement secondaire. Dans un deuxième temps (*loi Debré*, 1959) les écoles privées peuvent conclure avec l'État des contrats d'association, les rémunérations des maîtres dont les diplômes correspondent aux exigences du ministère de l'Éducation nationale sont pris en charge par la puissance publique. En échange les écoles sous contrat doivent respecter horaires et programmes nationaux, l'enseignement dispensé est contrôlé par les corps d'inspection du ministère. Enfin en 1971, puis avec la *loi Guermeur* de 1977, le « caractère propre » des établissements est garanti. Cependant, depuis la guerre, le personnel de l'enseignement privé a évolué ; les religieux et les religieuses qui constituaient l'essentiel de l'encadrement pédagogique ont progressivement cédé la place à des laïcs et les caractères religieux de ces établissements sont moins apparents.

● *L'évolution de la querelle scolaire.* La « querelle scolaire » alimente quasi en permanence la vie politique française. Dès 1945 les subventions accordées par le gouvernement de Vichy à l'enseignement libre sont supprimées, en 1948 les débats portent sur la nationalisation des écoles des houillères, puis en 1951, lors de la loi Debré de 1959, en 1971 et en 1977 les deux camps mobilisent leurs troupes. D'un côté les « laïques », dont les gros bataillons sont constitués par les membres des syndicats d'enseignants et en particulier de la Fédération de l'Éducation nationale (FEN) avec le Syndicat national des instituteurs (SNI) mais aussi des associations de parents d'élèves ; de l'autre côté la hiérarchie catholique qui laisse se manifester au premier plan les parents d'élèves de l'UNAPEL (Union nationale des associations de parents d'élèves de l'enseignement libre). La laïcité fait partie de la culture politique de la gauche qui repose sur une riche mémoire historique, la République a été enracinée en France par l'action des instituteurs qui ont permis à la nation de coïncider avec l'État. Ainsi les valeurs laïques sont-elles liées au patriotisme (l'épisode vichyssois a conforté ce lien), à une conception jacobine de l'État éducateur d'une *seule* jeunesse, aux restes d'un anticléricalisme militant.

La victoire de la gauche, en 1981, a pu apparaître comme l'arrivée au pouvoir du camp laïque. Le secrétaire général de la FEN, André Henry, devient ministre du Temps libre, les enseignants font une entrée en force à l'Assemblée nationale dont ils représentent plus d'un tiers des effectifs, et plus de 58 % des députés socialistes sont des enseignants. D'autre part, la proposition 90 du candidat François Mitterrand prévoyait : « Un grand service public, unifié et laïque de l'Éducation nationale sera constitué. Sa mise en place sera négociée sans spoliation ni monopole [...] ». Cependant le ministre Alain Savary attend la fin de 1983 pour faire connaître ses propositions d'intégration qui doivent servir de base de discussion. Soucieux de ne pas provoquer de crise, le ministre est néanmoins assez vite débordé par les pressions et les surenchères des militants laïques alors que l'opposition politique utilise naturellement le conflit pour mettre le gouvernement en difficulté. La tension monte lentement et aboutit en 1984 aux grandes manifestations régionales et nationales des partisans de l'enseignement privé ; le 24 juin à Paris, sans doute 1 million de manifestants parcourent les rues de la capitale pacifiquement au nom de la liberté. Le président de la République se saisit alors du problème et annonce le 12 juillet le retrait du projet Savary, la crise provoque la démission d'Alain Savary et celle du Premier ministre Pierre Mauroy.

● *Sens d'un conflit.* Mais laissons les implications politiques du conflit ; l'épisode nous intéresse en ce qu'il est significatif des évolutions des mentalités sociales. Deux groupes de pression se font face : si le groupe laïque a l'appui d'une très large fraction de la société enseignante, déborde-t-il au-delà ? Les manifestations laïques du 25 avril malgré leur importance ont-elles dépassé le monde des militants ? L'autre groupe est certes soutenu par l'ensemble de l'opposition politique, mais les organisateurs des manifestations, parents d'élèves de l'école privée, ont pris soin de ne pas associer les partis et les hommes politiques à leur action. D'autre part, la hiérarchie catholique a longtemps tenté d'éviter l'affrontement ouvert avec le pouvoir pour ne pas apparaître liée à l'opposition de droite. Il semble difficile d'analyser ces événements comme une simple résurgence de la vieille querelle. D'ailleurs le nouveau ministre J.-P. Chevènement ne provoque pas de remous quand il en revient au statu quo ; il est vrai qu'il sait aussi mettre un peu de baume sur les plaies laïques en retrouvant les accents de Jules Ferry pour exalter l'école et l'élitisme républicain. Tout se passe comme si la gauche au pouvoir avait été un temps saisie par le retour d'un refoulé laïque. Cette offensive, faute de rencontrer une véritable adhésion populaire, illustre les décalages entre la culture militante et l'évolution de la société civile. La culture militante, surtout à gauche, n'a pas la mémoire courte et situe les conflits sociaux dans la durée historique. Mais, en 1981, la société s'est davantage transformée que ne veulent le voir les militants syndicaux et politiques. La revendication de la liberté scolaire n'est plus une revendication religieuse, l'école libre n'est plus la forteresse où se seraient réfugiés les cléricaux de la contre-révolution. Les contrats avec l'État, la laïcisation des maîtres ont rapproché, de fait, l'école publique et l'école privée. Parallèlement, l'école publique elle-même n'est plus l'école militante des débuts de la République. Tout indique donc que ce conflit est anachronique. Il reste que le succès des manifestations pour l'école libre a un sens social ; il traduit non l'attachement à une école *confessionnelle*, le choix d'un modèle éducatif spécifique, mais une méfiance vis-à-vis de l'enseignement public et de sa « dégradation », comme l'on dit à l'époque. En effet, depuis les années 1960 essentiellement, l'enseignement secondaire est devenu un enseignement de masse ; la majorité des enfants fréquentent les CES. Jusqu'alors la bourgeoisie, idéologiquement divisée, répartissait ses enfants entre l'enseignement public et l'enseignement privé ; dans un cas comme dans l'autre il s'agissait (pour le secondaire) d'un enseignement réservé à une élite sociale. La nouveauté n'est donc pas la dégradation de l'enseignement mais la disparition dans le public d'un système réservé à une minorité. Réclamer en 1984 la liberté de l'enseignement, c'est donc réclamer la liberté du choix de l'école.

On peut, cependant, proposer une seconde explication qui renvoie aussi aux transformations profondes de la société. Le projet du grand service public unifié prend à contrepied toute une partie de l'opinion lasse de l'uniformité et de la centralisation ; il appartient à une culture sociale de gauche antérieure aux grands bouleversements sociaux de l'après-guerre ; le projet scolaire de la gauche appartenait aux temps des idéologies, c'est un projet de *militants* alors même que l'évolution sociale entraîne une crise du militantisme. Les élections de 1981 n'ont pas provoqué, comme en 1936, une croissance du nombre des militants des appareils politiques et syndicaux de la gauche. Comme dans d'autres domaines, la gauche au pouvoir rencontre une société civile qui n'est plus décidée à adopter un comportement idéologique et militant. Au contraire, les manifestations sociales apparaissent de plus en plus comme des manifestations d'*individus* qui réclament la liberté d'être *différents*.

Les jeunes en décembre 1986

Voilà quelque dix ans que les jeunes ne manifestent plus dans les rues ; après 1968 et ses suites l'Université est paisible, les lycées calmes. La presse ironise même parfois sur la *bof-génération*, la génération de l'indifférence ; on est loin des bouillonnements de l'idéologie des années écoulées. Les enfants des révolutionnaires de 1968 travaillent, se résignent à l'échec puisque dans les universités deux sur trois d'entre eux n'obtiennent pas le DEUG. Ils s'occupent de musique et de leur bonheur personnel. Depuis les années 1970, et sans doute plus précisément depuis Soljénitsyne et *L'Archipel du Goulag*, en 1974, quelque chose s'est brisé dans l'expression des grands mouvements sociaux. Le marxisme sous ses diverses formes avait jusque-là joué le rôle d'une religion terrestre du salut ; l'adieu au marxisme, c'est l'adieu à une forme active du politique. L'abandon par la jeunesse des formes de manifestations collectives ne signifie pas sa disparition du terrain social – la jeunesse des années 1980 continue d'être ce que E. Morin appelle une *biomasse* –, mais les modes d'expression semblent se réfugier dans l'apparence extérieure, le vêtement, la coiffure. Il y a aussi le poids écrasant du chômage, qui frappe d'abord les plus jeunes.

Et puis décembre vient. Au point de départ, un de ces innombrables projets plein de bonnes intentions. Le secrétaire d'État aux Universités, Alain Devaquet, propose une modernisation de l'Université, une meilleure adaptation au monde du travail et entend pallier l'échec par la sélection. Mauvaise lecture du texte ? Insuffisance des explications du gouvernement ? Peu importe. Le projet est compris comme voulant instaurer la *sélection* à l'entrée de l'Université et augmenter massivement les droits d'inscription.

Le 17 novembre un mouvement de grève est lancé à Paris-XIII (Villetaneuse) contre le projet ; il s'étend les jours suivants dans d'autres universités parisiennes et de province. Le 27 novembre, jour où les députés devaient commencer à examiner le projet, 200 000 jeunes défilent à Paris et 400 000 en province. A l'Assemblée le projet est renvoyé en commission. Le 4 décembre la Coordination nationale étudiante organise une gigantesque manifestation pour obtenir le retrait du texte (sans doute plus de 500 000 étudiants et lycéens défilent à Paris). Le 5, René Monory, ministre de l'Éducation nationale, se saisit du dossier et annonce la suppression des dispositions contestées par les manifestants. Mais dans la nuit du 5 au 6, Malik Oussekine, un étudiant de 22 ans, meurt rue Monsieur-le-Prince, victime de brutalités policières. Le 6, de nouvelles manifestations contre la répression se déroulent à Paris. La coordination étudiante appelle à la grève générale le 10 décembre. Mais le 8, le Premier ministre décide le retrait total du projet. Les manifestations du 10 sont organisées à Paris comme en province sur le thème « plus jamais ça ».

Le déroulement des événements et leurs conséquences appellent une série d'interrogations. Sur un plan général il faut d'abord souligner le recul du pouvoir. Face à des manifestants, pacifiques mais résolus, qui ne réclament ni la révolution, ni même la chute du gouvernement mais simplement le retrait d'un projet de loi, le gouvernement cède, comme a cédé, en 1984, le gouvernement socialiste devant les manifestants défendant l'école libre. Comme si, dorénavant, il était de plus en plus difficile pour le pouvoir de « réformer la société par décret » (l'expression est du sociologue Michel Crozier). La société civile défend son autonomie et demande simplement à l'État d'adapter la législation à l'évolution.

On a beaucoup souligné l'apolitisme de ces manifestations. Il faut s'entendre sur le mot. Les étudiants ont refusé fermement toute récupération et même si, ici ou là, on a pu noter le rôle de militants organisés, l'ensemble du mouvement n'est pas porteur d'un projet que l'on pourrait appeler politique. Cependant les manifestations se sont à plusieurs reprises déroulées autour de l'Assemblée nationale où le projet était en discussion, alors que les mouvements de mai 1968 avaient superbement ignoré le Palais-Bourbon. La pression sociale porte bien sur *le* politique, même si elle veut ignorer les méandres de *la* politique. La société civile est capable de s'organiser dans un but déterminé, pour un temps limité. Le militantisme traditionnel, qui porte en lui un projet global de société, est, semble-t-il, démodé, mais la société s'exprime autrement.

Sur le fond, enfin, les manifestants se sont mis en mouvement sur le thème de l'égalité, le mot sélection a joué le rôle d'un détonateur. Puis, après la mort de Malik Oussekine, l'opposition à la violence, la solidarité, les droits de l'homme.

Ainsi le mouvement rejoint-il d'autres manifestations pour les droits de l'homme, contre le racisme, contre la réforme du Code de la nationalité. Cette génération, fille des idéologues de 1968, repeint de frais la devise républicaine : liberté, égalité, fraternité. Elle retrouve une inspiration qui rencontre les mouvements sociaux du XIXe siècle. L'adieu au marxisme a été aussi un adieu au prolétariat, classe martyre et prométhéenne tout à la fois ; dans une société de la consommation et du loisir, mais aussi de l'anonymat et du chômage, la liberté individuelle, le refus d'accepter les contraintes venues de l'État, deviennent des valeurs qui permettent la permanence de l'identité. Mais l'affirmation de cette liberté est possible au sein du groupe. Le personnage de B. Tapie a été abusivement médiatisé comme porteur des valeurs de la réussite, de l'entreprise ; il n'est pas certain que ces valeurs soient des modèles pour la jeunesse. Certes, on est loin du refus viscéral du monde de l'argent qui marquait la génération de 1968, mais pour autant la tolérance envers les formes de la réussite n'exclut pas les formes actives de la solidarité ni l'égalité qui seule permet de légitimer l'affirmation de la différence.

Des cheminots aux instituteurs

Dernier coup de projecteur sur un mouvement social, l'étude de la grève de la SNCF du mois de décembre 1986. Ce mouvement, qui commence le 18 décembre de manière spontanée sur le réseau de banlieue de Paris-Nord, est un des plus longs de l'histoire de la SNCF. Il naît à la base, et tout au long du conflit, les syndicats, pourtant traditionnellement puissants à la SNCF, sont constamment débordés ; à l'image du mouvement étudiant les cheminots créent des coordinations locales et nationales. Là encore on observe un reflux du militantisme mais ce reflux ne signifie pas l'abandon de la revendication ; la structure revendicative naît du mouvement à un moment donné, puis se dissout après son succès. Les revendications, si elles n'excluent pas les aspects salariaux, ont un double contenu : elles concernent les conditions de vie dans l'entreprise, les horaires, le logement dans les foyers inconfortables mais elles portent aussi sur la contestation de la nouvelle grille des salaires proposée par la direction de la SNCF qui voudrait introduire la règle de l'avancement par le mérite. Ce refus surprend certains observateurs ; il s'explique pourtant par une méfiance instinctive du personnel vis-à-vis du personnel d'encadrement : la direction est accusée de chercher, en introduisant de nouvelles règles d'avancement, à se donner les possibilités de diviser le personnel. Autant les formes prises par le mouvement étaient significatives de l'aspiration à la liberté, de la volonté de secouer les tutelles de l'entreprise mais aussi du syndicat, et donc témoignaient de la volonté de l'autonomie des individus, autant les revendications expriment un attachement à l'égalité fondamentale. Est-ce un hasard si nous retrouvons ici les valeurs mêmes qui animaient parallèlement le mouvement des étudiants ?

Quelques semaines plus tard les manifestations des instituteurs contre les décisions du ministre d'instaurer dans les écoles primaires des directeurs aux pouvoirs renforcés expriment, dans un milieu différent, des aspirations comparables : création d'une coordination et méfiance vis-à-vis du syndicat hégémonique (ici le SNI), volonté d'égalité fondamentale. Dans les écoles ; les instituteurs refusent l'instauration d'une hiérarchie.

Rassemblons quelques conclusions qui ne peuvent être que provisoires : la société qui s'exprime à travers les mouvements sociaux très divers que nous avons analysés refuse les formes militantes traditionnelles, se méfie des hiérarchies et des organisations permanentes. Les mouvements ne sont plus messianiques. Dans les années 1980 on ne crie plus dans les rues : « Une seule solution, la révolution ! », la revendication est plus concrète et plus ponctuelle, elle rassemble des individus autonomes et jaloux de cette autonomie. Cependant, là comme ailleurs, les manifestations sociales nouvelles coexistent avec des formes plus anciennes. Au printemps 1987, la CGT organise de grands défilés de protestation et de défense de la Sécurité sociale : forte présence de l'appareil militant, appui des dirigeants du Parti communiste, présents dans la manifestation... Le mouvement social, comme manifestation concrète et visible dans la rue d'une contre-société complète, avec sa hiérarchie et sa culture, n'a pas disparu, même si les masses ont dorénavant d'autres manières de dire leurs revendications.

5 Familles, femmes, générations

COMPORTEMENTS DÉMOGRAPHIQUES, FAMILLES ET IDÉOLOGIES FAMILIALES

Comportements nouveaux et traditions, de la guerre aux années 1960

● *Des mariages plus nombreux, une famille agrandie.* Au modèle caractérisé par la relative importance du célibat et par le mariage tardif se substitue, après la guerre, le mariage généralisé et plus précoce : 8,6 % des hommes et 7,4 % des femmes seulement, nés entre 1926 et 1930, sont restés célibataires, et 5 % seulement des femmes nées en 1940. Dorénavant l'âge moyen au mariage se situe entre 22 et 24 ans.

Le modèle familial traditionnel est encore très répandu : un couple marié mettant au monde ses enfants légitimes et les élevant dans la stabilité.

La taille moyenne d'une famille oscille désormais entre deux et trois enfants : 2,35 en 1943, 2,45 en 1950, 2,32 en 1954, 2,42 en 1960. Ce renversement de tendance par rapport aux années 1930, où le remplacement des générations n'était pas assuré, ne s'explique pas tant par l'augmentation des familles nombreuses de plus de trois enfants que par la diminution du nombre de couples sans enfant, et surtout parce que, dans un contexte favorable, la législation familiale mise en place pendant la guerre et complétée après a su persuader plus d'un tiers des couples ayant déjà deux enfants d'en avoir un troisième.

Le Code de la famille du 20 juillet 1939 marque le début d'une politique que tous les gouvernements, sans exception, ont depuis lors au moins maintenue et parfois renforcée et améliorée. Les mesures sont prises à un moment où on assiste à un changement de climat, à une réhabilitation de la famille : de cellule sociale contraignante sur laquelle ironisent la littérature et le théâtre des années 1930, elle devient le foyer dans lequel l'enfant tient la place centrale et où on trouve le bonheur.

Le gouvernement de P. Reynaud met en place le 5 juin 1940 le ministère de la Famille et, loin d'innover, le régime de Vichy s'inscrit dans la continuité : institution de la fête des Mères, répression sévère de l'avortement, valeurs familiales célébrées dans les écoles. Cette politique est poursuivie à la Libération par des mesures pénalisant fiscalement les célibataires et les ménages sans enfant, tout en favorisant les familles nombreuses par l'établissement d'un quotient familial. Celles-ci bénéficient aussi de réductions dans les transports, de remises dans un certain nombre de magasins.

Mais les véritables aides de grande portée : allocations familiales généralisées, dès le deuxième enfant, pour toute la durée de la scolarité obligatoire, allocation logement, primes à la naissance sont mises en place, avec la Sécurité sociale en 1945-1946.

Toutes ces mesures ont une portée évidente : la femme qui ne travaille pas à l'extérieur voit ses tâches domestiques valorisées par l'allocation de salaire unique ; on l'incite ainsi à rester chez elle et à accepter l'idée de maternités répétées. Le couple par ailleurs doit se soumettre à certaines exigences pour recevoir les primes à la naissance : le premier enfant doit naître dans les deux ans après la date du mariage, le second dans les trois ans qui suivent la première naissance... Les diverses allocations ne sont versées que si la mère et l'enfant sont soumis à des examens médicaux réguliers ; cette exigence n'est pas étrangère à la diminution rapide de la mortalité infantile. Enfin les parents doivent respecter l'obligation scolaire. Tout cela manifeste, chez le législateur, le désir d'accroître le sens des responsabilités des parents : les droits s'accompagnent de devoirs.

Cette politique de la famille, parfois contestée par quelques malthusiens, a sans nul doute favorisé la reprise de la natalité malgré les difficultés de l'après-guerre : le rationnement, les difficultés de logement. Elle n'aurait cependant pas suffi à l'expliquer : un climat d'optimisme, de confiance dans l'avenir a pu, au sein des couples, triompher des vieux réflexes de prudence et des angoisses du présent. Notons cependant qu'une fraction de la bourgeoisie, dont les mentalités sont demeurées rentières, craint de voir les prolétaires se multiplier comme les lapins et maquille sa peur sociale en accusant les familles d'inconscience : l'enfant permet d'acheter le vélomoteur.

● *Un modèle bourgeois, une famille hiérarchisée.* Le Code Napoléon établissant la puissance maritale et paternelle et le devoir d'obéissance de la femme est en vigueur jusqu'en 1965, même si la loi du 22 septembre 1942, en instituant le « chef de famille exerçant cette fonction dans l'intérêt commun du ménage et des enfants », introduit une conception nouvelle de l'autorité maritale qui n'est plus un droit personnel.

Ainsi le droit confère au mari une suprématie en opposition avec le préambule de la Constitution de 1946 : « La loi garantit à la femme dans tous les domaines, des droits égaux à ceux de l'homme. » De même, jusqu'en 1970, l'homme assure la puissance paternelle : il a le contrôle sans partage des enfants. L'autorité, c'est le propre du père, la tendresse, celui de la mère. Certes le modèle est souvent démenti par les faits – en cas de divorce on confie presque systématiquement les enfants à la mère –, mais, natalisme oblige, le modèle bourgeois de la famille reste dominant, la place d'une mère est au foyer. D'ailleurs peu nombreuses sont les femmes des milieux aisés qui travaillent, le travail féminin ouvrier lui-même est moins important qu'avant la guerre.

● *La famille, unité économique.* La famille est encore souvent un lieu de production. Dans la France des années 1950, il y a environ 5 millions de foyers paysans ; dans les villes les travailleurs indépendants, artisans, boutiquiers, sont très nombreux même si le salariat se développe rapidement. La cellule familiale est ainsi dans bien des cas une unité économique ; dans les campagnes les mariages unissent parfois du blé et des vignes ; la femme mais aussi les enfants et les ascendants participent à l'activité de production. Les femmes d'agriculteurs ne sont comptées dans la population active qu'au recensement de 1954, elles sont pourtant indispensables à la bonne marche de l'exploitation. De même les femmes d'artisans et de commerçants tiennent les comptes, vendent au magasin. La diminution progressive des petites exploitations rurales, des petits commerces et de l'artisanat depuis les années 1960 a réduit cette fonction de production de la famille.

Ainsi, de la guerre aux années 1960, la famille subit des transformations : elle est plus nombreuse que dans les années 1930, encouragée vigoureusement par l'Etat, fondée par un couple qui prend sans doute plus souvent qu'autrefois le sentiment affectif comme critère de choix du conjoint. Cependant les traditions subsistent : le fondement de l'union reste l'institution du mariage, la famille est pratiquement le seul lieu de reproduction, les relations intrafamiliales sont fortement hiérarchisées. La sexualité est toujours un sujet tabou, les mères célibataires (on dit à l'époque filles-mères) sont encore montrées du doigt. La société exerce sur les mœurs une étroite pression morale.

Depuis les années 1960 : la grande mutation des comportements

● *Des familles plus réduites.* Jusqu'en 1972 le nombre des mariages reste élevé (416 500 cette année-là), de même le nombre des naissances. Ces deux faits sont liés à l'arrivée à l'âge de la nuptialité et de la procréation des générations nombreuses nées après la guerre.

Cependant le taux de nuptialité (pourcentage de mariages dans la population en âge de se marier) et le taux de reproduction (nombre de naissances féminines pour cent femmes en âge de procréer) permettent de voir l'ampleur des changements à partir de 1964.

Taux de reproduction :

1946-1950	132
1951-1955	125,2
1956-1960	127
1961-1965	134,5
1966-1970	123,5
1971-1975	110
1977	92
1982	95,4

Des sondages successifs montrent l'évolution de l'opinion, quant au nombre d'enfants souhaitable, la rupture se situe dans les années 1970 :

La famille idéale est-elle pour vous de :

Nombre d'enfants	1947	1965	1976	1982
0 ou 1	5 %	2 %	2 %	11,1 %
2	32 %	33 %	40 %	45 %
3	40 %	48 %	48 %	29 %
4 ou plus	23 %	17 %	10 %	14,9 %

La famille ainsi se resserre, le nombre moyen d'enfants est désormais inférieur à deux ; les familles où l'enfant est unique augmentent. Les familles nombreuses ne disparaissent pas, mais sont plus rares. L'évolution des comportements se traduit aussi par l'allongement des intervalles entre les naissances. Cependant la baisse de la fécondité ne semble pas refléter un refus pur et simple de l'enfant : 92 % des femmes des générations nées entre 1940 et 1945 ont au moins un enfant. Les couples sans enfant sont moins nombreux que dans les années 1930.

Les différences régionales s'estompent peu à peu. On pouvait dans les années 1960 opposer une France du Nord féconde à une France du Sud plus malthusienne ; mais dès 1965 la baisse de la fécondité est beaucoup plus rapide dans les régions à forte fécondité (Nord, Pas-de-Calais, Picardie, Champagne-Ardennes, Lorraine). Elle est moins forte dans les régions à basse fécondité (Rhône-Alpes, Provence-Côte d'Azur, Région parisienne) ; dans ces régions, la présence d'une population immigrée dont la fécondité est plus élevée peut en partie expliquer ce phénomène.

Cependant si le « croissant fertile » du Nord tend à disparaître dans la période, si les comportements démographiques s'harmonisent progressivement, des différences notables marquent le poids des traditions régionales. Les plus forts taux de reproduction se trouvent à l'ouest (Morbihan : 3,2, Vendée : 3,1), les plus faibles à Paris (1,5). Mais il faut tenir compte de la structure par âges des différentes régions, ainsi le très faible taux des Alpes-Maritimes (1,4) s'explique par la forte proportion de personnes âgées.

Le même phénomène d'homogénéisation se vérifie si on étudie l'évolution des comportements démographiques des différentes couches socio-culturelles. Certes, la fécondité reste un peu plus élevée en milieu rural. Les couples catholiques pratiquants ont en moyenne plus d'enfants que les autres ; le niveau d'études de la femme joue aussi un rôle, le nombre d'enfants est plus élevé à la fois chez les femmes qui n'ont pas fait d'études et chez les femmes qui sont très diplômées. Mais le rapprochement des comportements s'opère autour des pratiques caractéristiques des classes moyennes qui, dans ce domaine comme dans d'autres, jouent un rôle moteur dans l'évolution des attitudes sociales.

Comment expliquer cette réduction de la fécondité au milieu des années 1960 ? La croissance de l'activité féminine ou, plutôt, une transformation des temps de cette activité est déterminante, une vieille tradition disparaît peu à peu : jusqu'au lendemain de la guerre de très nombreuses jeunes filles commençaient à travailler très jeunes (14 ou 15 ans) puis, ayant accumulé un pécule facilitant l'établissement, s'arrêtaient de travailler au moment du mariage. Dorénavant, l'allongement de la durée des études, mais aussi une autre conception du travail chez les femmes, qui y voient désormais une possibilité d'autonomie et parfois d'épanouissement personnel, transforment les comportements. Les femmes sont de plus en plus nombreuses à refuser d'abandonner leur travail pour élever les enfants en bas âge, même si beaucoup d'entre elles effectuent un travail à temps partiel ; la venue du troisième enfant est dans ces conditions très difficile à assumer. Il faut cependant nuancer l'importance du facteur travail : c'est dans le midi de la France que le nombre moyen d'enfants par femme est le plus bas ; en revanche, des régions où l'activité féminine connaît des taux élevés, comme la Haute-Normandie, sont des régions où la fécondité est encore forte.

Plus généralement les transformations des modes de vie, l'urbanisation, la vie dans les banlieues rendent plus difficile la constitution de familles nombreuses. Les grands-parents ne sont souvent plus là pour s'occuper des enfants. Les appartements construits dans les grands ensembles ne sont pas adaptés aux contraintes que posent les familles. La crise des années 1970 ne peut être considérée comme un facteur déterminant puisque le retournement des comportements date du milieu des années 1960 en pleine période de prospérité et de croissance.

- *La limitation volontaire des naissances.* On présente volontiers cette période comme déterminante pour la conquête par les femmes de la maîtrise de la fécondité, avec la diffusion dans les années 1960 des moyens modernes de limitation des naissances, la pilule, le stérilet. Rappelons seulement que les couples français savaient déjà limiter leur fécondité par des méthodes naturelles. Sans pilule ni stérilet et malgré la loi de 1920, toujours en vigueur, qui réprime sévèrement non seulement l'avortement mais encore toute propagande pour les méthodes contraceptives, les générations nées à la fin du XIXe siècle ont eu tout juste deux enfants par femme.

Cependant à la fin des années 1950 commence à se dessiner un mouvement en faveur de l'abrogation de la loi de 1920. L'opinion prend conscience de l'importance des avortements clandestins (plusieurs centaines de milliers chaque année). Le Mouvement français pour le planning familial est créé en 1956 par le Dr Lagroua-Weill-Hallé. D'abord Paris et Grenoble, puis à partir de 1961 toutes les grandes villes françaises disposent d'un centre où les femmes peuvent obtenir conseils et moyens contraceptifs, en contravention avec la loi de 1920. Peu à peu le sujet est abordé dans les journaux féminins, surtout par *Marie-Claire*, même si l'on se contente souvent d'expliquer aux femmes la méthode Ogino, méthode naturelle de régulation des naissances, la courbe de température permettant théoriquement de connaître la date de l'ovulation. L'Église catholique continue à proscrire toutes les méthodes, dites artificielles, de contraception, n'acceptant que les méthodes naturelles fondées sur la continence périodique. Cependant, l'intransigeance de la hiérarchie catholique influence de moins en moins les catholiques français. Une enquête de l'INED montre que, dès 1962, 40 % des catholiques sont favorables à l'utilisation des méthodes contraceptives modernes.

Il faut attendre la loi Neuwirth de décembre 1967 pour que soit reconnu officiellement le droit à la contraception, mais il faut six ans encore pour que passent les décrets d'application. Huit ans plus tard l'autorisation dans certaines conditions de l'interruption volontaire de grossesse (IVG) donne lieu à des débats passionnés. La loi discutée en 1974, promulguée en 1975, ne passe que grâce à l'appui des députés de gauche et le gouvernement de Jacques Chirac doit affronter l'opposition d'une frange importante de la majorité conservatrice. Catholiques pratiquants, natalistes, associations comme *Laissez-les vivre* multiplient protestations et pressions pour empêcher le vote de la loi. Simone Veil, ministre de la Santé, présente la loi comme une solution de secours venant réparer les échecs ou les erreurs de la contraception et un moyen d'éviter les avortements clandestins pratiqués souvent dans des conditions déplorables.

Nombre d'IVG enregistrées

Année	Nombre absolu	Nombre pour 100 naissances vivantes
1976	134 000	18,7 %
1977	151 000	20,3 %
1978	150 000	20,4 %
1979	157 000	20,7 %
1980	171 000	21,4 %
1981	180 700	22,4 %
1982	181 000	22,7 %
1983	182 000	24,4 %

Ce tableau mérite un commentaire : la croissance apparente du nombre des avortements s'explique essentiellement par une meilleure observation de l'obligation de déclaration statistique. Certains estiment que la stabilisation du nombre des avortements, autour de 180 000 dans les années 1980, sous-estime le nombre réel. Dans tous les cas cependant le nombre d'avortements pratiqués est inférieur au nombre d'avortements clandestins des années antérieures à la loi. Il ne semble donc pas que la loi ait pu avoir un effet incitateur. Cependant certains s'inquiètent de la banalisation de l'IVG, les débats ont repris quand le gouvernement de Pierre Mauroy a décidé en 1982 le remboursement de l'avortement par la Sécurité sociale. La diffusion des méthodes contraceptives modernes progresse lentement, ce qui explique le nombre important d'avortements ; pour l'ensemble des femmes âgées de 15 à 49 ans l'utilisation des méthodes modernes est passée de 29 % en 1978 à 39 % en 1983. Ces méthodes sont d'autant plus utilisées que le niveau d'études des femmes est élevé.

Si les couples peuvent ainsi maîtriser désormais les naissances, la baisse de la fécondité après les années du *baby boom*, qui débute en 1964, ne peut être

LE MARIAGE EN QUESTION

- *Des chiffres*
  - L'évolution du nombre des mariages :
1972 : 416 000	1974 : 395 000	1988 : 269 000
1973 : 400 000	1985 : 273 000	

  - L'évolution du nombre des divorces dans les années 1960 : 30 000 à 40 000 par an, puis croissance rapide dans les années 1970.
1972 : 44 700	1980 : 83 000	1988 : 106 500
1974 : 53 000	1984 : 102 500	

  - La cohabitation hors mariage :
    1975 : 445 000 couples (3,6 % de l'ensemble des couples)
    1982 : 809 000 couples (6,1 %)

  - Accroissement des naissances hors mariage :
    années 1960 : 6 % du total des naissances
    1975 : 8,5 %
    1980 : 11,4 %
    1984 : 20 %
    1990 : 28 %

- *Les paradoxes.* Le nombre des mariages a chuté depuis le début des années 1970 et celui des divorces augmente. En France, à l'heure actuelle, un mariage sur trois se termine par un divorce. Le divorce, hier sanction d'une faute, est aujourd'hui banalisé. La loi de 1975 facilite la procédure. Mais la croissance des divorces est antérieure à sa mise en application. On pourrait voir dans cette double évolution les signes d'une désaffection pour le mariage si les sondages ne montraient pas que la famille et les valeurs familiales sont placées, par les Français, avant l'argent et la réussite sociale.
  La progression de la cohabitation juvénile, elle aussi, semble remettre en cause le couple institutionnalisé. Est-ce un mariage à l'essai ou une nouvelle façon de vivre hors de l'institution matrimoniale ? « Il est paradoxal que les jeunes générations aient montré un puissant refus de l'institution du mariage et de la cellule familiale au moment où celles-ci devenaient juridiquement et pratiquement des lieux de liberté pour l'individu et de protection du plus faible contre le plus fort » (Évelyne Sullerot). Néanmoins si la cohabitation augmente, elle se termine plus souvent par le mariage.
- *Une évolution des mentalités.* Dans le mariage aujourd'hui les partenaires recherchent avant tout le bonheur. Le lien qui permet de rendre durable l'union n'est plus social mais affectif. Une exigence plus grande explique sans doute la réticence de nombreux jeunes à s'engager dans ce qu'on appelait « les liens sacrés du mariage ». Le lien matrimonial, d'autre part, n'est plus contraignant dès lors qu'on est librement associés. Au mariage volontariste correspond la possibilité d'une rupture la moins traumatisante possible pour les enfants et les époux. Le divorce n'est pas signe de rejet du mariage mais des exigences qui aujourd'hui l'accompagnent.
- *La solitude.* Enfin, on constate une formidable poussée des « solitaires », c'est-à-dire résidant seul(e)s. Un ménage français sur quatre, en 1990, est composé d'une personne seule, veuf, veuve, divorcé(e) ou célibataire, généralement âgée. En 1990, 56,7 % des 21,5 M de ménages sont constitués de une ou deux personnes. A Paris, la moitié des ménages (au sens de l'INSEE), estime-t-on, sont constitués d'une personne seule.

imputable ni aux méthodes contraceptives nouvelles, diffusées plus tard, ni, *a fortiori*, à la loi sur l'IVG promulguée dix ans après cette baisse. C'est le comportement des couples qui est l'élément essentiel, plus important que la disponibilité de telle ou telle technique de contraception. Dans ce domaine, comme dans d'autres, la loi sanctionne les évolutions des comportements, elle ne peut les faire naître.

Désormais, c'est la femme qui joue le rôle le plus important. Elle a conquis son indépendance par le travail, son pouvoir familial est renforcé, à elle la décision et la possibilité d'avoir ou de ne pas avoir d'enfant, de l'élever seule ou en couple.

Une révolution des mœurs ?

Qui se souvient que les événements de mai 1968 ont eu comme détonateur, à l'université de Nanterre, un obscur problème d'interdiction des visites féminines dans les résidences universitaires réservées aux garçons ? Un ministre, oublié depuis, conseilla alors à un des leaders du mouvement de se jeter dans la piscine pour résoudre ses problèmes sexuels.

L'anecdote, sans intérêt en elle-même, est là pour rappeler que les bouleversements décrits plus haut traduisent une révolution accélérée des mentalités françaises quant à la sexualité. Jusqu'aux années 1960, la sexualité appartenait au secret conjugal ou à la grivoiserie ; elle devient progressivement un moyen d'épanouissement de l'individu. En 1972 le Dr Simon, présentant la première grande enquête d'opinion sur le comportement sexuel des Français, situait clairement la finalité de sa recherche : « La morale n'est pas soumission et obéissance, elle est création, liberté et responsabilité. C'est dans la sexualité et l'amour que dialoguent la liberté et la créativité... Déculpabiliser le sexe et ses plaisirs, voilà une des grandes tâches de la jeunesse de cette fin de siècle. »

Nous n'insisterons pas sur les aspects les plus visibles de cette « libéralisation des mœurs » : nudités affichées dans les kiosques, affirmation des minorités sexuelles (homosexualité en particulier). Le plus important est la dissociation, malgré les autorités religieuses, de la sexualité et de la procréation et donc la revendication de vivre librement sa sexualité. Sur les couples librement constitués ne pèse plus le contrôle de la société.

Les Français sont passés d'une société qui enfermait la sexualité dans un cadre institutionnel rigide à une société où elle apparaît parfois comme un bien de consommation parmi d'autres. Le « carré blanc » qui, à la télévision, indiquait aux parents qu'il était prudent d'éloigner du récepteur leurs enfants a disparu. Les audaces érotiques de Roger Vadim mettant en scène Brigitte-Bardot dans *Et Dieu créa la femme*, en 1956, ou de Louis Malle dans *Les Amants* avec Jeanne Moreau, en 1958, semblent bien fades ou banales aujourd'hui. Même si certains groupes, religieux ou politiques, se scandalisent bruyamment de la licence d'une société qu'ils dénoncent comme *permissive*, l'ensemble de l'opinion s'est adapté aux nouveaux modes de vie. Les jeunes, ici comme dans d'autres domaines, ont joué un rôle pionnier ; l'âge du premier rapport sexuel est de plus en plus précoce ; la cohabitation juvénile exprime la volonté de vivre de manière autonome les rapports amoureux, hors de tout cadre institutionnel. Ni la famille ni les Églises ne semblent actuellement désireuses ou capables d'exercer une tutelle morale.

L'autre aspect du grand changement est la transformation du couple. Certes, la famille traditionnelle n'a pas disparu, mais le couple n'est plus cette cellule stable dont on disait naguère qu'elle était indispensable à l'existence même d'une société. Le couple contemporain a rééquilibré les rôles. La femme qui travaille, de qui dépend la maîtrise de la fécondité, est beaucoup plus autonome qu'autrefois, mais ses responsabilités se sont démesurément accrues. L'inconnu de l'évolution des mœurs est le sort de l'enfant. La naissance peut être désormais voulue. Les progrès médicaux permettent de prévenir la naissance d'enfants anormaux. Bientôt, il sera possible de choisir le sexe de son enfant. L'enfant n'est plus cette fatalité qui accablait autrefois (autrefois, c'était seulement il y a une trentaine d'années) certaines femmes. La « programmation » de l'enfant ne risque-t-elle pas de le faire apparaître comme un bien de consommation ? (On « s'offre » un enfant). Transmettre la vie, est-ce un cadeau qu'un couple se fait à lui-même ?

Ces dernières remarques ne sont pas réflexions de moraliste. Elles indiquent la perplexité de l'observateur devant les évolutions de la société. Le corps social peut-il fonctionner sans morale collective ? L'affectivité seule peut-elle régler les conduites ? Nous retrouvons ici les débats contemporains sur le retour à l'individualisme. A d'autres les réponses aux questions posées. Notons seulement que la modernité des mœurs est introduite par les femmes dans la société française contemporaine. Ce qui justifierait, si besoin était, de leur consacrer une étude particulière.

LES FEMMES A LA CONQUÊTE DE L'AUTONOMIE

Étudiant la famille, nous avons mis en évidence la situation subordonnée des femmes dans la société encore traditionnelle du début de la période. La femme ne vote qu'à partir de 1944, elle est soumise à son mari qui seul choisit le domicile conjugal. Elle ne possède pas la libre disposition des gains acquis par son travail, considéré encore comme une activité d'appoint, alors même qu'elle accomplit dans son foyer des tâches ménagères très lourdes. Rappelons qu'au lendemain de la guerre on lave le linge à la main, on frotte les parquets à la paille de fer avant de les encaustiquer. Les ménagères ne disposent pas encore de ces miraculeux appareils dont la publicité affirme qu'ils « libèrent la femme ».

Les transformations ne sont que progressives. Il faut attendre la fin des années 1960 pour que les prises de conscience aboutissent à des réformes réelles. Le monde politique, essentiellement masculin, n'accorde que peu d'attention à la condition féminine, jusqu'au moment où, dans les années 1970, le poids de l'électorat féminin apparaît suffisamment fort pour que l'on cherche à le séduire.

Le travail des femmes

• *L'école.* La mixité est généralisée dans les années 1960, au moment même où le taux de scolarisation des filles rejoint celui des garçons (1965). Aujourd'hui elles sont plus nombreuses que les garçons à obtenir le baccalauréat (égalité dès 1968, 60 % des nouveaux bacheliers sont des filles en 1986). En apparence elles devraient réussir aussi bien que les garçons leur insertion dans la société. La réalité est différente : les filles sont omniprésentes dans certaines séries (séries littéraires du baccalauréat général, séries des baccalauréats techniques F8 et F11 et surtout séries G menant à des professions du tertiaire) ; au contraire elles restent minoritaires dans les séries prestigieuses, en particulier dans la série C. L'entrée de la première jeune fille à Polytechnique a été saluée, à la fin des années 1970, comme un exploit, mais les filles ne représentent actuellement que 7 % de l'effectif de cette école. La situation est identique dans les autres grandes écoles. En fait, les femmes ne sont majoritaires que dans les secteurs de l'enseignement supérieur où les débouchés sont le moins nombreux (facultés des lettres par exemple).

Longtemps, l'enseignement professionnel a orienté les filles vers les métiers de la couture sans débouchés réels et vers les postes d'exécution du secteur tertiaire. L'exemple le plus significatif est celui de l'électronique, dont les femmes constituent la main-d'œuvre essentielle alors qu'elles ne sont que 6 à 7 % à obtenir le CAP.

• *Les femmes travaillent de plus en plus.* Le travail féminin a toujours été très important en France. Mais comme le montrent les taux d'activité des femmes de plus de 15 ans, l'évolution du XXe siècle est contrastée :

1906	.... 39 %	1975	.... 38,9 %
1954	.... 36,2 %	1982	.... 43,4 %
1968	.... 36,1 %	1990	.... 46,4 %

La baisse initiale du taux d'activité s'explique à la fois par l'allongement de la scolarité et par la diminution des emplois agricoles. De 1946 à 1968, les emplois du secteur tertiaire augmentent davantage pour elles que pour les hommes. Elles sont de plus en plus nombreuses dans la fonction publique, l'enseignement et les métiers de la santé. Elles constituent enfin l'essentiel de la main-d'œuvre non qualifiée d'industries en expansion comme l'électronique.

Les barrières légales fermant l'accès des femmes à certains emplois sont tombées, elles restent cependant très minoritaires dans les fonctions d'encadrement. Les femmes représentent les trois quarts du personnel d'exécution de la Sécurité sociale, mais 17,5 % de son personnel d'encadrement. Les grands corps de l'État sont encore essentiellement masculins : 5,2 % de femmes au Conseil d'État, 6,5 % à la Cour des comptes. Certaines professions sont considérées comme dévalorisées quand elles se féminisent, ainsi l'enseignement.

Depuis dix ans, les femmes ont contribué pour les trois quarts à l'augmentation des ressources en main-d'œuvre. Aujourd'hui, les 10 millions de femmes qui travaillent sont essentiellement des mères de famille. Autrefois, les femmes travaillaient surtout avant de se marier et après 40 ans. Aujourd'hui, elles ne s'arrêtent que le temps d'une ou de deux maternités. En 1962, 38 % des femmes travaillaient entre 20 et 40 ans, elles sont aujourd'hui 65 %.

Moins qualifiées que les hommes, les femmes occupent en majorité les activités les moins rémunérées. Elles sont plus atteintes que les hommes par le chômage. Même si les nouveaux comportements masculins facilitent parfois le partage des tâches ménagères, elles portent toujours le poids de l'entretien du foyer. Sont-elles gagnantes ?

Le féminisme

● « *Le Deuxième sexe* » de Simone de Beauvoir. Paru en 1949, le livre de S. de Beauvoir donne au mouvement féministe français un nouvel essor ; grand succès public, et succès de scandale, il fit naître au féminisme bon nombre d'intellectuelles françaises. Certes le postulat de départ, « on ne naît pas femme, on le devient », a été largement remis en question depuis et le fait biologique reconnu et souvent revendiqué par les femmes elles-mêmes, mais cette tentative d'explication scientifique de la condition féminine fondée sur la psychologie existentielle a suscité des débats passionnés. Pour Simone de Beauvoir l'homme en se posant comme sujet aurait ainsi défini la femme comme objet. Le livre fut sévèrement jugé par les moralistes et en particulier par les chrétiens (l'ouvrage fut mis à l'Index). Il est vrai qu'il s'attaquait à tous les grands principes de la morale chrétienne : monogamie, indissolubilité du mariage, exigence de fidélité réciproque, acte sexuel lié à la procréation, tous ces principes qui pour S. de Beauvoir ne pouvaient qu'aliéner la femme. Il fut aussi critiqué par le Parti communiste car S. de Beauvoir refuse de confondre opposition de classes et opposition des sexes : « On vole la plus-value de l'ouvrier, mais la ménagère ne crée pas de plus-value... L'exploitation de la femme en tant que ménagère n'est pas la même que celle de l'ouvrier... »

● *Les mouvements féministes.* Avant les événements de 1968, de nombreuses associations réformistes, dont certaines très anciennes, avaient posé le problème de l'aliénation féminine dans la société. Mais elles réussirent imparfaitement à mobiliser l'opinion publique. La presse féminine a sans doute joué un rôle plus grand, en particulier *Elle* et *Marie-Claire*. Cependant, ces magazines féminins s'adressent essentiellement aux couches aisées de la population féminine. La presse féminine populaire de grande diffusion, *Nous Deux* ou *Confidences* par exemple, est une « presse du cœur » qui conforte plus l'image traditionnelle de la femme qu'elle ne la conteste.

Les événements de 1968 entraînent une radicalisation du mouvement féministe. Le MLF, Mouvement de libération de la femme, regroupe un certain nombre de femmes qui avaient en commun la volonté d'analyser la spécificité de leur situation et de fixer les moyens de la transformer. Très vite le mouvement éclate ; les plus radicales fondent le groupe des « féministes révolutionnaires » qui veulent « tout chambarder » et donnent à leur action un aspect spectaculaire par quelques coups d'éclat : manifestations contre la fête des Mères (1971), journées de dénonciation des « crimes commis contre les femmes » (1972), grève des femmes (1974). Elles réclament la liberté des femmes hors mariage, le droit des femmes à reconnaître ou non le père biologique de l'enfant, la suppression de « l'appropriation privée du corps des femmes par les hommes ». Le 17 juin 1974, pour la fête des Pères, elles organisent la foire des femmes à la Cartoucherie de Vincennes.

Dès le début des années 1970, Gisèle Halimi a fondé Choisir. Elle écrit en 1973 *La Cause des femmes*. Le but de Choisir était précis et limité : faire abroger la loi de 1920 sur l'avortement ; peu de temps auparavant elle avait été signataire du Manifeste des 343 : 343 femmes connues, des intellectuelles et des artistes militantes politiques, défiaient la loi en affirmant avoir elles-mêmes avorté. Quelques mois plus tard, à l'occasion du procès de Bobigny où l'accusée était une adolescente, l'association Choisir joua un grand rôle pour mobiliser l'opinion publique.

Dans les années 1980, le féminisme s'essouffle, la presse féministe a du mal à se maintenir. Certes, en 1978, est né un mensuel à grand tirage, *F. Magazine*, mais sa « cible », femmes actives des nouvelles classes moyennes, capables par leurs revenus de mener une vie indépendante, illustre les limites de la réussite du féminisme. Quelques femmes apparaissent désormais au premier plan de l'actualité, journalistes vedettes des médias, ministres populaires dans les sondages ; mais ce sont quelques femmes dans un monde dominé toujours par les hommes.

Conquêtes législatives et action politique

En 1936 le gouvernement de Front populaire compte trois femmes sous-secrétaires d'État, alors que les femmes ne sont pas électrices, et si la Chambre des députés se prononce à 488 voix contre une pour le vote féminin, le Sénat ne cède pas malgré les manifestations organisées par Louise Weiss.

L'ordonnance du 21 avril 1944 accorde le droit de vote aux femmes. 35 femmes sont élues en 1945 à l'Assemblée constituante. Le vote féminin est réputé plus conservateur que le vote masculin : au lendemain de la guerre, la majorité de l'électorat du MRP est constitué par les femmes, de même ensuite l'électorat gaulliste est à dominante féminine. Mais progressivement les comportements politiques s'homogénéisent et s'il reste une tendance conservatrice plus marquée dans l'électorat féminin, c'est sans doute en raison du nombre plus important de femmes parmi les personnes âgées.

Cependant le nombre des femmes au Parlement reste très faible : elles sont moins nombreuses en 1981 (moins de trente) qu'en 1946. Cela explique-t-il la lenteur des réformes législatives ? Il faut attendre 1965 pour que, dans le mariage, chacun des deux époux puisse gérer ses biens propres et pour que la femme mariée puisse exercer une profession sans le consentement de son époux. Ce n'est qu'en 1970 que la notion d'autorité parentale est substituée à celle d'autorité paternelle, en 1975 que la femme peut participer au libre choix du domicile conjugal.

La prise en compte des problèmes spécifiques de la condition féminine par le pouvoir politique date de 1974 ; le nouveau président de la République,

V. Giscard d'Estaing, impose au Premier ministre J. Chirac la nomination de Françoise Giroud comme secrétaire d'État à la Condition féminine le 23 juillet 1974. Elle est chargée de « promouvoir toutes mesures destinées à améliorer la condition féminine, à favoriser l'accès des femmes aux différents niveaux de responsabilité dans la société française et à éliminer les discriminations dont elles peuvent faire l'objet ». Le secrétariat d'Etat reste en place jusqu'en mars 1976 avec Monique Pelletier puis, après 1981, avec Yvette Roudy. Est-ce un signe des temps si cette fonction disparaît dans le gouvernement Chirac de 1986 ? Le « sexisme ordinaire » a-t-il disparu ?

Un bilan est impossible. Proposons seulement une hypothèse : le féminisme a effacé des mentalités collectives quelques clichés, quelques stéréotypes ; la libéralisation des mœurs a transformé la place de la femme et lui a donné une certaine autonomie. Mais on peut se demander si le modèle de la « nouvelle femme » est accessible à l'ensemble des femmes ; dessiné par les nouvelles classes moyennes, ce modèle n'est-il pas exclusivement à leur usage ?

JEUNES ET VIEUX DANS LA SOCIÉTÉ FRANÇAISE

Structures par âges et générations

Un tableau simple permet de mesurer l'évolution de la structure par âges de la population française :

Age	1936	1946	1966	1984	1990
0 - 19 ans	30,2	29,5	34,1	29,5	26,5
20 - 59 ans	55,1	54,5	48,4	52,6	53,5
60 ans et +	14,7	16,0	17,5	17,9	20

Rappelons que ces pourcentages reflètent les évolutions et les situations du passé. La forte progression de la natalité de l'après-guerre explique le rajeunissement des années 1960 ; le vieillissement de la population, s'il est visible, n'apparaît pas dans toute son ampleur : les plus de 60 ans en 1984 sont nés dans le premier quart du siècle à une période où la natalité était relativement faible. Le vieillissement est donc plus un devenir qu'une réalité présente ; il sera massif quand les générations nées après 1945 dépasseront l'âge de 60 ans, s'il n'y a pas d'ici là une nouvelle croissance de la fécondité.

Les jeunes et les vieux sont inégalement répartis sur le territoire ; pour toute la période, on note une constance de la répartition par âges dans l'espace national : les jeunes sont plus nombreux dans l'Ouest, le Nord et le Nord-Est de la France, inversement ce sont dans les départements du Centre, du Sud-Ouest et du Sud-Est que la proportion de personnes âgées est la plus grande. Le phénomène résulte des variations régionales de la fécondité (on retrouve le

« croissant fertile » français) et des migrations de populations. Les régions où les personnes âgées sont nombreuses sont des régions de départ de jeunes mais aussi souvent des régions d'accueil de retraités. Ainsi s'opposent deux Frances.

Mais la place des jeunes et des vieux dans la société française ne se résume pas à des chiffres et des localisations géographiques. Les mentalités ont évolué avec les genres de vie. La transformation de la famille, la généralisation de l'école pour une durée plus longue ont modifié le rôle des différentes générations. Encore au début de la période, la jeunesse comme la vieillesse étaient prises en charge par les communautés naturelles de base et au premier chef par la famille. Si quelques vieux isolés mouraient à l'hospice, la plupart d'entre eux finissaient leur vie entourés de leurs enfants ; d'ailleurs, « l'âge de la retraite » est une conquête récente du XXe siècle qui ne s'est généralisée progressivement qu'après la Seconde Guerre mondiale. De même, pour de très nombreux enfants et en particulier à la campagne, la famille était le lieu de la socialisation et même de l'apprentissage.

Une des grandes nouveautés de la période, c'est la constitution de classes d'âges en groupes autonomes, avec leurs consommations spécifiques, leurs modes de vie, leurs mentalités. Ainsi se sont développées dans la société des solidarités horizontales, bien différentes des solidarités horizontales revendicatives des personnes actives (associations, syndicats...). Cette évolution est significative de la transformation des structures mêmes de la société, de l'affaiblissement des structures verticales hiérarchiques comme la famille. Elle est aussi le résultat d'une homogénéisation des modes de vie. La constitution de la jeunesse en groupe d'âge ne peut s'expliquer que parce que les jeunes ont des destinées de plus en plus comparables. Encore au lendemain de la guerre la vie d'un jeune paysan était totalement différente de la vie d'un jeune ouvrier ou de la vie d'un jeune bourgeois. L'école, la socialisation généralisée de l'apprentissage ont une fonction unificatrice des différentes jeunesses. De même, les personnes âgées sont dorénavant toutes des retraités, qui n'ont certes pas les mêmes ressources mais dont les conditions de vie se rapprochent. Ces évolutions, enfin, sont inséparables des transformations de la famille évoquées plus haut.

Ainsi repose sur le travail de la population active le soin d'assurer aux jeunes un temps de formation et d'études qui s'allonge sans cesse dans la période. De même les actifs doivent contribuer par leur travail à la mise en place des équipements (santé, loisirs) nécessaires à la vie des personnes âgées, sans compter le financement des retraites.

Désormais le temps de vie de chacun s'articule en trois moments clairement délimités : le temps de l'apprentissage, le temps de l'activité et le temps de la retraite ; chaque temps s'accompagnant d'un mode de vie, de loisirs spécifiques.

Naître et mourir : une existence médicalisée

Au début de la période, la majorité des Français naissaient et mouraient chez eux. L'entrée dans la vie, la fin de la vie se passaient dans la famille dont le rôle était fondamental pour accompagner les premiers cris de l'enfant, les derniers soupirs des mourants. Le village, le quartier parfois étaient associés à ces moments décisifs. Désormais, on naît et on meurt hors de chez soi, sous surveillance médicale. Entre temps la surveillance médicale ne se relâche pas, ainsi vit-on beaucoup plus longtemps.

- *L'allongement de la durée de vie*

Évolution de l'espérance de vie à la naissance :

Années	Hommes	Femmes
1900	45 ans	49 ans
1935	56 ans	62 ans
1946	60 ans	65 ans
1965	67 ans	75 ans
1982	71 ans	79 ans
1990	71,6 ans	80,6 ans

L'espérance de vie est un indicateur plus précis de l'évolution de la mortalité que le taux de mortalité qui varie en fonction de la structure par âges de la population considérée. Cependant, elle ne traduit pas exactement un allongement de la durée de la vie, toutes les époques ayant, en effet, connu les grands vieillards. Ce n'est pas le moment de la mort qui a reculé mais, à tous les âges de la vie, les risques de disparaître prématurément. Les progrès les plus considérables ont touché les premiers âges de la vie. Le taux de mortalité infantile (rapport des décès de moins de un an à l'ensemble des naissances) atteignait encore dans l'avant-guerre entre 80 et 100 ‰, 50 ‰ vers 1950 puis la mortalité infantile s'effondre rapidement : 20 ‰ au milieu des années 1960, moins de 10 ‰ au début des années 1980. De même la mortalité juvénile a régressé très vite. On note cependant, depuis les années 1960, une surmortalité entre 18 et 22 ans liée au développement de la circulation automobile et tout particulièrement à l'usage de plus en plus répandu de la moto chez les jeunes.

L'allongement de la durée moyenne de la vie a des conséquences importantes sur les structures sociales et sur les mentalités. La mort et même la maladie ne sont plus considérées comme une fatalité mais comme un scandale. Il est vraisemblable que cela explique en partie la diminution de la fécondité : quand la vie est assurée, on en est moins prodigue. Est-ce un hasard si dans les régions du Nord et du Nord-Ouest de la France une fécondité plus élevée que la moyenne française accompagne une espérance de vie plus faible ? Le recul de la mort implique une autre attitude devant la vie. D'autre part, l'allongement de la durée de la vie entraîne une longévité plus grande des couples ; longévité réduite, il est vrai, par la fréquence accrue des divorces.

- *Les Français et leur santé.* Les progrès de la médecine mais aussi la possibilité donnée par la Sécurité sociale à tous d'accéder aux soins médicaux ont transformé la vie des Français. Le poste santé est dans le budget des Français celui qui a le plus et le plus constamment augmenté. Le nombre de médecins libéraux passe de 39 000 en 1962 à 82 000 en 1982.

L'INSEE a mesuré l'évolution de la consommation médicale :

Années	Part de la dépense médicale dans la consommation totale des ménages (%)	Dépenses médicales totales (en millions de francs courants)
1950	4,4	2 938
1960	6,5	11 908
1970	9,4	44 290
1980	11,7	205 413
1983	12,5	319 567

La Sécurité sociale s'est peu à peu généralisée : l'assurance maladie est organisée dans les années 1960 pour les exploitants agricoles (1961) puis pour les professions non salariées (1966). Depuis 1960 des conventions ont été conclues entre les syndicats médicaux et les caisses de Sécurité sociale. Certains médecins (la majorité d'entre eux) sont dits *conventionnés*, leurs tarifs sont réglementés, les soins sont pris en charge à 80 % par la Sécurité sociale. De nombreux Français adhèrent à des *mutuelles* qui complètent les remboursements des frais médicaux.

Les hôpitaux ont été réformés par l'ordonnance de 1958 créant les Centres hospitaliers universitaires (CHU). La loi de 1970 a mis en place la carte sanitaire.

Les difficultés de la Sécurité sociale dans les années 1980 s'expliquent par la croissance conjuguée de la consommation médicale des Français et du chômage qui réduit le montant total des cotisations qui reposent sur les salaires. D'autre part, la technologie médicale permet la multiplication d'investigations complexes au coût très élevé.

La pathologie elle-même s'est transformée, les maladies infectieuses ont régressé : disparition des épidémies (variole, typhus, choléra). La vaccination a fait reculer la diphtérie, la poliomyélite et le tétanos. Les maladies infantiles (rougeole, coqueluche, scarlatine) sont devenues bénignes.

A l'inverse, le vieillissement des populations a accru l'importance des maladies cardio-vasculaires et des tumeurs. Enfin, on assiste au développement des risques liés aux modes de vie. Ainsi la courbe des accidents de la circulation :

Années	Accidents	Tués	Blessés
1960	141 000	8 876	185 000
1970	235 000	15 000	330 000
1972	274 500	16 600	388 000
1980	248 500	12 500	340 000
1983	216 000	12 000	301 000

La diminution du nombre des accidents de la route à partir de 1973, alors que le trafic automobile continue à croître, s'explique essentiellement par des décisions législatives, limitation de la vitesse et port obligatoire de la ceinture de sécurité. Une loi sur « l'alcool au volant » en 1978, renforcée par les dispositions prises en 1987, pénalise les conducteurs reconnus coupables de conduire avec une trop forte dose d'alcool dans le sang.

L'alcool, comme le tabac, constitue un facteur de surmortalité. Une étude de 1980 chiffrait à 2 millions le nombre d'alcooliques avérés en France et à 3 millions le nombre de buveurs excessifs. Cependant, on note depuis la fin des années 1970 une baisse progressive de la consommation d'alcool. Ainsi la consommation d'alcool pur par habitant et par an, qui atteignait 16 litres en 1976, est passée à 13,3 litres en 1982, la consommation du vin ordinaire étant celle qui diminue le plus rapidement. La consommation de tabac, après avoir augmenté très vite jusqu'en 1975, a tendance à se stabiliser, mais depuis 1970 on commence à fumer de plus en plus tôt et le nombre de fumeuses devient de plus en plus important. Dans ces deux domaines on note une évolution sensible des mentalités face aux « drogues légales » que sont le tabac et l'alcool, mais les traditions de convivialité leur sont tellement liées qu'une action répressive est difficile.

• *L'inégalité devant la mort.* Malgré l'allongement de la durée de la vie, les statistiques enregistrent la permanence des inégalités devant la mort. L'espérance de vie varie selon les milieux sociaux et les professions exercées. Dans les années 1950 comme au début des années 1980, si l'espérance de vie de chaque catégorie a augmenté, la hiérarchie reste la même et recouvre à quelques exceptions près la hiérarchie des revenus. L'espérance de vie à 35 ans (période 1975-1980) d'un manœuvre est de 34,3 ans alors que celle des ingénieurs, cadres supérieurs... dépasse 40 ans, les professeurs bénéficiant même d'une espérance de vie de plus de 43 ans. La comparaison avec les années 1950 montre que les catégories socio-professionnelles les plus favorisées ont plus que les autres bénéficié de l'augmentation de l'espérance de vie.

Comment expliquer que les progrès considérables de la médecine et surtout la généralisation de la Sécurité sociale n'aient pas permis d'égaliser les chances de vivre plus longtemps ? Les conditions de travail et de vie, mais aussi l'attitude différente des milieux socio-professionnels face à la consommation médicale expliquent vraisemblablement la permanence des inégalités dans ce domaine.

L'inégalité est aussi une inégalité entre les sexes. Les femmes plus résistantes, moins touchées par les dégâts causés par l'alcool et le tabac, moins sujettes aux maladies cardio-vasculaires, qui expliquent à partir de 50 ans la surmortalité masculine, ont une espérance de vie supérieure aux hommes durant toute la période. Elles représentent, dans les années 1980, 66 % des 75-84 ans.

L'attachement des Français à la Sécurité sociale, la part de revenu qu'ils consacrent aux dépenses de santé, la place du médecin dans la société révèlent une évolution fondamentale des comportements sociaux. D'autant plus que l'on ne demande pas seulement à la médecine de soigner et de guérir mais aussi de permettre à chacun, selon une expression courante et significative, « d'être bien dans sa peau ». Dorénavant, la médecine doit assurer un confort de vie. Dans un premier temps il s'agissait de prendre une assurance contre les grands risques ; dans un deuxième temps, et l'évolution est sensible à partir des années 1960, il s'agit de bien vivre, d'éliminer toute souffrance physique mais aussi psychique. L'attention plus grande portée au corps, le souci de « rester jeune » sont des phénomènes de société qui vont dans le même sens, significatifs aussi d'une autre évolution : la prise en charge plus grande par chacun de sa santé, une confiance moins aveugle qu'au début de la période face au « pouvoir médical ». Même si l'évolution reste lente, on note dans ce domaine une autonomie plus affirmée des individus.

L'enfance

Le phénomène majeur est sans doute la socialisation précoce des enfants à travers le développement de l'enseignement préscolaire. Alors que les « maternelles » ne font pas partie de l'obligation scolaire, la croissance de leurs effectifs est rapide, considérable à partir des années 1950. Encore en 1949 le préscolaire n'encadre que 960 000 enfants, en 1977 ils sont 2 600 000. La moitié des enfants de 2 à 5 ans étaient scolarisés en 1964, 80 % au début des années 1980, et, à 4 ans, le pourcentage atteint pratiquement 100 %.

Ce phénomène, spécifiquement français, s'explique d'abord par des raisons sociologiques : urbanisation, travail des femmes, présence moins fréquente des grands-mères pour garder les jeunes enfants. Mais il faut ajouter l'excellente image de l'école maternelle, qui associe le jeu et l'apprentissage et qui dans les mentalités est toujours liée à l'idée du bonheur et de l'épanouissement. Son succès est donc significatif de l'évolution des attitudes vis-à-vis de l'éducation des jeunes enfants, évolution qui touche d'abord les catégories les plus aisées de la population : dorénavant éduquer, c'est moins contraindre, c'est davantage éveiller et aimer. L'école maternelle correspond à cette attitude nouvelle ; son rôle accru signale aussi une évolution de la famille. Dorénavant, le foyer confie à la société le soin de l'apprentissage et de la socialisation. Est-ce un moyen d'éloigner de la famille tout ce qui pourrait ressembler à une contrainte ?

La maternelle portait l'espoir d'une possibilité d'accroître l'égalité des chances, d'effacer, grâce à une prise en charge précoce par la société, les inégalités devant l'école résultant des milieux socio-culturels. Force est de constater que, dans ce domaine, la réalité n'a pas répondu à ces espoirs.

Parallèlement à cet effacement progressif de la famille, l'introduction de la télévision dans tous les foyers, dans les années 1960 et le début des années 1970,

ÉVOLUTION DES CAUSES DE DÉCÈS EN FRANCE

Taux comparatifs de mortalité selon cinq groupes de causes de décès.

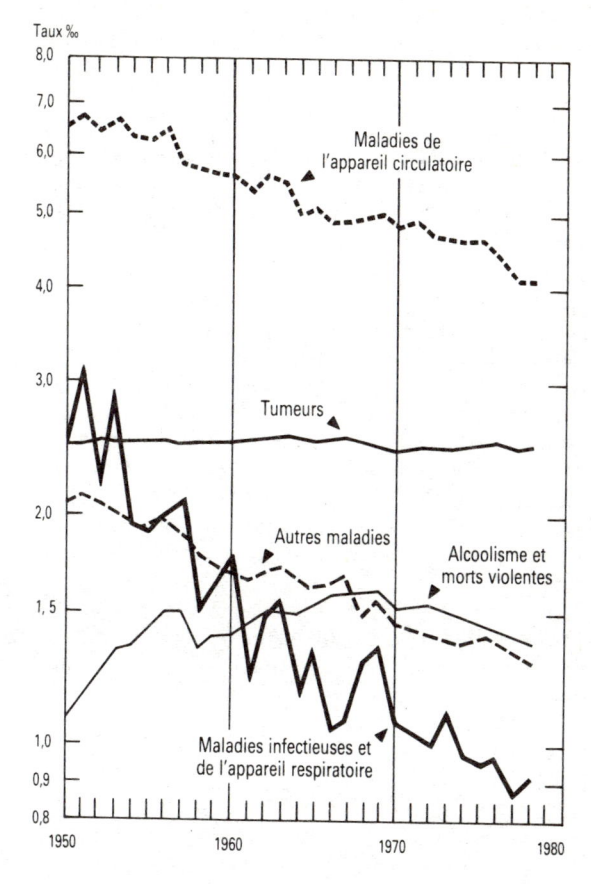

La période est marquée par la diminution relative des décès dus aux maladies de l'appareil circulatoire (maladies cardio-vasculaires), qui restent cependant responsables de 40 % des décès en 1980. La chute spectaculaire des maladies infectieuses et de l'appareil respiratoire (tuberculose, grippe...) s'explique par l'usage des antibiotiques et la pratique des vaccinations. Mais on note aussi l'importance croissante des décès dus à des comportements individuels et collectifs : alcoolisme, accidents de la circulation. Malgré les progrès médicaux l'importance des tumeurs (cancers) reste grande.

Familles, femmes, générations

transforme les conditions de vie des enfants, qui passent un temps de plus en plus long devant le petit écran. Les émissions destinées à l'enfance se sont transformées. Dans les années 1960 l'ours débonnaire de *Bonne nuit les petits*, protecteur de Nicolas et de Pimprenelle, restait dans la tradition de l'histoire racontée par les parents au moment de la cérémonie du coucher de l'enfant. Dans les années 1970, les émissions changent de nature ; si le merveilleux n'est pas éliminé, un héros comme Goldorak démode le nuage de Gros Nounours, voire les productions de Walt Disney. Il introduit la science-fiction et tout l'arsenal des armes dans l'univers des enfants, il y introduit aussi tout le schématisme brutal de la violence contemporaine.

La télévision, la bande dessinée, les jeux nouveaux, souvent issus des séries télévisées, donnent aux enfants une culture et une ouverture au monde indépendantes du milieu familial. Cet environnement, qui atteint dorénavant l'ensemble des enfants, devrait provoquer une uniformisation de l'enfance.

Cependant, la famille est toujours là ; elle joue son rôle, mais ce rôle n'est plus celui d'autrefois. Elle n'est plus lieu d'apprentissage, elle ne diffuse plus l'imaginaire ; elle devient de plus en plus une communauté affective et une communauté de loisirs. Si les effectifs des maternelles progressent, si les parents ne cessent de réclamer la multiplication des crèches, les traditionnelles colonies de vacances voient leurs effectifs stagner. De même, si les enfants de plus en plus nombreux pratiquent un sport régulièrement, les mouvements d'encadrement (louveteaux par exemple) sont en perte de vitesse. Les loisirs du dimanche, les vacances se déroulent de plus en plus en famille. La publicité diffuse cette image de la famille qui se réunit dans la détente et le jeu. On sait par ailleurs que l'enfant représente pour les adultes un « investissement affectif » qu'il s'agit de réussir.

L'enfant a ainsi une autre place dans la société et la famille, et, contrairement à ce qu'on dit parfois, le rôle de cette dernière, s'il s'est transformé, n'est pas moins important qu'autrefois. Comment sinon expliquer la permanence des inégalités sociales ?

Des vieux au « troisième âge »

Notion biologique, la vieillesse tend à devenir progressivement une notion économique. Les vieux d'autrefois forment désormais le « troisième âge » ; après l'âge de la jeunesse et celui de l'activité, l'âge d'une retraite est de plus en plus précoce.

Le nombre total des plus de 65 ans passe de 4,5 millions en 1946 à 6,4 millions en 1968 et 8,3 millions en 1990. Actuellement 4 millions de Français ont 75 ans et plus. Jusqu'en 1990, le nombre des personnes âgées de 70-75 ans n'augmente pas à cause des classes creuses de 1915-1920. Mais les personnes très âgées sont nombreuses : le groupe des plus de 85 ans a quadruplé en un quart de siècle ; de 200 000 en 1950, ils sont passés à 580 000 aujourd'hui, on prévoit qu'ils seront 850 000 en l'an 2000.

Dans la société d'après-guerre les vieux sont les oubliés d'une politique sociale qui s'intéresse davantage aux enfants et aux travailleurs. On tente, en

1946, de généraliser l'assurance vieillesse pour les salariés, puis plus tard pour les non-salariés (1948) et en 1952 pour les agriculteurs un minimum. Cependant, la complexité de la législation, l'impossibilité pratique d'apporter les preuves des années de travail et de cotisation d'avant-guerre, mais aussi l'inflation, réduisent souvent à peu de chose le montant de la retraite. Dans un monde nouveau où les solidarités familiales se sont affaiblies, les personnes âgées apparaissent comme des « économiquement faibles ».

Au milieu des années 1950 plus des trois quarts d'entre elles ont un revenu égal ou inférieur au minimum vital. Le fonds de solidarité, financé en 1956 par la vignette automobile, permet aux plus démunis d'être secourus. C'est l'époque où les vieux se replient dans de petits logements vétustes des centres villes, protégés par la loi de 1948 sur les loyers ; ils voient s'éloigner leurs enfants et leurs petits-enfants dans des banlieues lointaines et, quand ils ne peuvent pas subvenir à leurs besoins, la possibilité d'aller dans des maisons de retraite est rare ; il reste l'hospice... Toutefois, ceux qui le peuvent continuent à travailler au-delà de 65 ans. Un agriculteur sur deux poursuit encore une activité à 70 ans, ce qui provoque des conflits avec la génération suivante impatiente de s'installer et de moderniser les exploitations.

Progressivement, la situation des personnes âgées s'améliore. Mais l'écart des revenus est plus important après 65 ans que pendant la vie active (1 à 20 contre 1 à 9), de même pour les patrimoines. Nous avons déjà évoqué les inégalités devant la mort et les inégalités régionales, il en est encore d'autres, à l'âge de la vieillesse : un professeur d'université est, à 65 ans, au sommet de sa notoriété, il peut continuer ses recherches et ses publications. Au contraire, l'univers du travailleur manuel se resserre, la retraite est alors vécue comme une rupture et elle est parfois difficilement assumée.

Les rapports des grands-parents avec leur descendance ont évolué au cours de la période ; dans les années 1950, les enfants accueillaient encore souvent dans leur foyer leurs parents âgés. Les nouvelles conditions de logement, tout comme l'évolution des modes de vie ont rendu cette pratique difficile. Le foyer se replie sur la « famille nucléaire ». Cependant, l'allongement de la durée de la vie permet désormais à un enfant de 10 ans sur deux de connaître au moins trois de ses grands-parents. Entre générations, les relations restent fréquentes. D'après une étude de l'INED, plus de la moitié des couples habitent à moins de vingt kilomètres de leurs parents. Dans 30 % des cas les petits-enfants leur rendent visite au moins une fois par semaine. Si l'on habite trop loin, le lien n'est cependant pas rompu, les vacances scolaires permettent les retrouvailles. Le goût des grandes rencontres familiales s'est même renforcé. Le rôle des grands-parents est d'autant plus important que celui des oncles et tantes est devenu minime. Chaque génération a désormais des formes d'autonomie mais la chaîne qui les lie les unes aux autres n'est pas rompue.

Le « troisième âge » découvre, au cours de la période, que la retraite peut être le temps des loisirs. En 1982, 2 millions de personnes âgées sont inscrites dans les quelque 15 000 clubs qui, depuis le début des années 1970, se sont multipliés. Ces clubs, qui se nomment « Renaissance » ou « Les jeunes d'hier », s'adressent le plus souvent aux retraités des classes moyennes. Ils naissent de diverses initiatives, celles des municipalités, des paroisses, et le plus souvent des jeunes retraités bénévoles. Si les premiers clubs se contentaient d'organiser des parties de cartes et des goûters, l'ambition est désormais plus grande : théâtre, poterie, visites de musées, d'expositions, et surtout organisations de voyages. Un peu partout en France des universités du « troisième âge » sont mises en place. Comme les autres âges de la vie le troisième se caractérise donc par le désir d'épanouissement individuel. Désir s'accompagnant d'une solidarité de génération qui s'exprime dans une presse spécifique ; ainsi créé en 1969 *Notre Temps*, le « journal de la retraite heureuse », tire à plus de 700 000 exemplaires.

La « retraite » a changé de signification. Considérée encore au début de la période comme le temps de repos bien mérité après une dure vie de labeur, elle est de plus en plus vécue comme un nouveau départ dans la vie, voire une autre vie possible. Cette évolution des comportements explique sans doute les profondes transformations de l'image de la mort dans les sociétés contemporaines.

Les travaux de Philippe Ariès ont éclairé l'évolution des attitudes devant la mort. Dorénavant, la mort se cache dans les hôpitaux. Les cortèges qui, encore après la guerre, conduisaient les morts du domicile à l'église ont disparu des villes. Les portes ne sont plus drapées de noir pour signaler au quartier un deuil dans la maison. Les survivants ne portent plus guère des vêtements noirs et voilés de crêpe : progressivement disparaissent des vitrines des teinturiers l'écriteau traditionnel *deuil en 24 heures*. Jusqu'aux années 1960, les femmes d'un certain âge ne quittaient jamais leurs vêtements noirs ; une grand-mère était toujours vêtu de sombre. Dans les villages, l'environnement participait au travail du deuil, les voisins se réunissaient autour du lit mortuaire, on veillait la dépouille. Les miroirs étaient voilés.

Progressivement, la mort s'est réfugiée à l'hôpital. On meurt soigné, entouré d'appareils de mesures et de survie. Dans les années 1960 apparaissent les premiers *funérariums* (hôtesses, salon de réception pour la famille, point de vente de fleurs...) très inégalement répandus encore selon les régions.

Néanmoins, les traditions n'ont pas tout à fait disparu, les obsèques sont encore majoritairement religieuses même dans les régions où la pratique est devenue très faible. La visite au cimetière est toujours une habitude de la Toussaint. Mais, dorénavant, le deuil est vécu comme un événement tragique personnel au sein du groupe familial, il n'est plus pris en charge par la société.

6 Les Français au travail

LA POPULATION ACTIVE

L'évolution d'ensemble

La population active est l'ensemble des personnes de plus de 15 ans occupant réellement ou cherchant un emploi. Sont donc exclus les étudiants, les retraités et les soldats du contingent.

De la guerre aux années 1960 la population active est relativement stable, malgré la croissance de la population globale : autour de 19 millions d'actifs. Puis on enregistre une augmentation notable : 20,3 millions en 1968, 21,7 en 1975 et 25,2 en 1990. Dans un premier temps, la croissance de la population se traduit par le gonflement du nombre des jeunes et la stabilité du nombre des actifs ; à partir des années 1960 au contraire, arrivent à l'âge du travail les générations nombreuses nées après la guerre. Cependant l'évolution d'ensemble recouvre des phénomènes plus complexes : l'allongement de la durée des études, d'une part, et l'abaissement de l'âge de la retraite, d'autre part, expliquent la diminution régulière du taux d'activité masculin, alors qu'on observe parallèlement depuis les années 1960 une augmentation rapide de la population active féminine. Les femmes représentaient 34,6 % de la population active en 1962 et 40,7 % en 1982. Enfin l'insuffisance croissante de la population active en période d'expansion économique explique l'appel massif aux travailleurs étrangers dans les années 1960.

Le nombre des chômeurs varie autour de 200 000 jusqu'aux années 1960, puis commence à croître, d'abord lentement de 1965 à 1975 (400 000 en 1968, 600 000 en 1974) ; ensuite, avec la crise, l'augmentation devient très rapide : le chiffre de 2 millions est dépassé en 1982, en 1984 la France compte 2,4 millions de chômeurs, en 1987 2,5 millions. Les 3 millions sont dépassés en 1992.

Ainsi la France passe d'une situation de pénurie qui justifie l'appel à la main-d'œuvre féminine et aux travailleurs immigrés à une aggravation dramatique du nombre des chômeurs, les créations d'emplois étant insuffisantes pour répondre à l'augmentation de la population active.

La durée moyenne hebdomadaire réelle du travail évolue, de la guerre au milieu des années 1960, de 44 heures à près de 46 heures. Depuis 1968 cette durée a diminué régulièrement d'une demi-heure annuellement pour atteindre 39 heures en 1984.

Ainsi, si l'on tient compte de l'allongement de la durée des études, de l'abaissement de l'âge de la retraite, de la diminution de l'horaire hebdomadaire, mais aussi de l'allongement de la durée moyenne de vie, on peut constater que chaque Français consacre à sa vie professionnelle une fraction progressivement rétrécie de son existence : un tiers du temps vécu il y a un siècle et sans doute guère plus de 10 % aujourd'hui.

Ajoutons que, surtout depuis la crise, les frontières entre population active et population inactive deviennent perméables : le nombre des travailleurs à temps partiel s'accroît (ainsi en 1983 une femme active sur cinq occupe un emploi à temps partiel), les emplois précaires se multiplient, enfin les statistiques ne peuvent enregistrer la part de plus en plus importante du travail non déclaré ou « travail noir ».

Les grands secteurs d'activité

Au lendemain de la guerre, 6 millions de Français travaillaient la terre (salariés ou exploitants) ; en 1982 ils ne sont plus que 1,7 million. Autrement dit, alors qu'en 1946 sur 100 travailleurs 30 étaient ruraux, en 1982 ils ne sont plus guère que 7 sur 100.

Une seconde catégorie a sensiblement vu diminuer ses effectifs, il s'agit des patrons de l'industrie et du commerce (industriels mais surtout artisans et commerçants) : 12 actifs sur 100 au début de la période et environ 7 sur 100 actuellement.

Le nombre des ouvriers, quant à lui, est resté globalement stable, augmentant légèrement (tant en pourcentage qu'en valeur absolue) de la guerre à la fin des années 1960, diminuant ensuite pendant la crise. On peut, sans tenir compte pour le moment de ces variations, estimer que, dans la période, un travailleur sur trois est un ouvrier.

Au contraire, les secteurs d'activité en forte croissance sont les emplois du tertiaire salarié : 16 travailleurs sur 100, vers 1950, sont cadres moyens ou employés et 33 sur 100 aujourd'hui. Enfin, les cadres supérieurs et les professions libérales représentent moins de 3 actifs sur 100 au début de la période et près de 8 sur 100 en 1982.

Les Français ont vécu le plus grand bouleversement social que la France ait pu connaître tout au long de son histoire en une aussi courte période de temps : effondrement du nombre des travailleurs ruraux, effritement des travailleurs indépendants, boutiquiers et artisans, essor des employés et des cadres. Ainsi l'évolution d'ensemble multiplie le nombre des salariés dans la population active alors que les travailleurs indépendants des villes et des campagnes sont de moins en moins nombreux.

Les paysans

• *Répartition*. On peut distinguer trois catégories essentielles de travailleurs ruraux : les exploitants (qu'ils soient fermiers ou propriétaires), les « aides familiaux » (conjoint et enfants de l'exploitant) et enfin les salariés. Le nombre des salariés agricoles diminue rapidement dans la période : plus de 1 million en 1954 et 304 000 en 1982. Cette catégorie pouvait être considérée, jusqu'en 1968, comme une des plus défavorisées de la société française. Ce n'est que lors des accords de Grenelle (1968) que la décision a été prise d'aligner le salaire minimum agricole garanti (SMAG) sur le SMIG et donc de rémunérer les salariés agricoles sur les mêmes bases que les salariés des autres secteurs. Dorénavant les salariés agricoles sont de plus en plus qualifiés, ils disparaissent des petites et moyennes exploitations pour se concentrer sur les grandes.

Parallèlement, on peut estimer que le nombre d'exploitants est divisé par deux depuis 1954, alors qu'on enregistre une diminution encore plus rapide des aides familiaux. On peut mesurer ces évolutions en utilisant les données publiées par le service central des enquêtes et études statistiques du ministère de l'Agriculture ; à la différence des enquêtes de l'INSEE utilisées jusqu'ici, elles incluent dans la population active agricole les personnes dont l'activité agricole n'est que secondaire (retraités ayant conservé une activité partielle par exemple) ; elles permettent d'autre part de mieux distinguer exploitants et aides familiaux.

	1955	1981
Actifs agricoles (en milliers)	6 136 (100 %)	2 556 (100 %)
– Exploitants	2 270 (37 %)	1 201 (47 %)
– Aides familiaux	3 252 (53 %)	1 176 (46 %)
– Salariés permanents	614 (10 %)	179 (7 %)

Cette évolution renforce le rôle de la cellule familiale restreinte à la tête de l'exploitation ; elle traduit l'isolement grandissant du travailleur agricole. Elle s'explique par les caractères de l'exode rural qui, dans la période, touche plus les femmes et les jeunes que les hommes adultes : 50 % des jeunes qui, en 1970, ont de 15 à 25 ans quittent l'agriculture entre cette année et 1980. Ainsi le grand repli de l'activité agricole s'accompagne du vieillissement des travailleurs ruraux : en 1970 les plus de 45 ans représentent 56 % de la population active agricole et 64 % en 1980.

• *Transformations des structures.* Le nombre d'exploitations diminuant avec le nombre d'exploitants, leur taille moyenne s'est accrue. Mais surtout les gains de productivité ont été considérables, plus rapides que ceux de l'ensemble de l'économie nationale. Le rendement moyen en blé par hectare était de 18 quintaux en 1950 et de 52 quintaux en 1980. La production laitière atteignait 1 950 litres de lait par tête et par an en 1950 et 4 350 litres en 1980. Cette évolution n'a été possible, alors même que le nombre d'actifs diminuait rapidement, que par un progrès de la mécanisation et l'usage des fertilisants. L'évolution de l'endettement des exploitants permet de mesurer le considérable effort d'équipement accompli par le monde rural : l'encours total de la dette est de 11 milliards en 1960, 48 milliards en 1970 et s'élève à 180 milliards en 1982. La part relative de l'endettement dans le passif de l'agriculture passe de 6 % en 1960 à 15 % en 1982. La caisse nationale du Crédit Agricole assure 80 % de ces prêts, l'État prenant en charge une partie des intérêts. Pendant toute la période 1959-1983 l'amortissement des emprunts représente 33 % à 35 % des charges des exploitations. Inversement, les charges salariales diminuent (22 % des charges en 1983 contre 33 % en 1959).

L'évolution des structures s'est traduite par une quasi-disparition du métayage ; actuellement la surface cultivée se partage à peu près également entre le faire-valoir direct et le fermage. D'autre part, un grand nombre d'exploitants ne consacrent pas toute leur activité à l'agriculture : 20 % d'entre eux ajoutent une seconde activité à leur travail rural (le plus souvent ouvrier, employé, petit commerçant, artisan).

On assiste à une croissance rapide des exploitants à temps partiel (moins de 2 200 heures de travail annuel sur l'exploitation) : 17 % des exploitants en 1955, 50 % en 1975. Puis ce pourcentage diminue (44 % en 1981) en raison sans doute de la disparition d'exploitations marginales. A partir de 1977, et dans le souci de maintenir une activité agricole dans les zones défavorisées, des aides de l'État sont accordées aux exploitations à temps partiel (zone de montagne en particulier).

La place des paysans dans le processus productif s'est modifiée, comme se sont transformés les gestes mêmes du travailleur rural. Le monde paysan s'est émancipé des notables traditionnels, les différentes réformes du fermage ont donné aux fermiers autonomie et sécurité ; les « propriétaires » ne pèsent plus guère sur le monde rural. Mais la dépendance est, dorénavant, autre. Le monde paysan est lié de plus en plus, en amont, aux industries qui lui fournissent machines agricoles, semences, engrais, aliments pour le bétail et, en aval, aux industries alimentaires qui conditionnent et transforment sa production. L'importance de l'endettement donne au Crédit Agricole un poids particulier. D'autre part, les prix des produits agricoles sont désormais déterminés à Bruxelles dans le cadre des institutions communautaires. Ainsi les paysans dorénavant insérés dans les mécanismes du marché n'ont guère, en réalité, de liberté d'action. La lourde tutelle oppressive ou paternelle a laissé place à une tutelle tout aussi lourde mais plus anonyme, souvent bureaucratique, et toujours lointaine.

Au total on est frappé par la coexistence de permanences et de bouleversements dans le travail paysan : l'exploitation familiale perdure, mais elle est de plus en plus isolée humainement et dépendante économiquement. L'insertion dans un système économique qu'elle ne contrôle pas est telle que, dorénavant, les difficultés résultant des aléas climatiques ou de la concurrence communautaire apparaissent insupportables. L'État a contribué à accélérer le processus intégrant le monde paysan dans un ensemble économique rationnel ; il est logiquement rendu responsable du mauvais fonctionnement du mécanisme, même s'il ne peut pas commander aux éléments ou imposer ses décisions aux autres pays membres de la Communauté européenne.

Les ouvriers

- *Définition, classifications.* Si on utilise les statistiques de l'INSEE qui comptabilisent l'ensemble des ouvriers (et pas seulement les ouvriers de l'industrie), on observe dans un premier temps la croissance des effectifs : 6,5 millions d'ouvriers en 1954, puis, maximum historique, 8,5 millions en 1975. Depuis 1975, les effectifs diminuent régulièrement : à la fin de 1981 on recensait 8 millions d'ouvriers, mais 700 000 d'entre eux étaient privés d'emploi. Depuis 1982 on estime que disparaissent chaque année environ 200 000 emplois industriels.

Mais qu'est-ce qu'un ouvrier ? L'assimilation au travail productif en usine serait une erreur. Au début des années 1980 un peu plus de la moitié des ouvriers seulement travaillaient dans l'industrie, un sixième dans le bâtiment et un tiers dans le secteur tertiaire. D'autre part, une minorité de l'effectif ouvrier global est affectée à des tâches de fabrication : un tiers des hommes et deux cinquièmes des femmes. Les autres sont employés à des activités d'entretien, de surveillance, de manutention, de conditionnement...

La classification des ouvriers a subi d'importantes modifications. Au XIXe siècle l'ouvrier est défini par un savoir-faire, un *métier* ou désigné, s'il n'est pas qualifié, comme journalier, manœuvre... Le vocabulaire évolue pour deux raisons : l'apparition dans les années 1920 de nouvelles formes de travail ouvrier liées à la diffusion du taylorisme, puis la généralisation (à la suite des accords Matignon de 1936) de la pratique des conventions collectives qui codifient les catégories ouvrières. En 1946, les arrêtés Parodi-Croizat établissent une grille des qualifications destinée au calcul des salaires. On distingue alors quatre grandes catégories : les manœuvres, les ouvriers spécialisés, les ouvriers qualifiés, et les contremaîtres ; chaque catégorie est elle-même divisée en sous-catégories.

L'ouvrier qualifié, ou ouvrier professionnel (OQ ou OP) a bénéficié d'un apprentissage ou d'une formation spécialisée (certificat d'aptitude professionnelle) ; l'ouvrier spécialisé (OS), au contraire, est interchangeable et occupe dans le processus de production un poste d'emploi qui nécessite une simple mise au courant. Les transformations du travail ouvrier sont donc liées aux évolutions technologiques. Ainsi, alors que dans certains secteurs, comme le bâtiment, se perpétue l'organisation ancienne autour du couple ouvrier de métier-manœuvre, dans d'autres secteurs (automobile, industries de biens de consommation), où apparaissent les chaînes de fabrication, le nombre d'ouvriers qualifiés diminue et les OS se multiplient. Alors émerge une classe ouvrière nouvelle, moins homogène que l'ancienne. Certains secteurs industriels neufs, et donc sans traditions, comme l'électronique, sautent l'étape de l'ouvrier qualifié et se structurent directement autour du couple techniciens-OS. D'où la multiplication des usines d'électronique dans les régions sans traditions ouvrières de l'Ouest français et leur appel à la main-d'œuvre féminine.

A partir de 1968 la classification jusque-là en vigueur évolue. Les accords de la métallurgie de 1975 n'utilisent plus les appellations manœuvres, OS, mais distinguent les non-qualifiés (trois catégories de 01 à 03) et les qualifiés (de P1 à P3). D'autre part, les contremaîtres (agents de maîtrise) sont dorénavant classés dans la catégorie intermédiaire. Ainsi dans une entreprise donnée les travailleurs sont-ils répartis en trois catégories : les ouvriers, la catégorie intermédiaire comprenant les employés, les techniciens, les dessinateurs et les agents de maîtrise, et puis les cadres.

LES FRANÇAIS AU TRAVAIL

● 1. *Les ouvriers et la diffusion de l'industrie de 1954 à 1982*

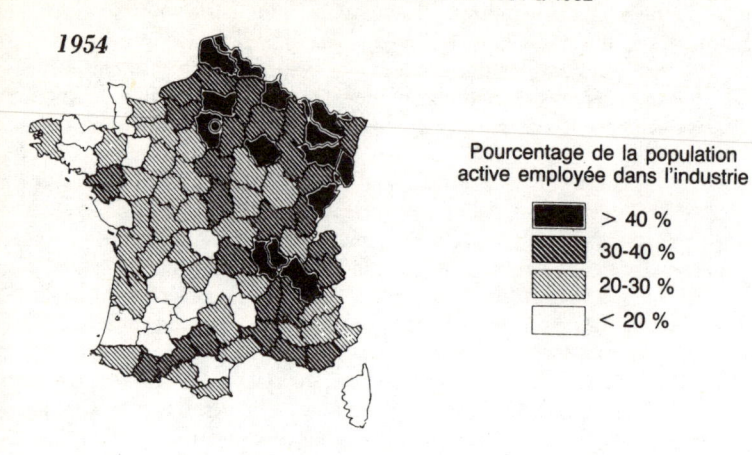

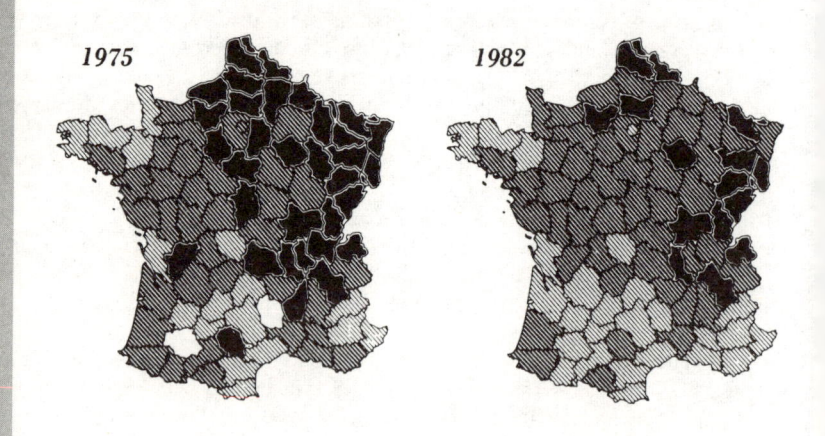

1954

Pourcentage de la population active employée dans l'industrie

- > 40 %
- 30-40 %
- 20-30 %
- < 20 %

1975

1982

(Source : ces cartes sont tirées de l'ouvrage de Hervé Le Bras
Les Trois France, 1986, éd. Odile Jacob, pp. 242, 54, 245)

● 2. *Les paysans* au recensement de 1982

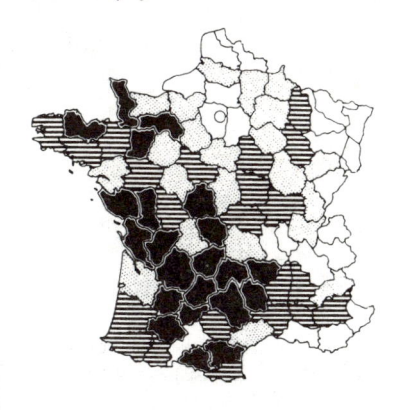

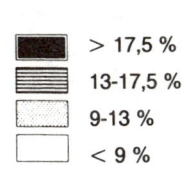

■ > 17,5 %
≡ 13-17,5 %
▨ 9-13 %
□ < 9 %

● 3. *Le tertiaire et les nouvelles régions industrielles*

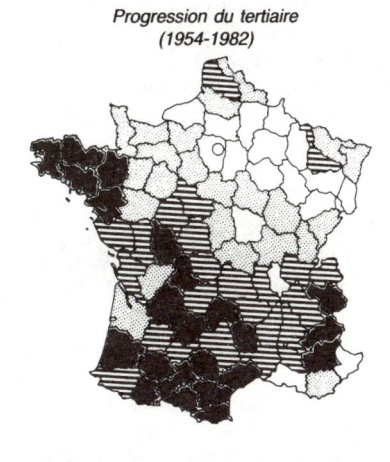

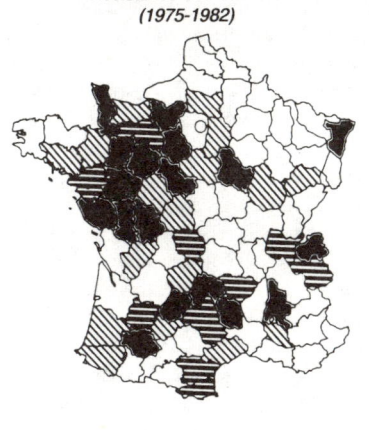

Progression du tertiaire
(1954-1982)

Résistance des ouvriers
(1975-1982)

Pourcentage d'augmentation
dans la population active

■ > 20 %
≡ 16,5-20 %
▨ 13,5-16,5 %
□ < 13,5 %

Augmentation du nombre absolu
d'ouvriers (en % des ouvriers
en 1975)

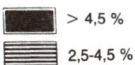

■ > 4,5 %
≡ 2,5-4,5 %
▨ 0,25 %
□ diminution

Les Français au travail

Enfin dans le traitement du recensement de 1982 l'INSEE distingue :

Ouvriers qualifiés
Total .... 4,1 millions soit 52,6 %
Dont :
    OQ de l'artisanat .... 1,5 million
    OQ de l'industrie .... 1,6 million
    OQ transport, manutention, magasinage .... 0,4 million
    Chauffeurs .... 0,6 million

Ouvriers non qualifiés
Total .... 3,4 millions soit 43,6 %
Dont :
    ONQ de l'artisanat .... 1,0 million
    ONQ de l'industrie .... 2,4 million

Ouvriers agricoles .... 0,3 million soit 3,8 %

• *Diversité du travail ouvrier.* Il est fort difficile d'utiliser les statistiques concernant la taille des entreprises. La plupart des grandes entreprises sont divisées en unités de production. Ce sont les effectifs de ces unités qu'il faudrait pouvoir saisir pour analyser les conditions du travail ouvrier. Notons seulement qu'après une croissance sensible de la taille des entreprises on assiste pour des raisons à la fois technologiques et sociales au renforcement des unités de moyenne dimension (moins de 500 ouvriers) et que, en nombre d'entreprises, la majorité comprend moins de 10 ouvriers.

Nous avons décrit la construction, des années 1930 aux années 1950, d'une classe ouvrière structurée et homogène (chapitre 2). Les années 1960 marquent la désagrégation progressive de ce groupe : crise, restructurations, plans successifs de reconversion effacent progressivement la France des terrils, des usines de brique, la France des « gueules noires » et des « hommes du fer », la France des « métallos ». C'est la fin d'un cycle séculaire ; un certain type d'usine a vécu. Les archéologues peuvent désormais étudier les carcasses désaffectées des arrogants symboles du charbon et du fer triomphants.

Au seuil des années 1960, des sociologues annoncent la constitution d'une « nouvelle classe ouvrière » (ainsi Serge Mallet en 1963) : l'automatisation doit libérer les travailleurs des tâches les plus ingrates, multiplier les blouses blanches des techniciens. En réalité, c'est la multiplication des emplois non qualifiés que l'on observe ; les OS deviennent de plus en plus nombreux. Ainsi s'explique la « délocalisation » de l'industrie française : les chefs d'entreprise partent à la recherche de nouveaux « gisements » de main-d'œuvre, paysans qui abandonnent la terre, femmes, travailleurs immigrés.

En Basse-Normandie depuis 1962 la moitié des actifs agricoles quittent la terre. L'emploi industriel est multiplié par deux. Les industriels profitent des avantages de la décentralisation (primes...). Mais les entreprises nouvelles appartiennent essentiellement au secteur des biens de consommation modernes : automobiles, appareils ménagers (Citroën, Moulinex...). 70 % des emplois industriels créés sont des emplois non qualifiés d'OS. Dans cette région, mais aussi en Vendée, la main-d'œuvre rurale est drainée vers les usines par des cars de ramassage. Pour l'ensemble de la France on peut mesurer l'importance de l'appel à la main-d'œuvre féminine : en 1975 la moitié de celle-ci travaille dans les industries de consommation, et 79 % de ces ouvrières ont des fonctions d'OS. Cette même période est marquée par la croissance rapide de la main-d'œuvre immigrée : alors que des années 1930 à 1954 le nombre des immigrés diminue, la croissance est rapide de 1954 à 1975 (de 1,7 million à 4,1 millions). On peut estimer que les trois quarts des travailleurs immigrés sont alors embauchés comme manœuvres ou comme OS. Le phénomène est particulièrement massif dans l'industrie automobile dont, en 1974, un tiers de la main-d'œuvre est étrangère. Ainsi se forme une nouvelle génération ouvrière.

Dans un dernier temps enfin la crise achève les derniers restes de la vieille classe ouvrière : depuis 1974 la sidérurgie a perdu la moitié de ses 160 000 emplois ouvriers. D'autre part, au début des années 1970, les conflits sociaux se multiplient dans les grandes unités industrielles fonctionnant autour des chaînes de fabrication et concentrant un grand nombre d'OS. Face à ces refus du travail parcellisé, une partie du patronat s'efforce de restructurer la production en « enrichissant les tâches » (diversification, responsabilité plus grande). Mais on commence en même temps à automatiser les opérations par l'installation de robots, encore exceptionnels, qui limitent le travail ouvrier à la surveillance et à la maintenance. Ce qui réduit bien entendu le nombre d'emplois.

La crise fait aussi réapparaître des formes de travail ouvrier que l'on croyait disparues : le travail à domicile, le *sweating system* (« système de la sueur »), le travail clandestin. Les chefs d'entreprise appellent de leurs vœux une plus grande flexibilité du travail, de manière à pouvoir utiliser la main-d'œuvre de façon plus rationnelle sans être gênés par la législation sociale protégeant le travail ouvrier (heures supplémentaires, travail de nuit).

Ainsi les catégories ouvrières sont-elles, face au travail, de plus en plus différenciées. Dans certains secteurs, pétrole, EDF-GDF, chimie, aéronautique, armement... où la main-d'œuvre ouvrière représente moins de la moitié des salariés, les travailleurs sont des ouvriers professionnels ; l'emploi est relativement stable, les rémunérations plus élevées qu'ailleurs. Ces mêmes caractéristiques sont présentes dans des petites ou moyennes entreprises, à direction familiale, qui travaillent en sous-traitance pour de grandes entreprises et qui emploient aussi une main-d'œuvre très qualifiée. Inversement, les conditions les plus difficiles sont souvent réservées aux jeunes, aux femmes et aux travailleurs immigrés. C'est parmi eux que l'on trouve le plus grand nombre de travailleurs « postés », que la précarité de l'emploi et le chômage sont le plus important. Ces travailleurs sont nombreux soit dans les grands établissements produisant des biens de consommation que nous avons évoqués, soit dans de petites ou moyennes entreprises, en particulier dans les secteurs des travaux publics et du bâtiment.

La diversité des travailleurs urbains non salariés

Nous analyserons, dans cette catégorie, d'une part les patrons des entreprises industrielles et commerciales, qu'ils soient industriels et gros commerçants ou petits commerçants et artisans, et d'autre part les membres des professions libérales. Ce groupe est très hétérogène : du notaire au chauffeur de taxi, de l'industriel à l'épicier, du chirurgien au plombier les traits communs sont difficiles à dégager. Cependant, l'indépendance, la direction d'une entreprise, la possession d'un capital nécessaire au travail sont autant d'éléments qui les définissent. On peut résumer les évolutions en soulignant la stabilité de l'effectif des industriels et des gros commerçants, la diminution des artisans et des petits commerçants, la croissance des professions libérales.

	1954	1975	1982
Industriels	86 000	61 600	71 300
Gros commerçants	183 700	190 200	210 300
Artisans	734 700	535 344	573 800
Petits commerçants	1 274 000	921 000	869 600
Professions libérales	163 160	249 440	328 640

Cet ensemble a longtemps été le cœur de la société française avec la paysannerie. Son déclin est relatif, on n'enregistre pas, comme dans le monde paysan, un effondrement de ces couches urbaines non salariées. L'évolution récente, depuis 1975, se traduit par une stabilité globale des effectifs. C'est un phénomène important s'il se confirme. En effet ces catégories constituaient le cœur des classes moyennes françaises, elles étaient le lieu essentiel de l'ascension sociale. L'histoire du XIXe siècle est remplie d'exemples d'artisans qui, par leur labeur, deviennent chefs de petites entreprises, d'ouvriers qui accèdent à la boutique, de paysans auvergnats qui colonisent les comptoirs parisiens. Zola, dans *L'Assommoir*, a fixé ce modèle : Gervaise accède à la respectabilité sociale quand elle peut ouvrir son atelier de blanchissage-repassage. De même, les professions libérales étaient souvent le lieu du passage des classes moyennes à la grande bourgeoisie.

Ainsi ces métiers étaient-ils le gage de la perméabilité et de la solidité de la société française. Au-delà des différences considérables de niveau de vie, ils ont en commun de permettre l'appartenance à la bourgeoisie ou tout au moins l'adhésion aux valeurs bourgeoises.

L'évolution depuis 1945 manifeste la plasticité de ces catégories qui ont su souvent s'adapter aux bouleversements économiques. Plus que sur leur effacement, tout relatif, il faut donc insister sur leur permanence.

● *L'atelier et la boutique.* Les données chiffrées sont fluctuantes en raison même de l'incertitude des définitions. La distinction artisan/industriel n'est pas évidente (nature de l'activité ? dimension de l'entreprise ?). De même on peut hésiter à classer certaines activités dans la catégorie de l'artisanat ou du petit commerce : dans le traitement des résultats du recensement de 1982, l'INSEE a rangé parmi les artisans des professions qui, jusque-là, étaient considérées comme appartenant au petit commerce : boulangers, bouchers, charcutiers, coiffeurs, chauffeurs de taxi... Cependant, pour permettre des comparaisons homogènes, nous utilisons ici l'ancienne classification.

La diminution du nombre des artisans et des petits commerçants s'explique par l'évolution même de l'économie. Un grand nombre de métiers artisanaux ont quasiment disparu : songeons aux sabotiers, bourreliers et plus généralement à tout l'artisanat lié à l'ancienne vie rurale. De même, à partir des années 1960 sont apparues des formes concentrées de distribution : les *grandes surfaces* se sont installées aux portes des villes. Le petit commerce qui assurait, en 1950, 89 % des ventes au détail n'en assure plus que 62 % en 1975 et moins de 60 % en 1982.

Cependant, l'évolution d'ensemble masque des disparités : si de très nombreux commerces d'alimentation ont disparu, c'est d'abord en raison de l'inflation conjoncturelle de ces magasins pendant et après la guerre. D'autre part, de nouveaux types de commerces sont nés, en particulier dans les domaines des biens d'équipement de la maison (électroménager), des loisirs, des articles de luxe. De même, si l'artisanat de fabrication est en déclin, l'artisanat de la réparation s'est au contraire rapidement développé.

Depuis la crise on assiste, semble-t-il, à une stabilité de ces secteurs. L'interprétation de ce phénomène, s'il se confirme, est délicate. De nombreux salariés, frappés par le chômage, ont pu tenter l'aventure de la boutique ou de l'atelier. Les difficultés économiques ont pu contribuer au maintien d'entreprises peu rentables ou marginales. D'ailleurs, l'instabilité de ces entreprises s'accroît : les créations sont nombreuses, mais nombreux aussi les échecs et donc les faillites.

En revanche, si, dans de nombreuses petites villes, ces catégories qui constituaient l'armature sociale, qui contrôlaient parfois le pouvoir municipal, ont souvent été affaiblies et remplacées par des couches salariées, ailleurs et tout particulièrement dans les centres villes réhabilités, on observe un nouveau dynamisme du petit commerce : le petit commerce de proximité, le commerce de plein air (marchés) s'est maintenu. Le nombre important de travailleurs immigrés qui reprennent ces boutiques témoigne que la vieille tradition sociale d'intégration par la boutique n'est pas morte. Les tentatives de réanimation de la vie locale vont dans le même sens.

Ces travailleurs conservent leur spécificité dans la société française : pour eux la durée du travail est plus longue, supérieure à 65 heures hebdomadaires pour les bouchers et les boulangers par exemple. Le travail de l'artisan ou du petit commerçant est souvent encore le travail du couple, bien que l'effectif des aides familiaux dans le total de la catégorie ait tendance à diminuer (19 % en 1954 et 15 % en 1982). Contrairement aux salariés qui doivent accomplir de longs trajets de leur domicile à leur lieu de travail, pour 72 % des patrons de l'industrie et du commerce le lieu de travail se confond avec le domicile (statistique de 1981). En somme, ces professions sont inséparables de la vie de la ville et du quartier ; elles participent de la qualité de la vie urbaine.

● *Les professions libérales.* Les membres des professions libérales ne perçoivent pas de salaire, ils ne vivent pas de la pratique d'un négoce, mais ils tirent leurs revenus de « l'exercice de leur science ». On peut regrouper ces professions en quelques grands secteurs : le secteur médical et paramédical (médecins, chirurgiens, dentistes, masseurs-kinésithérapeutes, infirmières non salariées), le secteur juridique (notaires, avocats, huissiers, conseils juridiques ou fiscaux), le secteur technique (ingénieurs-conseils en organisation, en informatique, en études économiques) et enfin le secteur des professions sportives, éducatives et artistiques.

Les professions libérales représentaient 0,87 % de la population active occupée en 1954 et 1,53 % en 1982. Cette évolution reflète la croissance très rapide des professions médicales et paramédicales : elles constituent 37,7 % de l'ensemble des professions libérales en 1954, 50,5 % en 1982. Entre ces deux dates, le nombre des médecins généralistes double, la croissance du nombre des dentistes, elle, est encore plus importante. Ces professions ont bénéficié d'un prestige social accru depuis la guerre et surtout de la généralisation de la Sécurité sociale qui a provoqué l'accélération très rapide de la consommation médicale.

L'accroissement des effectifs des professions juridiques s'explique essentiellement par l'augmentation du nombre des avocats, les notaires et huissiers, professions soumises au *numerus clausus*, n'ayant que faiblement progressé.

Si le nombre des artistes et des enseignants libéraux est resté à peu près stable, on constate le nombre accru des enseignants sportifs et des sportifs professionnels (1 460 en 1954 et 5 280 en 1982).

Le taux de féminisation de ces professions augmente : 21 % en 1954 et près de 28 % en 1982 ; cela est particulièrement sensible dans les professions médicales et paramédicales où les femmes représentent un tiers des effectifs. Cependant, les femmes sont moins représentées dans les effectifs des professions libérales qu'elles ne le sont dans l'ensemble de la population active occupée.

Les cadres

Les recensements de la population distinguent dans leur nomenclature les cadres supérieurs et les cadres moyens. La catégorie *cadres supérieurs* comprend les ingénieurs, les cadres administratifs supérieurs du secteur public comme du secteur privé, les professeurs de l'enseignement secondaire et supérieur. La catégorie *cadres moyens* inclut techniciens, cadres administratifs moyens, salariés des services médicaux et sociaux et enfin instituteurs. L'évolution est la suivante :

	1954	1975	1982
Cadres supérieurs	434 000	1 287 000	1 590 000
Cadres moyens	1 113 000	2 765 000	3 254 000
Total	1 547 000	4 052 000	4 844 000
% de la population active	8 %	18 %	20,6 %

L'usage du mot *cadres* pour désigner le personnel d'encadrement des entreprises apparaît au début des années 1930 ; le premier syndicat est créé en

1937 : la CGCE (Confédération générale des cadres de l'économie) est l'ancêtre de la CGC de l'après-guerre. En 1948 un régime spécifique de retraite des cadres est fondé, l'AGIRC.

Le mot est, dans un premier temps, toujours utilisé au pluriel ; l'emploi au singulier se diffuse dans les années 1960, ainsi qu'en témoigne cette remarque de J.-F. Revel dans *L'Express* en juin 1967 : « Les cadres grammaticalement, passe encore. Mais " le " cadre, c'est plus intrigant. Cette personnalisation, cette singularisation du terme, et puis des expressions telles que " cadre moyen ", " petit cadre ", " il est passé cadre ", correspondent au besoin de désigner une catégorie sociale nouvelle. »

En ne retenant comme *cadres* que les ingénieurs, les cadres administratifs supérieurs et moyens et les techniciens, la catégorie est passée de 1 à 3 millions entre 1954 et 1982. Cette croissance s'explique par l'évolution des structures de l'économie qui multiplient les fonctions de conception, d'étude, de direction et d'encadrement aussi bien dans le secteur public que dans les entreprises privées. Le cadre est d'abord un ingénieur, dont l'importance grandit entre les deux guerres : sa compétence et sa position sociale sont dues à son savoir ; progressivement, il concurrence dans l'entreprise les héritiers. Les cadres supérieurs sont formés par les grandes écoles : ils appartiennent à des corps jaloux de leurs singularités. Au sommet, par exemple, les X-Mines (anciens élèves de l'École polytechnique et de l'École des mines). Cependant, depuis la guerre, les cadres spécialisés dans la gestion des entreprises, le *management*, le *marketing*, se multiplient en même temps que prolifèrent les écoles de commerce et les écoles spécialisées dans l'administration des entreprises. Cette génération, triomphante dans les années 1960, correspond à l'entrée de la société française dans l'ère de la consommation de masse. De même dans le secteur public le prestige d'une grande école comme l'École nationale d'administration, née au lendemain de la guerre, témoigne de la multiplication des tâches de l'État, mais aussi du relais pris dans l'administration de l'État ; les techniciens de la chose publique ont remplacé les amateurs issus de l'École normale supérieure.

Les employés

Les employés comme les ouvriers accomplissent des tâches d'exécution, mais ces tâches appartiennent au secteur tertiaire. Les employés sont des salariés. L'INSEE distingue les employés de bureau et les employés de commerce. Ils peuvent appartenir au secteur privé ou au secteur public. Leur travail peut s'exercer dans le cadre d'une très grande entreprise ou d'une administration mais aussi dans les petites entreprises (employés de l'artisanat et du petit commerce).

	1954	1975	1982
Employés de bureau	1 628 000	3 104 000	3 746 000
Employés de commerce	441 000	737 000	931 000
Total	2 068 000	3 841 000	4 677 000

Ces activités sont d'abord caractérisées par leur féminisation croissante : c'est la seule catégorie socio-professionnelle (avec les personnels de service) qui compte plus de femmes que d'hommes : 58,8 % en 1962 et 65,5 % en 1982. L'évolution de l'économie et de la société explique la croissance globale du secteur : naissance, dans la période, de grandes administrations publiques (comme la Sécurité sociale), multiplication des magasins à grande surface, croissance du secteur des services (assurances, voyages, tourisme...).

La nature des tâches se transforme : au début de la période on pourrait illustrer les contours du groupe en évoquant la *vendeuse* et la *dactylo*, l'employée des postes et la standardiste. Mais dans ce secteur comme dans le secteur ouvrier on assiste à une déqualification des tâches. Et le travail se féminise d'autant plus qu'il devient répétitif.

Dès la fin du XIXe siècle, quand la machine à écrire s'était répandue dans les bureaux, les femmes avaient progressivement remplacé les hommes, jugés jusque-là seuls capables des travaux d'écriture. Après la guerre apparaissent les *pools* de dactylos (cet anglicisme est utilisé au milieu des années 1950) : plusieurs dizaines d'employées sont rassemblées, le rythme de leur travail et donc leur rendement est surveillé. De même le travail des caissières de grandes surfaces devient purement répétitif : la lecture automatique des prix par les machines enregistreuses supprimant tout risque d'erreur et toute initiative. Enfin, la multiplication des consoles d'ordinateurs dans les bureaux déqualifie une part importante du travail des employés, dans les administrations, les banques et les compagnies d'assurances.

On peut se demander si cette évolution des formes du travail dans le secteur tertiaire ne rapproche pas une grande partie des employés du monde ouvrier. Aux OS de l'électronique et des chaînes de montage correspondent les OS du clavier, des caisses enregistreuses et des guichets.

Cependant, en contact avec les métiers de l'encadrement, ces catégories peuvent parfois prétendre à une certaine promotion sociale, surtout dans le secteur public où des concours internes sont organisés aux différents niveaux de la hiérarchie (PTT, Sécurité sociale...). L'ascension sociale est beaucoup plus difficile dans le secteur privé.

Dans ce secteur, comme dans le secteur ouvrier, la crise a multiplié le nombre des chômeurs ; et, ici, un chômage essentiellement féminin.

Autres catégories

Nous regroupons ici, artificiellement, les catégories qui ne trouvent pas leur place dans les développements précédents : le clergé, dont il faut noter la diminution rapide des effectifs (171 000 en 1954 et 61 000 en 1982) ; l'armée et la police (de 300 000 en 1954 à 363 000 en 1982).

Mais c'est surtout l'évolution des effectifs des *personnels de service* qui est significative. La diminution des « gens de maison » (321 000 en 1954 et 215 000 en 1982) révèle les changements de mode de vie de la bourgeoisie (rappelons qu'au début du XXe siècle il y avait plus de 1 million de domestiques en France). De même le nombre des femmes de ménage diminue ; cette régression traduisant l'utilisation, par les entreprises, d'organismes spécialisés dans le nettoyage des bureaux. Cependant, globalement, la catégorie personnels de service progresse entre 1954 et 1982 (de 1 million à 1,5 million). L'explication est simple : cette croissance est liée à la multiplication des lieux de distraction et au développement des métiers du tourisme.

Les catégories aisées de la population française continuent donc à user d'un personnel de service ; mais alors que les machines ménagères ont pu, dans les foyers, remplacer les domestiques d'antan, le personnel de service est toujours indispensable : hors de la maison il permet la multiplication des activités de loisir.

LE TRAVAIL DES FRANÇAIS ET LES STRUCTURES DE LA SOCIÉTÉ

La description de la société française au travail permet-elle d'éclairer les structures de cette société ? Autrement dit, la place dans le processus de production détermine-t-elle la hiérarchie sociale ? Les réponses à cette question sont multiples. Nous envisagerons d'abord la croissance du nombre des *salariés*. Dans une société longtemps dominée par les producteurs indépendants le rapport salarial symbolisait aliénation et sujétion ; mais la signification du salaire change depuis la guerre quand il s'accompagne de la sécurité et de la protection sociale. Une deuxième approche permettra de décrire les trois grandes catégories sociales en fonction de leur position dans le processus productif : un premier groupe, composé à la fois de possédants et de salariés, assure les tâches de direction, de conception et d'encadrement, le second groupe rassemble les anciennes et les nouvelles couches moyennes, le troisième groupe est chargé des tâches d'exécution. Mais la distinction essentielle, depuis la crise, n'est-elle pas entre ceux qui ont un travail et les chômeurs de plus en plus nombreux ?

Des salariés de plus en plus nombreux

L'évolution économique réduit dans la société française le nombre des travailleurs indépendants ; le monde rural et secondairement les effectifs de l'artisanat et du petit commerce sont les secteurs les plus touchés. On peut estimer que, si au lendemain de la guerre d'Indochine (1954), on compte quelque 12 millions de salariés, ce chiffre passe à 18 millions en 1975 et 20 millions en 1982. Soit un pourcentage de la population active totale de 65 % (1954) à 85 % en 1982, la croissance du nombre des salariés s'expliquant surtout par le gonflement du nombre des employés et des personnels d'encadrement. La conséquence essentielle est que le salariat qui renvoyait essentiellement au monde ouvrier – rappelons que les fonctionnaires perçoivent un *traitement* et non un *salaire* – s'est considérablement élargi. Le *Robert* date de 1972 l'usage du néologisme *salarisation*. Autrefois, le salariat était synonyme d'aliénation : contre un salaire l'ouvrier vendait sa force de travail ; rémunéré à l'heure, à la journée ou à la tâche, le salarié était toujours soumis aux aléas de la conjoncture, voire aux caprices de son employeur. L'imaginaire social privilégiait les professions où la possession d'un capital, fût-il modeste, assurait la sécurité, l'avenir de la famille et des enfants auxquels on pouvait ainsi transmettre un patrimoine : terre, atelier, boutique, entreprise.

La progressive codification des relations sociales, d'une part, les lois sociales protectrices des travailleurs, d'autre part, ont transformé la condition salariale. Les conventions collectives, l'institution au début des années 1950 d'un salaire minimum (le SMIG), puis la mensualisation qui se généralise dans les années 1970 offrent au salarié une sécurité beaucoup plus grande.

Les lois sociales sont d'abord destinées aux salariés : Sécurité sociale, couverture des risques (maladie, accident), retraite, allocation chômage. Ainsi par un renversement de portée considérable les travailleurs indépendants qui étaient considérés comme jouissant d'une sécurité plus grande que les salariés, parce qu'ils disposaient d'un patrimoine, sont progressivement plus désarmés qu'eux. Le salaire, c'est désormais la sécurité d'un revenu mensuel et la protection sociale. Beaucoup de petits patrons transforment d'ailleurs la structure juridique de leur entreprise pour pouvoir apparaître comme des salariés et donc bénéficier de la protection sociale attachée à cette qualité.

Une autre modification essentielle est la multiplication des salariés au sommet de la hiérarchie sociale. De plus en plus les entreprises, même si le capital familial reste prédominant, sont dirigées par des cadres supérieurs salariés.

Cependant, les années de crise infléchissent ces évolutions ; le chômage frappe essentiellement les salariés et réapparaissent des formes de salariat qui font renaître les vieilles insécurités : travail temporaire, travail partiel. Le patronat qui voudrait pouvoir gérer plus souplement sa main-d'œuvre réclame une *déréglementation* (en matière de licenciement, de salaires, de durée du travail). La protection sociale devient plus aléatoire en raison de la croissance du chômage et des déficits de la Sécurité sociale. L'évolution démographique marquée par la diminution des naissances risque de menacer le système des retraites.

Parmi les salariés il faut faire une place particulière aux fonctionnaires. Au sens strict, les agents de l'État sont ceux dont la rémunération est inscrite dans le budget de l'État. La part des agents de l'État se renforce dans la population active : 1 310 000 en 1962 et 2 317 000 en 1982, soit un rythme d'accroissement annuel moyen de 2,7 % alors que la population active ayant un emploi s'est accrue de 0,5 % par an. Il faudrait ajouter à ces personnels civils les personnels militaires (environ 300 000, sans grand changement dans la période). La croissance du nombre des fonctionnaires s'explique par l'augmentation rapide des agents de l'Éducation nationale (près de 800 000 actuellement). Les agents de l'État ne sont pas des salariés comme les autres, si l'on met à part les *contractuels* (4,5 % de l'effectif). Ils sont dits *titulaires*, bénéficient de la garantie de l'emploi. Les fonctionnaires appartiennent à des *corps* (on en compte près d'un millier) et ces corps sont répartis dans quatre grandes catégories hiérarchiques : A, B, C, D. Les fonctionnaires de la catégorie A ont des fonctions de conception et de direction, ceux de la catégorie B des fonctions d'encadrement et les catégories

C et D regroupent des agents d'exécution (40 % des effectifs). La part des femmes augmente légèrement : de 43 % en 1962 à 49 % en 1982.

Si on ajoute à ces agents de l'État ceux des collectivités locales et territoriales, des établissements publics, des entreprises publiques, on atteint le total considérable de 4 500 000 en 1975, soit plus du cinquième des actifs et le quart de la population des salariés.

Couches dirigeantes, couches moyennes, couches défavorisées

● *Couches dirigeantes.* Si l'on définit les couches dirigeantes de la société française comme celles qui détiennent le pouvoir de décision et de conception dans le processus productif et un certain pouvoir social, on est amené à proposer un tableau très hétérogène de cette catégorie. Énumérons : les patrons d'entreprise qui cumulent pouvoir économique et pouvoir social, auxquels il faut ajouter les cadres supérieurs les plus importants de ces entreprises ; les hauts fonctionnaires auxquels l'emprise croissante de l'État donne un pouvoir accru ; certains membres des professions libérales (grands médecins, grands avocats), les professionnels des médias de renommée nationale, le monde politique, les responsables des plus importantes associations (syndicats, groupes de pression) ; et il faudrait sans doute ajouter à cette liste quelques intellectuels.

Dans la période, les contours de ce groupe ont évolué de manière paradoxale : d'une part le groupe dirigeant s'est élargi (multiplication des hauts fonctionnaires, des cadres supérieurs, rôle plus grand des *leaders d'opinion* à travers les médias...), mais ce groupe s'est aussi concentré ; en effet les élites dirigeantes provinciales ont très souvent perdu une grande part de leur pouvoir de décision. Les grandes entreprises qui s'installent dans les villes de province (aéronautique à Toulouse, automobile à Rennes...) ont leur centre de décision à Paris. Il est encore trop tôt pour analyser les effets dans ce domaine de la loi de régionalisation de 1982.

D'autre part, les rapports entre la propriété et le pouvoir dans l'entreprise sont devenus très complexes. Le patronat familial n'a pas disparu ; il suffit de citer Michelin, Peugeot, Dassault, Schlumberger. Mais de nombreuses entreprises ont désormais une direction technocratique. De plus les ponts entre les sommets de l'État et les sommets de l'économie sont nombreux. Le système français de formation des élites est en effet directement lié à l'existence des grandes écoles. Les anciens élèves de ces grandes écoles (Polytechnique, les Mines, les Ponts et Chaussées, Centrale, les Hautes Études commerciales, l'École nationale d'administration...) passent très fréquemment du service de l'État au service des entreprises privées. Ainsi se tissent de multiples réseaux entre l'État et les grandes entreprises.

Ajoutons enfin que l'exercice du pouvoir de ces catégories est, au cours de la période, de plus en plus anonyme, conséquence évidente des formes de bureaucratisation de la société.

● *Couches moyennes.* L'évolution, ici, est aisée à décrire : il y a perte d'influence des couches moyennes non salariées, plus importante encore si on ajoute à ce groupe une partie des exploitants agricoles. En revanche, les couches moyennes salariées se développent : instituteurs et professeurs, cadres, techniciens. Ce sont sans doute les catégories les plus mobiles de la société française. Si, en effet, les élites dirigeantes pratiquent volontiers la reproduction sociale, elles s'élargissent prudemment en puisant dans les effectifs des classes moyennes. Au bas de l'échelle sociale les couches défavorisées peuvent espérer accéder à ces couches moyennes que les grandes transformations de la société, depuis la guerre, ont considérablement élargies.

D'autre part, l'opposition très vive entre les couches moyennes indépendantes et les couches moyennes salariées, que nous avons constatée dans les années 1950 en analysant le poujadisme, sont, semble-t-il, en voie d'atténuation. L'image de l'entreprise et de son rôle social a évolué, la place irremplaçable dans le tissu social de la boutique et de l'atelier a été reconnue. Les petites entreprises familiales ne sont plus jugées sommairement « archaïques ». La société française tend à se remodeler autour de classes moyennes toujours très hétérogènes mais qui ne sont plus divisées comme autrefois par de véritables affrontements culturels. Dans ce processus la généralisation de l'école a joué son rôle : il est plus difficile aujourd'hui d'opposer le petit entrepreneur sans diplôme au cadre ou au fonctionnaire titulaire ayant bénéficié d'une formation universitaire.

On peut ainsi avoir le sentiment que, dans ce domaine comme dans d'autres que nous rencontrerons, la société française manifeste une significative plasticité. Après avoir semblé un temps se déconstruire, voire se décomposer, avec l'affaiblissement de ces couches moyennes, épine dorsale de la société, ces mêmes couches moyennes, rajeunies, transformées, reconstruisent autour d'elles un certain ordre social. C'est d'autant plus important qu'au temps de la consommation de masse, les élites ne peuvent plus prétendre aussi aisément que par le passé au contrôle de la société tout entière ; les couches moyennes sont ainsi le lieu central où se décident les conduites collectives. Elles modèlent les pratiques culturelles.

● *Les couches défavorisées.* Selon la définition que nous avons choisie, ces couches se définissent comme celles qui, privées de toute initiative et de toute responsabilité, accomplissent les tâches d'exécution. On peut hésiter à classer dans cette catégorie certains ouvriers professionnels, certains employés qui touchent au monde des classes moyennes. Mais il faut, quant à la nature du travail, classer dans la même catégorie le plus grand nombre des ouvriers et des employés.

Ces travailleurs subissent en effet le poids d'un travail répétitif, souvent socialement dévalorisant. Pour beaucoup d'entre eux le progrès technique provoque la déqualification. Il n'est donc plus possible de présenter sommairement la société française comme traversée par la simple opposition d'une bourgeoisie dominant le prolétariat ouvrier. La bourgeoisie est devenue multiforme ; le prolétariat ne se résume plus seulement à la catégorie ouvrière.

Le chômage

L'apparition d'un chômage massif à partir du milieu des années 1970 bouleverse une société habituée au plein emploi. Le nombre des chômeurs fait l'objet d'un débat. La définition officielle du chômage est celle du Bureau international du travail (BIT) : « Sont chômeurs les personnes qui, au cours de la période de référence (généralement une semaine), sont sans travail, disponibles pour travailler, à la recherche d'un travail. Sont au travail les personnes qui, durant la période de référence, ont effectué un travail d'une durée d'une heure au moins moyennant un salaire ou un traitement en espèces ou en nature. »

Cette définition minimise l'importance réelle du chômage puisqu'elle ne tient pas compte des travailleurs à temps partiel, du sous-emploi. Ainsi les responsables politiques sont-ils tentés, pour réduire l'importance visible du chômage, d'encourager les formes de travail à temps partiel : stages rémunérés, travaux d'utilité collective (les TUC). D'autre part on peut penser que de nombreuses femmes ne s'inscrivent pas à l'Agence nationale pour l'emploi (ANPE) parce qu'elles savent l'inutilité de cette démarche, alors même qu'elles désireraient travailler.

Le taux de chômage (nombre de chômeurs par rapport à la population active) augmente régulièrement depuis 1975 :

1975	4,1 %	1987	10,9 %
1981	7,3 %	1990	11,2 %
1983	8,1 %		

La croissance du chômage s'explique, en France, par un double phénomène : d'une part, la croissance de la population active et, d'autre part, la disparition d'un très grand nombre d'emplois industriels depuis le milieu des années 1970, qui n'est pas compensée par une création équivalente d'emplois dans le secteur tertiaire. L'industrie textile a perdu 100 000 emplois entre 1976 et 1983, soit 28 % de ses effectifs ; le bâtiment 300 000 emplois pendant la même période, soit 18 % de ses effectifs. On pourrait sans peine allonger la liste. Mais l'industrie n'est pas le seul secteur touché ; à titre d'exemple l'introduction de robots pour le nettoyage des couloirs et des stations du métro parisien doit progressivement entraîner la suppression de près de la moitié des emplois.

Qui est touché par le chômage ? Par catégories socio-professionnelles (chiffres de 1983) on observe que le monde ouvrier est le plus gravement atteint : chez les non-qualifiés, 11,3 % des hommes et 15,7 % des femmes. Les employés connaissent un taux de chômage de 12,8 %. A la même époque, le taux de chômage est d'autant plus élevé que le bagage scolaire est plus léger. D'autre part, le chômage touche prioritairement les jeunes, malgré les diverses mesures destinées à encourager leur embauche (exonération des charges sociales par exemple) : en 1983, les moins de 25 ans représentaient plus de 40 % des chômeurs. Enfin la population immigrée est, elle aussi, plus particulièrement frappée par le chômage (plus de 13 % des chômeurs en 1984).

Ainsi le chômage est-il sélectif ; il atteint de préférence ceux qui par ailleurs sont déjà les défavorisés de la société française : les jeunes sans diplôme, les femmes, les immigrés, les ouvriers sans qualification.

C'est d'autant plus grave que la durée moyenne du temps de chômage s'allonge ; en 1974 il y avait 54 000 chômeurs de longue durée (sans travail depuis plus d'un an), en 1984 ils sont près de 600 000 et, en 1990, 1 168 000. Le nombre de chômeurs « en fin de droits » ou non indemnisés pour diverses raisons atteignaient 965 000 personnes en 1984. C'est alors que l'on commence à évoquer les « nouveaux pauvres » de la société française.

L'important potentiel de main-d'œuvre constitué par le stock de chômeurs permet d'expliquer la multiplication des emplois précaires (contrats à durée déterminée, des emplois saisonniers, des contrats à temps partiels. Le marché du travail se segmentarise et apparaît un « marché secondaire » de l'emploi, caractérisé par l'instabilité, la précarisation et le manque de protection juridique. Le fossé se creuse entre ceux qui sont assurés d'un emploi et ceux qui sont soit sans travail, soit bénéficiant d'un emploi précaire. C'est le retour des vieilles insécurités que l'on croyait disparues pour toujours grâce à la croissance. C'est d'autant plus inquiétant que rien ne permet raisonnablement d'espérer une amélioration de la situation.

LES ORGANISATIONS SOCIO-PROFESSIONNELLES ET LES CONFLITS SOCIAUX

Les syndicats de salariés

Autorisés en France depuis 1884, les syndicats ont pour mission la défense des intérêts professionnels de leurs adhérents. Paradoxalement la période se caractérise par la faiblesse continue de la syndicalisation des salariés et dans le même temps par la croissance du rôle des syndicats dans la vie sociale.

• *Caractères généraux.* Le taux de syndicalisation depuis la guerre n'a pas dépassé 25 % et doit être actuellement inférieur à 20 % des salariés français. Cette moyenne recouvre de très grandes disparités : 80 % des instituteurs sont syndiqués et près de la moitié des professionnels du livre. Les syndiqués sont peu nombreux dans les petites et moyennes entreprises (moins de 50 salariés) où ils sont, à vrai dire, mal tolérés. Le taux de syndicalisation est d'autant plus élevé que les salariés disposent d'avantages à défendre (fonctionnaires, entreprises publiques). Cependant, cette faiblesse constante de la syndicalisation, qui traduit à la fois les réticences du patronat et la méfiance de nombreux travailleurs vis-à-vis des « appareils », n'empêche pas un rôle accru des syndicats dans la vie de la nation.

Les syndicats sont représentés dans les comités d'entreprise créés en 1945. Ces comités gèrent des sommes importantes (1 % de la masse salariale) consacrées aux œuvres sociales de l'entreprise : cantines, crèches, colonies de vacances, centres sportifs. Les syndicats disposent dans ces comités de permanents rémunérés souvent nombreux (600 par exemple chez Renault). Les comités d'entreprise, s'ils jouent un rôle social, n'ont guère été, comme on l'espérait en 1945, associés à la gestion des entreprises.

Depuis 1968 la loi reconnaît l'existence de la section syndicale dans l'entreprise. Les syndiqués choisissent librement leurs délégués, ils peuvent disposer d'un local dans les grandes entreprises. Les élus syndicaux bénéficient, selon l'importance de l'entreprise, de décharges de travail, ils sont protégés des licenciements abusifs (autorisation nécessaire de l'inspecteur du travail).

D'autre part, les syndicats participent à la gestion des caisses de Sécurité sociale, certains d'entre eux ont créé des mutuelles qui complètent les prestations sociales, des sociétés mutuelles d'assurances, des centrales d'achats. Ainsi la Fédération de l'Éducation nationale gère la MGEN (Mutuelle générale de l'Éducation nationale) et la MAIF (assurance automobile). Depuis 1958 les syndicats participent à la gestion paritaire des ASSEDIC (Associations pour l'emploi dans l'industrie et le commerce) qui décident des cotisations et des prestations consacrées au chômage.

Au niveau national enfin, et surtout depuis la fin des années 1960, les syndicats participent aux grandes négociations salariales avec les pouvoirs publics et les organisations patronales. Ils sont représentés au Conseil économique et social.

- *De la Libération à la guerre froide (1944-1947).* Le syndicalisme se reconstitue après la guerre. La CGT réunifiée dans la Résistance en 1943 est forte en 1946 de 5 500 000 membres la tendance réformiste avec Léon Jouhaux s'organise autour du journal *Force ouvrière,* mais les militants proches du PCF sont majoritaires, Benoît Frachon est secrétaire général de la Confédération. La CFTC (Confédération française des travailleurs chrétiens) compte 700 000 adhérents. La Confédération générale des cadres (CGC) naît en 1945.

Au lendemain de la guerre les syndicats participent à l'effort de reconstruction ; d'anciens syndicalistes détiennent des portefeuilles ministériels ainsi Marcel Paul, de la Fédération des électriciens, est ministre de la Production industrielle de novembre 1945 à décembre 1946. Les syndicats sont représentés dans les commissions du Plan, la CGT préside même quatre des dix-huit commissions. Les syndicats s'associent à l'effort de production, freinent les mouvements revendicatifs. Néanmoins, en 1947, le climat politique et social se modifie, en mai la CGT n'est pas à l'origine du mouvement revendicatif qui naît en particulier à la Régie Renault ; mais le début de la guerre froide et le départ des communistes du gouvernement Ramadier en mai 1947 transforme le mouvement syndical.

- *La division du mouvement syndical.* La prise en main par la CGT des grèves violentes de l'automne 1947 provoque la scission : la naissance de la CGT-Force ouvrière est officielle en avril 1948 ; les réformistes avec Léon Jouhaux quittent la Confédération, ils réaffirment leur attachement à la charte d'Amiens de 1906 et donc à l'indépendance du syndicalisme vis-à-vis des partis politiques. La Fédération de l'Éducation nationale (FEN) refuse la scission et réussit à préserver son autonomie en acceptant en son sein la coexistence de diverses tendances.

La CGT reste cependant le syndicat dominant ; les élections à la Sécurité sociale, qui permettent de mesurer l'audience des syndicats, montrent que 40 à 50 % des salariés lui font confiance pour les représenter. Cependant, isolée, la

CGT perd une partie de ses adhérents (1,6 million en 1958 selon les déclarations de la Confédération elle-même). Elle reste forte dans le secteur nationalisé et dans les industries lourdes. Dans son repli elle entend continuer à incarner la classe ouvrière dans sa permanence et ses principaux bastions. Même si elle affirme son pluralisme en maintenant au Bureau confédéral des socialistes et des chrétiens, ses liens avec le Parti communiste sont étroits, la majorité de ses permanents en sont membres, ses secrétaires généraux successifs, Benoît Frachon jusqu'en 1967, Georges Séguy de 1967 à 1982, Henri Krasucki depuis 1982 appartiennent au Bureau politique du PCF.

La CFTC se transforme ; une minorité interne constituée en 1946, le groupe Reconstruction, revendique une action syndicale moins réformiste, la laïcisation de la Confédération. Progressivement, la minorité prend le contrôle de la Confédération, surtout à partir de 1961 quand Eugène Descamps devient secrétaire général. La rupture en 1964 naît de la déconfessionnalisation : alors qu'une minorité maintient la CFTC, la majorité crée la Confédération française démocratique du travail. La CFDT compte alors près de 800 000 adhérents (300 000 pour la CFTC maintenue).

La CGT-Force ouvrière (700 000 adhérents environ dans les années 1960) est surtout implantée dans le secteur tertiaire, banques, assurances, et dans la fonction publique.

Malgré quelques grandes négociations, comme celle aboutissant, en 1958, à la création des ASSEDIC, pour l'indemnisation du chômage, dans la période qui va de 1948 à la fin des années 1960, les syndicats n'occupent pas une place importante. Certains, cependant, s'engagent parfois dans la lutte politique ; ainsi la CGT s'oppose au retour au pouvoir du général de Gaulle en 1958.

● *Du milieu des années 1960 à la crise.* La CGT sort progressivement de son isolement, la CFDT lui propose un pacte d'unité d'action en 1965 ; une journée commune d'action a lieu en 1966. Les deux centrales s'opposent aux ordonnances sociales de 1967 et apparaissent en mai 1968 comme les deux grandes organisations représentatives des salariés. La CGT retrouve alors certains des adhérents perdus dans la période précédente et atteint plus de 2 millions d'adhérents au début des années 1970. La CFDT dépasse 1,5 million d'adhérents en 1976.

Cependant, les rapports deviennent vite conflictuels. La CGT reste fidèle à son ouvriérisme traditionnel, se méfie des mouvements étudiants et centre toujours ses revendications autour du rapport salarial. La CFDT au contraire se veut l'héritière des idées de mai 1968. Avec son secrétaire général Edmond Maire, à partir de 1971, elle multiplie les contacts avec tous les courants de la nouvelle gauche et prône la gestion démocratique de l'entreprise à travers l'autogestion. On oppose volontiers alors les revendications quantitatives de la CGT aux revendications qualitatives de la CFDT (conditions de travail...).

Cependant à partir de 1969, après les secousses de mai 1968, les organisations patronales prennent conscience qu'il faut cesser de refuser la concertation avec les syndicats. Le gouvernement présidé par J. Chaban-Delmas (conseillé sur le plan social par Jacques Delors) facilite la naissance de cette « économie concertée ». Se multiplient alors les grandes négociations, mettant en place des

ÉVOLUTION DES CONFLITS DU TRAVAIL (GRÈVES)

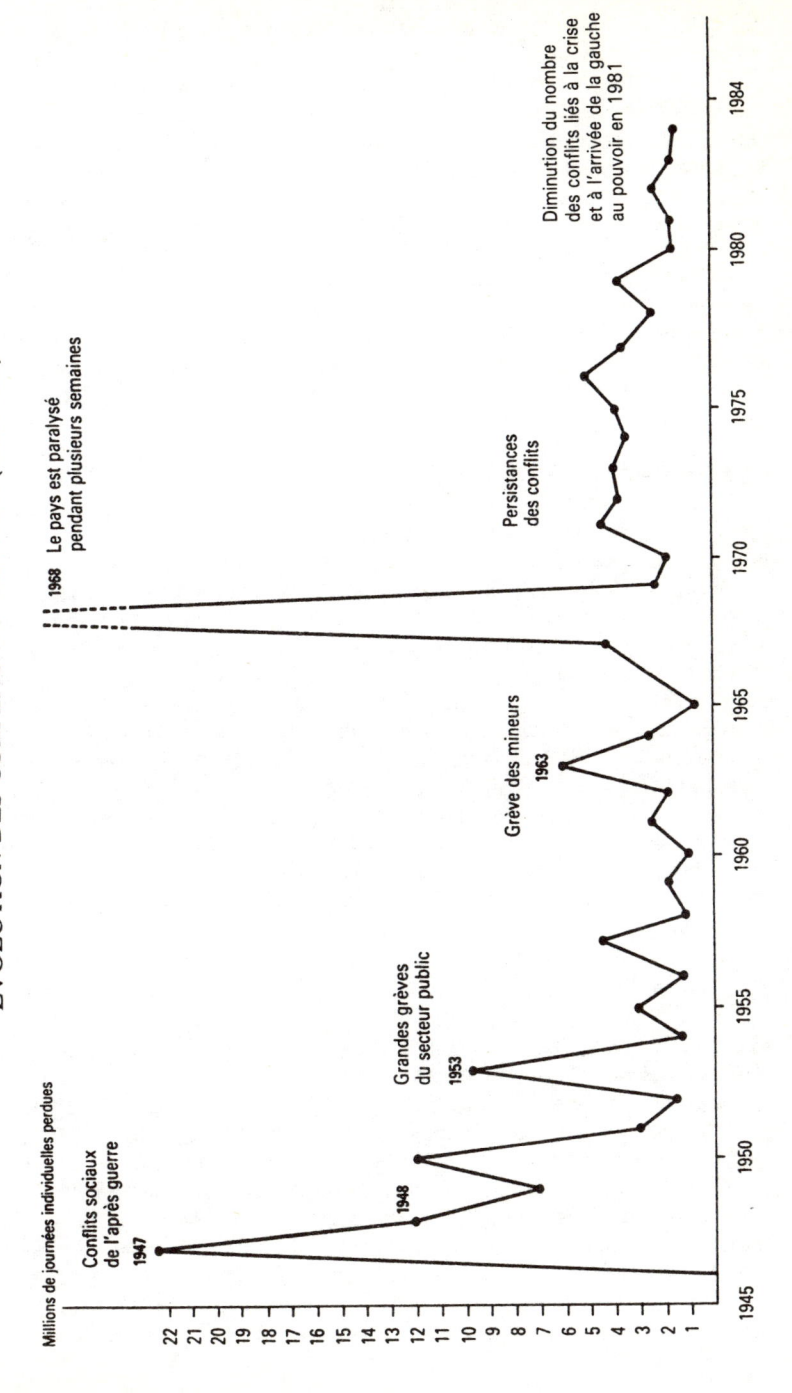

Millions de journées individuelles perdues

1947 Conflits sociaux de l'après guerre

1948

1953 Grandes grèves du secteur public

1963 Grève des mineurs

1968 Le pays est paralysé pendant plusieurs semaines

Persistances des conflits

Diminution du nombre des conflits liés à la crise et à l'arrivée de la gauche au pouvoir en 1981 conventions collectives par branches industrielles. Ainsi le syndicalisme semble jouer un rôle capital sur le terrain social. On peut se demander si, malgré la permanence de ses divisions, le mouvement syndical français ne se rapproche pas des autres syndicalismes européens, comme le syndicalisme allemand, de plus en plus orienté vers la gestion des questions sociales. Mais la crise entraîne un nouvel affaiblissement du syndicalisme.

• *Les syndicats depuis la crise.* Les difficultés du syndicalisme n'apparaissent vraiment qu'au début des années 1980. L'affaiblissement touche surtout la CGT et la CFDT plus attachées que les autres confédérations à des prises de positions politiques. Il se traduit par une perte d'audience lors des différentes élections professionnelles (comités d'entreprise, prud'hommes, Sécurité sociale) ; la CGT ne recueille plus alors qu'environ un tiers des voix. Les effectifs de syndiqués diminuent. La CGT en particulier souffre directement de la désagrégation des grands bastions industriels où elle avait ses assises les plus solides. Inversement les syndicats « réformistes », comme Force ouvrière d'André Bergeron et la CFTC résistent mieux à la crise.

Les relations sociales se transforment. La crise et la croissance du chômage rendent plus difficiles les actions revendicatives. Le patronat répugne désormais aux grandes négociations collectives et, pour donner plus de souplesse à la conduite de l'économie, préfère laisser davantage d'autonomie aux entreprises. Le passage de la gauche au pouvoir entre 1981 et 1986 met les confédérations syndicales en porte à faux. Malgré les lois Auroux qui renforcent l'influence du syndicat dans l'entreprise, les rapports avec le pouvoir gouvernemental deviennent complexes. La CFDT tente de se « recentrer ». La CGT met au premier plan de son action la défense des acquis sociaux (en particulier la Sécurité sociale). Mais dans un monde où les incertitudes l'emportent sur les garanties, la tâche des syndicats est de plus en plus difficile. La persistante division syndicale, l'importance de syndicats autonomes (dans la RATP, la police par exemple) qui défendent des intérêts corporatistes, la méfiance moins grande qu'autrefois mais toujours importante des patrons des petites et moyennes entreprises vis-à-vis des syndicats, l'accroissement du chômage ne rendent pas aisé un élargissement de l'audience syndicale.

Les autres organisations socio-professionnelles

• *Les organisations agricoles.* Au lendemain de la guerre la Confédération générale agricole (CGA) est mise en place sur le modèle des confédérations ouvrières. Cependant, très vite, c'est une de ses composantes, la Fédération nationale des syndicats d'exploitants agricoles (FNSEA), qui joue le rôle essentiel dans la représentation de la profession, en liaison étroite avec les Chambres d'agriculture et la Confédération nationale de la mutualité du crédit et de la coopération agricole (CNMCCA). Aux côtés de la FNSEA, comme son aile marchande et moderniste, se tient le Centre national des jeunes agriculteurs (CNJA), aiguillon et vivier de l'organisation hégémonique ; les principaux leaders du monde paysan suivent un itinéraire qui les mène du CNJA à la FNSEA avant de rejoindre, comme Michel Debatisse puis François Guillaume, les équipes gouvernementales. Jusqu'aux années 1980, la FNSEA jouit d'un quasi-monopole syndical, elle est l'interlocuteur indispensable des gouvernements successifs. Dominée par les puissantes associations de producteurs (blé, betterave...), rassemblant des agriculteurs dont les exploitations sont de taille et de productivité très différentes, la FNSEA s'efforce de mener une action de défense des prix et des revenus agricoles.

Cependant, d'autres organisations tentent dans la période de contester son monopole. A gauche, et proche du PCF, le Mouvement de défense des exploitants familiaux (MODEF) est fondé en 1959. La Fédération française de l'agriculture (FFA) naît en 1969 d'une scission de droite de la FNSEA. D'autres regroupements apparaissent en 1981 et 1982. Une circulaire de 1983 met fin au monopole syndical de la FNSEA, qui s'entend difficilement avec le gouvernement de gauche. D'autres organisations sont considérées désormais comme représentatives. Toutefois Michel Rocard, ministre de l'Agriculture, normalise ses relations avec la FNSEA. La pratique d'une sorte de cogestion entre le pouvoir et la FNSEA n'est pas réellement remise en cause.

● *Les groupements patronaux.* Le Conseil national du patronat français (CNPF) se constitue en 1946. Il regroupe un ensemble d'organisations interprofessionnelles régionales, de fédérations nationales industrielles. Le CNPF apparaît d'abord comme un groupe de pression conservateur, organise de conciliation plus que d'action. Ses positions figées ne sont guère assouplies dans les années 1960 malgré les tentatives de réformateurs, comme José Bidegain qui anime le Centre des jeunes patrons, ou de hauts fonctionnaires comme François Bloch-Lainé, qui publie en 1963 *Pour une réforme de l'entreprise.*

L'ouverture progressive est provoquée par les événements de mai 1968. Le patronat accepte l'existence du syndicat dans l'entreprise et se donne les moyens de mener une politique sociale. Alors se multiplient les grandes négociations entre l'organisation patronale et les centrales syndicales. Cette ouverture s'explique par l'influence accrue dans l'organisation patronale des *patrons-managers*, qui ne sont pas issus des dynasties familiales, et des hauts fonctionnaires qui circulent de plus en plus entre les cabinets ministériels et les conseils d'administration des grandes sociétés.

Cependant, le monde de la petite entreprise est plus rétif au dialogue social ; ainsi la Confédération générale des petites et moyennes entreprises (CGPME) représente un patronat patrimonial, d'un tempérament traditionaliste, voire rentier, qui entend préserver l'indépendance et l'autorité du chef d'entreprise et qui se montre plus méfiant vis-à-vis des interventions de l'État.

L'État et les relations sociales

Depuis les accords Matignon de 1936 jusqu'aux lois Auroux de 1982 en passant par les grandes réformes de la Libération et les accords de Grenelle en 1968, l'État apparaît en France comme le régulateur indispensable des relations sociales. C'est l'État-arbitre qui en 1936 impose au patronat la négociation nationale avec les syndicats, et qui, ensuite, avec les comités d'entreprise et les délégués du personnel à la Libération, la section syndicale d'entreprise en 1968, les lois Auroux en 1982 contraint le patronat à accepter au sein de l'entreprise des interlocuteurs au rôle renforcé : les organisations syndicales et les représentants des travailleurs. D'autre part, l'importance du secteur contrôlé par l'État, que ce soit dans la fonction publique ou dans les entreprises nationalisées, donne aux pouvoirs publics un rôle moteur dans l'initiative sociale. La Régie Renault a ainsi joué un rôle pilote dans les initiatives sociales de l'État.

Si l'État est au centre des relations sociales, les partenaires sociaux ont longtemps manifesté une méfiance vis-à-vis de ses initiatives. Le mouvement syndical porte encore les marques de ses lointaines origines révolutionnaires et anarchistes au temps des premier mai héroïques et de Clemenceau briseur de grève. De cette période les organisations de travailleurs ont conservé un messianisme qui a été entretenu par l'influence du Parti communiste sur la CGT. Les deux grandes confédérations syndicales, la CGT et dans un style différent la CFDT, sont porteuses d'un projet de société. La CGT est révolutionnaire, la CFDT veut changer la vie et démocratiser l'entreprise par l'autogestion. L'une veut renverser l'État bourgeois, l'autre transformer la société à la base en s'appuyant sur les initiatives individuelles et la spontanéité des travailleurs. La postérité de Marx et celle de Proudhon peuvent-elles s'accommoder d'un État libéral et jacobin ?

Les forces patronales sont, elles, réticentes vis-à-vis des initiatives de l'État pour d'autres raisons. Héritiers de forces sociales soucieuses d'indépendance, de libre transmission du patrimoine valorisé par le travail de son détenteur, les patrons résistent à la fois aux syndicats et à l'action de l'État.

C'est ainsi que, paradoxalement, dans la France du xxe siècle, les forces sociales antagonistes ne s'opposent pas seulement pour des raisons corporatives mais à cause de visions opposées de l'organisation sociale ; l'État, pourtant suspect aux yeux des deux parties, est contraint d'imposer sa présence. L'État est d'autant plus indispensable que le consensus n'est pas possible, entre les forces sociales, sur la nature de la société qu'il incarne.

Cependant l'évolution au cours de la période montre que, dans un premier temps, la normalisation des relations sociales est favorisée. La politique contractuelle, à la fin des années 1960 et au début des années 1970, est assumée par les partenaires sociaux. Les syndicats, non sans réticences, acceptent la réforme par voie contractuelle, voire la gestion de la société. La crise transforme ensuite les données du problème et, affaiblissant les forces syndicales, interrompt l'évolution engagée au temps de la croissance. L'idéologie est moins présente désormais dans les luttes sociales et parallèlement l'État annonce son repli. Peut-être assistons-nous à l'épuisement d'une phase historique, à la fin du processus qui a contraint l'État à arbitrer les conflits sociaux de groupes antagonistes qui le contestaient.

Nous avons eu, d'autre part, déjà l'occasion d'insister sur la fin d'une forme de militantisme et la crise des appareils militants. D'autres formes de conflits sociaux se dessinent, il est encore trop tôt pour en figer les contours.

7 Modes de vie, niveaux de vie, écarts sociaux

L'axe central de ce chapitre : trois approches successives de l'évolution de la société française. Première observation : l'avènement d'une *société de consommation* succédant à une société de pénurie provoque-t-elle autour des objets une unification des comportements et donc une disparition progressive des différences sociales ? Cependant, et c'est la deuxième approche, l'étude de l'évolution des revenus, de la répartition du patrimoine, ne dément-elle pas cette apparente uniformisation en démontrant la *permanence des inégalités* ? Enfin, dans un troisième temps, il faut tenter de combiner l'évolution de l'espace social à l'évolution du temps social : en passant du national au *local*, en présentant l'évolution de la géographie sociale, on montrera comment la décomposition des vieilles structures spatiales de la société (villages, petites villes, quartiers des grandes villes) puis leurs nouvelles configurations témoignent des transformations et peut-être des permanences de la société.

UNE SOCIÉTÉ DE CONSOMMATION

La maison

● *Les intérieurs hérités.* L'espace familial de vie que constitue la maison (appartement ou maison individuelle) était encore en 1945 tel que le XIXe siècle l'avait constitué. Le cœur de la vie quotidienne des familles était la salle à manger, qu'elle soit individualisée comme dans les maisons bourgeoises, ou qu'elle se confonde, comme à la campagne et souvent dans les milieux populaires urbains, avec la cuisine. Au début des années 1950, le photographe Robert Doisneau a fixé ce décor : la table sous la lampe suspendue autour de laquelle on s'attarde pour boire le café, la table où les enfants font leurs devoirs, où la mère de famille coud ou reprise, sa corbeille à ouvrage à portée de main ; un fauteuil, celui du père ou celui de la grand-mère qui vit au foyer ; un buffet, souvent en bois sculpté de style Henri II, contient la vaisselle, quelques photos encadrées de mariage, d'hommes en uniforme, quelques chromos, des assiettes décorées, souvenirs de voyage, le calendrier des postes. Les murs sont recouverts d'un papier peint à fleurs qui date de l'avant-guerre. Il y a un poêle à bois ou à charbon. Le parquet est ciré. On se déchausse pour ne pas salir.

L'autre lieu essentiel est la chambre conjugale : un lit de milieu, une armoire à glace, des tables de chevet. Les enfants n'ont que rarement d'espace pour eux, les bébés dorment dans la chambre des parents et jouent sous la table de la salle à manger ; d'ailleurs seule une pièce, l'hiver, est chauffée.

Dans la quasi-totalité des logements il n'y a pas de salle de bains, on se débarbouille dans l'évier de la cuisine. Le père suspend une glace portative à l'espagnolette de la fenêtre pour se raser en maillot de corps et en bretelles. Il y a toujours sur la cuisinière du linge qui bout dans la lessiveuse ou un ragoût qui mijote.

Ce décor, avec des variantes régionales, est celui de la majorité des Français des campagnes comme des villes. C'est le décor de la vie quotidienne de millions de familles populaires et des classes moyennes. Dans les milieux aisés, la salle à manger est aussi le centre de la vie familiale, mais s'y ajoute une autre pièce, le *salon*, qui est également un héritage de la France bourgeoise du XIXe siècle : c'est le symbole d'un certain rang social, il suppose que l'on reçoit. Il abrite des fauteuils crapauds à franges, des guéridons, un piano sur lequel s'exerce laborieusement la jeune fille de la maison, parfois des meubles anciens transmis en héritage, des tableaux de famille, un canapé de bois noir tendu d'un velours rouge fatigué. Dans les milieux aisés on « passe au salon » pour boire le café ; rester à table après la fin du repas c'était, disait Paul Valéry, « faire province ». Il arrive aussi que le salon soit un lieu purement symbolique et non un lieu d'usage courant, alors il est clos, volets tirés, fauteuils sous housses. Dans les appartements bourgeois des villes, l'escalier de service communique directement avec la cuisine et permet aux domestiques de passer, sans emprunter l'escalier des maîtres, de leur chambre du sixième à leur lieu de travail.

• *Les nouveaux aménagements de l'espace intérieur.* Ce décor de la vie familiale subit à partir de la fin des années 1950 des transformations fondamentales. C'est d'abord l'introduction du confort : la salle de bains se généralise et aussi le chauffage central. Les chambres d'enfants apparaissent avec leur mobilier spécifique et, donc, naissent des espaces d'autonomie au sein de la vie quotidienne de la famille, transformation qui annonce le rôle nouveau des jeunes dans la vie sociale. Mais l'essentiel n'est pas là : la mutation fondamentale, c'est la disparition de la salle à manger sous la forme qu'elle connaissait depuis plus d'un siècle.

Le *Robert* date du milieu du XXe siècle, donc des années 1950, l'usage courant de l'expression *salle de séjour*, équivalent de l'anglais *living-room*. Dans *Le Monde* du 16 juin 1954, A. Dauzat écrit : « Le mot est en français d'introduction récente... Le *living-room* correspond à un aménagement nouveau de l'appartement : il réunit la salle à manger et le salon, voire le cabinet de travail, mais il n'est ni l'un ni l'autre. » On part donc d'un modèle bourgeois salle à manger et salon pour créer un nouvel espace de vie qui tient à la fois de l'un et de l'autre. Quel que soit le *standing* du logement (les mots anglais envahissent la publicité immobilière), la salle de séjour est toujours présente dans les appartements que l'on construit et les logements anciens sont souvent réaménagés en fonction de ce nouveau mode de vie.

Car c'est bien d'un nouveau mode de vie quotidienne qu'il s'agit. Le nouvel aménagement de l'espace relègue la table familiale dans un *coin à manger*. Le temps des pénuries alimentaires s'efface, le repas n'est plus l'essentiel de la vie sociale familiale ; les enfants font leurs devoirs dans leur chambre. L'espace nouveau du séjour n'est plus, comme autrefois le salon, espace de pure représentation. Il accueille un mobilier spécifique, canapé, deux fauteuils, table basse, autour d'un tapis. La corbeille à ouvrage a été évacuée ailleurs. L'espace nouveau est en effet un espace de loisir, il est tout naturellement contemporain de la télévision autour de laquelle il se structure. Là se déroulent tous les rites sociaux, on y reçoit les amis, avec eux on boit l'apéritif, le whisky s'impose peu à peu, les réfrigérateurs permettent l'usage des glaçons, les biscuits salés sont indispensables.

Certes, dans certains milieux populaires urbains, la salle à manger garde ses fonctions traditionnelles. Le neuf ne fait jamais totalement disparaître l'ancien. Mais ce décor nouveau s'impose peu à peu. Il se diffuse comme une adaptation du modèle bourgeois, la superficie des appartements neufs ne permettant pas une reproduction de ce modèle. Mais les contraintes matérielles n'expliquent pas tout, le nouveau cadre de vie est diffusé dans le corps social à partir des nouvelles classes moyennes, professions libérales, cadres, qui sont dans le domaine des styles de vie les catégories qui donnent le ton. Selon les milieux sociaux et les origines culturelles, ce décor peut se présenter sous différentes variantes, le canapé est en cuir ou recouvert d'un tissu bon marché. Mais la structure du décor est identique. Les sièges en particulier subissent une transformation radicale : autour de la table de la salle à manger des chaises sur lesquelles il fallait se tenir droit ; autour de la table basse de la salle de séjour des fauteuils ou des canapés profonds, bas, où l'on s'enfonce. L'espace du salon était l'espace de la sociabilité des notables. Les nouveaux espaces de séjour sont les espaces de la détente, les meubles sont déstructurés, les coussins s'accumulent. Il est vrai qu'à travers la télévision le spectacle pénètre dans le logement ; un espace où la famille puisse devenir spectatrice s'affirme indispensable.

Le rôle de la maison est d'autant plus grand que dorénavant les ménages sont fréquemment propriétaires de leur logement. En effet, le pourcentage de propriétaires à l'âge de 40 ans est passé de 20 % en 1955 à 50 % en 1978. L'immobilier représente l'essentiel du patrimoine des ménages. Les descendants des paysans petits propriétaires, des artisans et des petits commerçants indépendants ont transmis leur idéal d'autonomie. Ils ont imposé aux pouvoirs publics leur refus du logement collectif, leur préférence pour la maison individuelle. A partir du milieu des années 1970 on construit en France plus de logements individuels que de logements collectifs. On est davantage *chez soi* dans un pavillon que dans une case de grand ensemble. D'ailleurs, dans les années 1970, le marché du bricolage (journaux spécialisés, chaînes de distribution) connaît un essor très rapide ; un salon annuel lui est consacré. Dans le même sens se développe le jardinage : dans les années 1980, on estime que 58 % des foyers français disposent d'un jardin, ce qui représente quelque 12 millions d'enclos cultivés avec soin. On plante chaque année 15 millions de rosiers.

Ainsi les Français ont modifié leur cadre de vie, et la salle de séjour généralisée témoigne de l'uniformisation des modes de vie. Cependant l'attachement à la maison, le souci, qui se manifeste à travers le bricolage et le jardin, d'en faire une création autonome témoignent de la volonté d'affirmer sa différence.

L'évolution de la consommation des ménages

Les chiffres sont à analyser avec précaution. Ils sont fondés sur une analyse des dépenses des ménages, et donnent en pourcentages la part des grands postes par rapport à l'ensemble des dépenses. Il s'agit de moyennes, utilisables pour analyser l'évolution des grandes tendances sur le temps long, mais qui relativisent la diversité des comportements des Français. Enfin les pourcentages masquent l'augmentation considérable en valeur absolue du niveau de vie : les Français ont en réalité consacré de plus en plus d'argent pour chacun des postes considérés dans ce tableau. Ce qu'indique l'évolution des pourcentages est donc une croissance plus ou moins grande selon les secteurs. Ainsi, par exemple, les Français consacrent, en francs constants, *plus* d'argent pour leur alimentation en 1983 qu'en 1959, mais, en pourcentage des dépenses totales, la part des dépenses consacrées au poste alimentaire a diminué. D'autre part, il faudrait tenir compte aussi de l'évolution différentielle des prix ; ainsi les produits d'équipement du logement, devenus de grands produits de *consommation* de masse standardisés (par exemple la télévision), sont relativement moins chers en 1983 qu'en 1959. Il faudrait tenir le raisonnement inverse pour le poste santé.

L'évolution de la consommation des ménages
(en % des dépenses totales)

	1959	1970	1975	1983
Alimentation	34,1	27,1	23,9	20,9
Habillement	8,6	8,6	7,8	6,6
Logement	11,9	14,5	14,9	16,3
Équipement du logement	10,1	10,0	10,6	9,6
Santé	7,2	9,8	11,8	14,8
Transports	8,9	11,6	11,7	12,6
Loisirs, culture	5,4	6,2	6,8	7,8
Divers	13,8	12,2	12,5	11,4

On connaît les grandes tendances : la croissance du niveau de vie entraîne naturellement une diminution relative du poste alimentaire et pratiquement tous les autres secteurs bénéficient de cette diminution. Les ménages sont progressivement équipés en biens durables : automobile, machine à laver le linge, réfrigérateur, téléviseur. Mais le postulat consistant à affirmer que la possession des mêmes objets de consommation entraîne une uniformisation des comportements serait à examiner de près : en quoi la possession d'un réfrigérateur provoque-t-elle une uniformisation plus grande que la pratique antérieure du garde-manger ? Du réfrigérateur il y a de multiples usages, comme autrefois du garde-manger. La même observation vaut pour l'automobile. D'autre part, la production de masse, standardisée certes, loin d'être un facteur d'uniformité permet une beaucoup plus grande diversité des produits. Il suffit d'ailleurs de regarder des photos des années d'après-guerre et de comparer avec les visages actuels de la rue pour constater que, dans le domaine du vêtement par exemple, la diversité est beaucoup plus grande qu'autrefois. De même l'industrie alimentaire permet une diversification de l'alimentation impossible autrefois ; il suffit pour s'en convaincre de fréquenter les rayons des grandes surfaces. On peut acheter un dîner chinois, un couscous en boîte ou une pizza surgelée. La multiplication des objets a permis en réalité d'élargir à l'ensemble, ou presque, de la population les possibilités de choix et donc de différenciation qui étaient jusque-là réservées à une élite étroite. C'est d'ailleurs sans doute pour cela que cette élite ne cesse de dénoncer l'uniformisation, qui n'est autre chose que l'extension à l'ensemble de la liberté de choix qui était jusque-là son privilège. Il n'y a pas uniformisation mais une difficulté de plus en plus nette de se différencier socialement à travers les objets. Dénoncer l'uniformisation, c'est craindre en réalité l'indifférenciation sociale.

Dans le domaine de la consommation, ce qui change, ce sont des habitudes enracinées, attachées culturellement à un groupe donné. Les pratiques alimentaires et leur évolution sont caractéristiques de ces changements. On mangeait plus de pain, quand le niveau de vie était plus bas et quand le choix des produits était restreint. Mais aussi les pratiques de table rattachaient à un groupe : les milieux populaires des villes, au début de la période, se reconnaissaient autour de la viande rouge et du litre de vin, produits considérés comme indispensables pour reconstituer la force de travail. Le groupe ouvrier s'est désagrégé. Le choix est devenu plus varié, on achète en France de moins en moins de vin de consommation courante et c'est la vogue des vins de pays. De la même manière achève de disparaître une alimentation spécifiquement paysanne.

La cuisine reste cependant une façon de se définir dans le corps social, le repas demeurant une fête qu'il faut réussir. Les livres, les guides consacrés à la table se multiplient ; les recettes envahissent les magazines ; les grands chefs deviennent des vedettes de l'actualité. Mais, là encore, ce qui était privilège des élites devient accessible au plus grand nombre.

Le vêtement

Tentons, à propos de l'apparence physique et du vêtement, de conforter les analyses qui précèdent.

Au début de la période la plus grande partie de la population était condamnée à l'uniformité. Le vêtement paysan ne résultait pas d'un choix, pas plus que le bleu de travail de l'ouvrier. Le vêtement était signe d'appartenance, mais d'appartenance subie et non voulue. Le choix était impensable. Les photos des années 1950 nous révèlent une population masculine en béret ou en casquette. La *mode* était strictement réservée à une étroite élite. D'autre part, les structures d'autorité de la société imposaient aux différentes catégories sociales un type de vêtement, une coupe de cheveux. Une femme des milieux aisés ne sortait pas sans chapeau et sans gants. Un employé de bureau devait porter une cravate.

Dans les années 1960 se dessine un double mouvement : d'une part, l'évolution de l'économie permet une diminution du coût des vêtements par la diffusion du prêt-à-porter et une diversification des produits ; d'autre part, du côté des consommateurs, la hausse du niveau de vie coïncide avec une remise en cause de la structure autoritaire de la société. Dorénavant on refuse le vêtement qui permet d'être identifié socialement. Alors la mode naît de l'invention de la rue, de l'autonomie des individus. Au terme de l'évolution il faut un mot nouveau, on l'emprunte à l'anglais : le mot *look* commence à être couramment employé en 1980 ; désormais on choisit son *look*. Et si le vêtement apparaît parfois encore comme identification à un milieu social, l'identification n'est plus imposée mais voulue.

Les jeunes ont joué dans ce mouvement un rôle fondamental ; ils deviennent les plus gros consommateurs de vêtements, ils sont responsables de la progressive indifférenciation des sexes par le vêtement : les ventes de *jeans* connaissent entre 1970 et 1976 une croissance de 300 %, en 1980 on en vend 45 millions annuellement. De manière générale, la diffusion du vêtement de sport a contribué à accélérer l'unisexualisation. Et il ne s'agit pas d'un simple phénomène de mode. Le vêtement traduit l'évolution des rôles masculin et féminin au sein du couple.

On est donc loin ici des descriptions effrayées d'une masse moutonnière et abêtie par la consommation de masse, ou des analyses du sociologue P. Bourdieu (*La Distinction*, 1979) sur le souci de paraître des classes moyennes qui ne serait qu'un *bluff* ou une *usurpation d'identité sociale* ; on est loin aussi des analyses de Jean Baudrillard annonçant l'*ère de la simulation* et l'effondrement de tout notre système représentatif.

Répétons-le, l'univers de la consommation de masse est d'abord l'univers du choix.

Consommation et classes sociales

Dans les années 1950, plus du tiers des logements ne possédaient pas l'eau courante, près des trois quarts ne disposaient pas d'un W.-C. intérieur. En 1982, l'eau courante est présente dans 99,2 % des logements, des installations sanitaires dans 85 % d'entre eux. Le téléphone, exceptionnel encore dans les années 1960, est devenu banal et équipe en 1982 les trois quarts des logements.

D'autre part près des trois quarts des ménages possèdent simultanément en 1982 une automobile, un réfrigérateur, un téléviseur et une machine à laver le linge.

La possession du confort élémentaire et des quatre grands biens de consommation durable n'est donc plus, comme au début de la période, un facteur de discrimination sociale. Cependant, les pourcentages triomphants ne doivent pas faire oublier qu'une frange de la population reste exclue et vit encore en marge des bénéfices du confort et de la consommation.

De même – et si là encore on n'oublie pas qu'il y a des exclus –, la consommation médicale s'est généralisée, l'extension de la Sécurité sociale pendant la période a considérablement réduit les inégalités devant la maladie.

Il serait simpliste néanmoins de dresser le tableau d'une société française uniformisée grâce à la diffusion généralisée de produits de consommation et du « confort moderne ». Les objets rendent la société moins transparente, les clivages moins visibles. Les objets du foyer ne renvoient plus automatiquement à une catégorie sociale. Mais les inégalités perdurent ; elles sont plus subtiles : sur le plan culturel, par exemple – nous le verrons en étudiant les problèmes de l'école – ou dans la manière d'utiliser et de choisir les objets. Les industriels le savent bien qui multiplient à partir d'un modèle de base les possibilités de différenciation : la production automobile en témoigne, la multiplication des *options* permet de personnaliser la banalité de base du véhicule. La volonté de se différencier est devenue plus individuelle que collective. La géographie sociale cependant détermine encore les beaux quartiers et les autres, même s'il y a une évolution dans ce domaine ; les brutales ségrégations des années 1960, au temps de la construction des grands ensembles, se sont atténuées, quand les pouvoirs publics ont pris conscience qu'elles étaient facteur de désordre social.

Au total, les conclusions ne peuvent être que nuancées : uniformisation mais multiplication des possibilités de choix individuel, nouveaux modes de vie généralisés mais possibilités de variations, souvent culturelles, autour de ce mode de vie de base.

PERMANENCE DES INÉGALITÉS ?

Malgré l'existence d'un organisme spécialisé, le Centre d'étude des revenus et des coûts (CERC), qui collecte et analyse toutes les données relatives à l'évolution des revenus des Français, revenus du travail et revenus du patrimoine, les connaissances sont insuffisantes. La société française s'oppose en permanence à la transparence dans ce domaine. Ainsi, alors que les salaires du secteur privé et semi-public et leur évolution sont assez bien connus, la connaissance des rémunérations des agents de l'État demeure incertaine en raison de la multiplicité des primes d'ordre divers qui s'ajoutent au traitement principal. D'autre part, les revenus des professions indépendantes (commerçants, artisans, professions libérales) ne peuvent être saisis qu'à partir de sources fiscales, qui sous-évaluent l'importance des bénéfices. Enfin, les revenus des patrimoines détenus par les particuliers sont très mal connus. Les statistiques sont de plus impuissantes à saisir les revenus du travail noir, de l'économie souterraine dont le développement récent est important.

Les grandes tendances de l'évolution

Depuis 1945 la composition d'ensemble des revenus des ménages s'est profondément modifiée : d'une part les salaires occupent une place de plus en plus grande ; si en 1949 ils représentent 37 % des revenus des ménages leur part s'accroît régulièrement jusqu'aux années 1970 pour dépasser 50 % de ces revenus. Inversement, les revenus de l'entreprise individuelle représentaient en 1949 37 % des revenus des ménages, 27,5 % en 1963 et moins de 14 % en 1982. D'autre part, l'importance des prestations sociales dans ces revenus est passée de 11,5 % en 1949 à 17 % en 1963, 29,1 % en 1975. La croissance des prestations sociales s'est poursuivie avec la crise : en 1983, le pourcentage atteint 37 %. Ces prestations sociales concernent essentiellement les allocations familiales, la couverture médicale, les indemnités journalières de maladie ou de chômage, les pensions d'invalidité, les retraites. Notons que l'ensemble des ménages disposent, outre les prestations sociales, d'autres ressources collectives, puisque l'État met à la disposition de tous de nombreux services non marchands et donc gratuits – le plus important est l'enseignement –, mais il faut ajouter les services culturels, d'information et de loisir, l'usage gratuit des routes, etc.

Les revenus des ménages, en France comme dans les autres pays développés, ont donc connu une évolution décisive, significative de transformations sociales profondes. La part accrue du salaire et des revenus sociaux témoigne, en effet, de la salarisation rapide de la population active et du rôle grandissant des *transferts sociaux* organisés par l'État.

La seconde grande donnée est la hausse générale du niveau de vie des Français. Largement amorcée dans les années 1950 elle s'accélère ensuite. De 1960 à 1973, le revenu national réel par habitant augmente de 80 % et de 20 % de 1973 à 1983. Au total, en vingt-trois ans, de 1960 à 1983, ce revenu moyen a doublé et les années de crise provoquent un ralentissement mais non un arrêt de cette croissance des revenus ; il est vrai que la progression des revenus sociaux qui se poursuit explique en partie cette évolution.

Les Français ont donc acquis dans cette période la possibilité de consommer davantage, et la sécurité face aux aléas de la vie.

Il est plus difficile d'évaluer l'évolution des inégalités. Pour s'en tenir à un groupe observable, celui des salariés, on peut estimer que l'éventail des salaires s'est ouvert progressivement de 1950 à 1967 puis s'est resserré depuis 1968. Ainsi les cadres supérieurs hommes gagnaient en moyenne 7,5 fois plus que les manœuvres femmes en 1967, mais 6,6 fois plus en 1973 et 5,1 fois plus en 1983. L'effort constant des pouvoirs publics en faveur des bas salaires explique en partie cette évolution d'ensemble.

Fortune et patrimoine

L'analyse de la composition et de la répartition des patrimoines est particulièrement difficile. Il faut distinguer l'épargne liquide mobilisable (livrets, épargne-logement), les biens de rapport (valeurs mobilières, immobilier de rapport, biens fonciers), le patrimoine résidentiel constitué par le logement et les résidences secondaires, enfin les actifs professionnels : entreprises, fonds de commerce, exploitations agricoles. Dans ce dernier cas il est malaisé de distinguer les revenus du patrimoine et ceux du travail.

L'évolution d'ensemble se traduit par une diminution de la part des terres et des forêts (biens fonciers de rapport) et une forte augmentation de l'immobilier bâti, immobilier de rapport et immobilier résidentiel. Il est bien entendu impossible d'évaluer sérieusement les réserves d'or et les œuvres d'art détenues par les particuliers.

On peut estimer que la période voit l'affaiblissement des petits patrimoines fondés sur la rente : bourgeoisie rurale vivant de fermages ou de métayages, ou

REDISTRIBUTION ET PRESTATIONS SOCIALES EN FRANCE

● *Le système.* Fondée en 1945, la Sécurité sociale a été par étapes étendue à tous. Les Français sont ainsi mieux protégés contre certains grands risques : maladies, accidents du travail, retraite. En outre, de nombreux salariés cotisent à des caisses complémentaires de retraite afin d'augmenter le montant de leur pension. Enfin, depuis 1959, le chômeur reçoit des allocations payées par les ASSEDIC (Associations pour l'emploi dans l'industrie et le commerce). La Sécurité sociale tente, d'autre part, de corriger certaines inégalités sociales en prélevant sur les hauts revenus et en redistribuant aux plus défavorisés. Ce sont les *revenus de transfert* : allocations familiales, allocations logement.

Au total les prestations sociales sont de quatre types : les prestations de santé (maladie, invalidité-infirmité, accidents du travail), les prestations familiales (allocations en espèces selon le nombre d'enfants, congé de maternité, congé parental, allocation logement), les prestations d'emploi (allocations chômage, allocations préretraites), les prestations de vieillesse (retraites et pensions).

● Plus d'un tiers du revenu disponible des ménages provient aujourd'hui des prestations sociales : 2,9 % en 1929, 16,6 % en 1950, 35,2 % en 1983.

● *L'évolution de la répartition des prestations sociales* (en %) souligne l'augmentation très rapide des prestations chômage :

	1959	1969	1974	1980	1983
Prestations de santé	33,1	36,2	37,3	35,3	33,8
Prestations de vieillesse	37,3	41,6	42,6	42,8	41,6
Prestations emploi	1,3	2,0	2,6	7,2	10,5
Prestations familiales	28,3	20,2	17,5	14,7	14,1
Total	100	100	100	100	100
Valeur en milliards de francs	37,7	124,5	241,9	660,7	1 049,0

● *La crise de l'État-providence ?* Les dépenses des trois postes : retraite, santé, emploi, croissent plus vite que celui des recettes du PIB. Elles ont été multipliées par 3 entre 1959 et 1973 et par 2,5 entre 1973 et 1983. Les prestations sociales ont donc maintenu leur taux de progression, alors que le ralentissement de la croissance économique et la montée du chômage entraînaient des difficultés de financement. Les cotisations étant assises sur les salaires, le chômage a réduit le nombre des cotisants alors qu'il coûte en prestations. Or les cotisations assurent 90 % du financement de la Sécurité sociale.

Le chômage n'explique pas entièrement les raisons de la crise du système de protection sociale ; d'autres facteurs sont à prendre en compte :
— Le vieillissement de la population s'est accentué sous l'influence de la baisse de la natalité et de l'allongement de l'espérance de vie, sans compter les réformes sur la retraite : la possibilité de la retraite à 60 ans et de la préretraite qui gonflent les budgets des retraites et de l'assurance maladie.
— La société s'est davantage médicalisée. Hier, elle prenait en charge les risques majeurs, aujourd'hui la demande s'élargit au bien-être physique et psychique. Enfin, la médecine dispose à l'heure actuelle de moyens d'investigation très sophistiqués mais très coûteux.

● *Quelles solutions ?* Faut-il accroître les cotisations au risque d'alourdir les charges qui pèsent sur les entreprises ? Faut-il freiner la demande, en particulier médicale ? Réduire les prestations ou encore remettre en cause un système fondé sur la solidarité ?

d'immeubles urbains. Inversement, l'accès au patrimoine s'est accru et touche une part importante de la population française : le développement de l'épargne et les facilités du crédit ont permis à un très grand nombre de ménages d'acquérir leur logement – nous l'avons dit, plus de la moitié des ménages sont propriétaires du logement qu'ils occupent ; mais faut-il considérer la possession de biens de consommation durable comme un patrimoine ? Plus récemment l'évolution du marché boursier permet un élargissement de la diffusion des valeurs mobilières (le succès des privatisations depuis 1986 en témoigne). Il est encore trop tôt pour pouvoir dire si cette orientation peut être durable et si elle traduit une évolution décisive des comportements des Français qui jusqu'alors avaient considéré avec méfiance cette forme d'investissement, préférant séculairement placer leurs économies dans la terre ou la pierre.

Cependant si l'accès au patrimoine est moins élitiste, la fortune est toujours répartie de manière très inégalitaire. L'exode rural, la croissance urbaine ont sans doute même facilité la concentration des patrimoines. On estimait en 1980 que 10 % des ménages les plus fortunés possédaient 54 % du montant estimé du patrimoine brut, alors que les 10 % des ménages les moins fortunés n'en possédaient que 0,03 %.

Si la croissance des revenus et l'existence de hauts revenus a permis, depuis 1945, la constitution de patrimoines importants, ils sont pour l'essentiel hérités. Ce qui explique que les patrimoines soient plus importants pour les tranches d'âge élevées. Une grande partie du patrimoine est ainsi détenue par les inactifs. L'institution de l'impôt sur les grandes fortunes en 1982 a permis de recenser 100 000 à 200 000 ménages disposant d'un capital supérieur à 3 millions de francs ; notons que l'outil de travail, la terre pour le paysan, la boutique du commerçant... étaient exclus du calcul du capital, de même les œuvres d'art. Ces grandes fortunes sauf exception sont mal connues, elles reposent soit sur l'industrie (Dassault, familles Peugeot, Michelin...), soit sur de très grandes exploitations foncières du Bassin parisien (Aisne, Oise, Seine-et-Marne).

Les inégalités sont donc en France aggravées par les disparités de fortune. Un à deux pour cent des Français peuvent être considérés comme très fortunés. Notons cependant que ces fortunes ne se transmettent généralement de génération en génération que si elles sont valorisées par le travail : le patrimoine purement rentier, s'il n'a pas disparu, s'affaiblit, au cours de la période.

L'évolution des revenus

● *Les disparités des salaires*. Il ne suffit pas d'analyser l'évolution des salaires bruts, il faut tenir compte des revenus réels des ménages : nombre de salariés dans le ménage, nombre d'enfants, importance des revenus sociaux. Ainsi la diminution du nombre d'enfants moyen par couple explique-t-elle en partie la hausse du niveau de vie moyen.

Dans un premier temps, jusqu'au début des années 1960, la masse salariale croît régulièrement. Le salaire horaire moyen passe de l'indice 100 en 1949 à l'indice 228 en 1957 alors que le coût de la vie évolue dans la même période de 100 à 159. Mais les écarts entre les salariés s'aggravent, les mécanismes de la croissance entraînent des augmentations d'autant plus importantes que le salaire de départ est élevé. D'autre part, la relative pénurie de main-d'œuvre donne une prime aux salariés les plus qualifiés. Ainsi les augmentations de salaires bénéficient davantage aux cadres et aux ouvriers qualifiés qu'aux salariés non qualifiés.

Pourtant la loi du 11 février 1950 institue le salaire minimum interprofessionnel garanti (SMIG) considéré comme représentant un minimum vital. Des négociations entre le patronat et les syndicats permettent de déterminer un budget type : 213 articles de première nécessité dont l'évolution des prix doit permettre de fixer le salaire de base et sa progression. Si l'objectif était avant tout social, cette mesure a des implications économiques non négligeables. Les manipulations de l'indice se multiplient, car le pouvoir craint qu'une augmentation du SMIG ait un effet d'entraînement sur l'ensemble des salaires. Pour éviter l'inflation le SMIG est donc maintenu à un niveau très bas. La gauche au pouvoir, en 1956, préfère ainsi augmenter les transferts sociaux et jouer par ce biais sur les inégalités de revenus.

Cependant, au début des années 1960, le retard pris par le SMIG s'aggrave : de 1960 à 1967 son pouvoir d'achat ne s'accroît que de 0,4 % par an alors que le salaire horaire ouvrier gagne annuellement 4 % en pouvoir d'achat. Les accords de Grenelle en 1968 entraînent une revalorisation très importante du SMIG et en janvier 1970 il est transformé en salaire minimum interprofessionnel de croissance (SMIC) ; dorénavant, l'évolution des plus bas salaires est conditionnée non seulement par l'indice des prix calculé par l'INSEE (les 295 articles), mais aussi en fonction de la hausse du pouvoir d'achat du salaire moyen ouvrier. Enfin le gouvernement peut en cours d'année donner « un coup de pouce » au pouvoir d'achat du SMIC.

Les smicards sont relativement peu nombreux mais l'évolution du SMIC détermine en réalité la progression de l'ensemble des bas salaires. La croissance du pouvoir d'achat du SMIC dans les années 1970 entraîne ainsi un resserrement de l'éventail des salaires. Un tableau peut illustrer l'évolution de l'éventail hiérarchique des salaires :

Rapport du salaire moyen par catégorie socioprofessionnelle au salaire moyen de l'ensemble

	1950	1962	1967	1968	1973	1980	1983
Cadres supérieurs	2,89	3,52	3,63	3,50	3,25	2,60	2,53
Cadres moyens	1,48	1,70	1,74	1,66	1,56	1,34	1,31
Employés	1,03	0,89	0,88	0,88	0,87	0,84	0,82
Ouvriers	0,87	0,82	0,80	0,79	0,81	0,82	0,80
Ensemble	1,00	1,00	1,00	1,00	1,00	1,00	1,00

Une évolution du même type se constate au sein du monde ouvrier. Après un élargissement de la hiérarchie ouvrière entre 1962 et 1967, l'éventail se resserre ; ce resserrement des écarts entre ouvriers non qualifiés et ouvriers qualifiés et entre ces derniers et les contremaîtres s'explique par la croissance des bas salaires, mais aussi parce que le chômage, qui frappe surtout les jeunes et les moins qualifiés, écarte ces derniers de l'emploi. La qualification et l'ancienneté des ouvriers au travail sont ainsi en moyenne plus élevées, cela explique le resserrement apparent de la hiérarchie et l'augmentation du salaire moyen.

Les disparités entre les salariés tiennent non seulement à la qualification mais aussi au sexe, à la nature du travail et à sa localisation.

Les disparités hommes-femmes sont d'autant plus difficiles à analyser qu'il est rare que les femmes occupent des emplois exactement identiques à ceux des hommes. Dans les années 1950 l'écart relatif entre le salaire moyen des hommes et le salaire moyen des femmes était de 35 à 37 %. Cet écart se réduit progressivement depuis 1965 (32 % en 1974) pour atteindre, dans les années 1980, 26 %. Notons que les écarts les plus importants se situent au niveau des rémunérations les plus élevées (cadres supérieurs).

Les écarts entre les secteurs d'activité ont tendance aussi à s'atténuer. Vraisemblablement, la généralisation des négociations salariales et des conventions collectives a entraîné un alignement progressif des différents secteurs. D'autre part, les disparités entre secteurs recouvrent, en réalité, très souvent, des disparités hommes-femmes ; les secteurs où les rémunérations sont le moins élevées sont les secteurs où la main-d'œuvre est à prépondérance féminine (cuir, chaussures, textile, habillement), le secteur du bâtiment et des travaux publics à prédominance masculine constituant une exception. Enfin, des disparités régionales existent aussi : les salariés de la région parisienne sont mieux payés (8 à 9 % de plus) que ceux de province.

● *Les rémunérations des agents de l'État.* Au lendemain de la Libération le législateur crée le statut général de la fonction publique. Chaque fonctionnaire appartient à un corps ; s'il est titulaire il bénéficie de la garantie de l'emploi. Les agents sont classés en quatre grandes catégories : A, B, C, D. A l'origine les indices de traitement net devaient être compris entre l'indice 100 (bas de l'échelle catégorie D) et 800 (sommet de l'échelle catégorie A). En outre un petit nombre de hauts fonctionnaires sont classés « hors échelle » (en 1984 environ 1 % des agents de la fonction publique, soit 25 000 fonctionnaires). Les catégories C et D, agents d'exécution, représentent dans la période environ 40 % des agents. L'augmentation importante du nombre des enseignants du secondaire et du supérieur explique la croissance relative de la catégorie A (19 % en 1962 et 27 % en 1984).

Si, au point de départ, les écarts de rémunération vont de 1 à 8, 1968 marque ici, comme dans le secteur privé, un resserrement de la hiérarchie par une revalorisation progressive des plus bas salaires. Notons aussi que, si l'on compare l'évolution des rémunérations du secteur public et du secteur privé, on observe une augmentation plus rapide du pouvoir d'achat dans le secteur privé : pour un indice 100 en 1962 les salariés du privé atteignent en 1983 l'indice 179 et les fonctionnaires l'indice 150.

Cependant, les rémunérations des fonctionnaires ne correspondent que rarement au traitement brut indiciaire officiel. Progressivement les corps ont obtenu des indemnités et des primes. Ces primes longtemps jalousement dissi-

LA MOBILITÉ SOCIALE

La mobilité sociale peut résulter de deux phénomènes distincts : d'une part, de l'évolution globale des structures de la population active provoquée par la transformation en profondeur de l'économie. Ainsi la diminution du nombre de paysans et des artisans et petits commerçants victimes de la modernisation économique. D'autre part, la mobilité peut naître de la circulation des individus au sein de la hiérarchie sociale, abstraction faite de la mobilité structurelle décrite plus haut.

● *Les mouvements d'ensemble :*
— Le monde rural : sur 10 agriculteurs un seul n'est pas fils de paysan. Autrement dit, l'hérédité sociale est très grande. Mais tous les fils et filles d'agriculteurs ne sont pas restés à la terre : beaucoup ont rejoint le monde ouvrier.
— Le monde ouvrier : près de la moitié des fils d'ouvriers sont eux-mêmes ouvriers. Cependant l'afflux des paysans, des travailleurs immigrés permet aux fils d'ouvriers d'accéder parfois aux classes salariées (employés, techniciens...).
— Les classes moyennes : leur expansion numérique et leur position centrale dans la société expliquent qu'elles soient le lieu de la plus grande mobilité sociale. Mobilité qui s'exerce surtout à l'intérieur même de la catégorie (un fils d'employé qui devient cadre par exemple).
— Les classes dirigeantes : l'hérédité sociale est très forte. Les trois quarts des enfants dont le père exerce une profession libérale sont cadres, chefs d'entreprise ou exercent eux-mêmes une profession libérale. Ces catégories parviennent très efficacement à protéger leurs enfants, même si elles accueillent quelques enfants des milieux populaires. L'Université joue ici un rôle décisif de légitimation de la position sociale conservée.

● *Les raisons de l'hérédité sociale.* La transmission économique n'expliquant que partiellement la reproduction des catégories supérieures, s'y ajoute la transmission d'un capital culturel.
On a longtemps cru que la généralisation de l'enseignement permettrait une promotion de certaines couches sociales en rétablissant l'« égalité des chances » de départ. Pourtant, cette politique de scolarisation n'a pas sensiblement réduit les inégalités sociales. La culture en fait profite à celui qui vit dans un milieu familial favorable. Ainsi les enfants d'ouvriers et de paysans, qui forment près de la moitié des effectifs des cours préparatoires, sont moins d'un tiers en classe de seconde et représentent à peine 15 % dans l'enseignement supérieur.
Enfin le mariage a aussi son importance dans ces mécanismes de reproduction sociale : l'endogamie, c'est-à-dire le mariage noué à l'intérieur du groupe familial ou social, est toujours très forte.

Conclusion : au total les mécanismes de reproduction sociale n'ont guère changé dans l'ensemble depuis la guerre. Si les transformations économiques expliquent le recul de certains groupes sociaux (paysans, couches moyennes indépendantes) et les progrès spectaculaires de certains autres (couches moyennes salariées), les inégalités subsistent et les catégories dirigeantes se perpétuent sous des formes nouvelles.

mulées au public commencent à être connues et on peut désormais en mesurer l'importance : relativement faibles pour les personnels du ministère de l'Éducation (les rémunérations annexes, en 1980, représentent 5,9 % des rémunérations principales), elles sont très importantes dans d'autres corps ; ainsi les primes et rémunérations annexes représentent 25,2 % de la rémunération principale (et même 33,8 % pour les agents de catégorie A) des fonctionnaires des Finances. De même, certains fonctionnaires bénéficient d'avantages en nature (logement, voiture de fonction) dont l'importance est difficilement quantifiable.

• *Les autres catégories.* La diversité des autres catégories rend difficile une analyse précise de l'évolution de leurs revenus. Limitons-nous à quelques données générales : dans le monde rural les disparités de revenus sont considérables selon la taille et les activités de l'exploitation. Le pouvoir d'achat par actif agricole progresse régulièrement dans les années 1960 et le début des années 1970, puis diminue de 1974 à 1980. Malgré une amélioration en 1981 et 1982, il demeure en 1983 inférieur de 8 % à son niveau de 1970. Cependant, le revenu que les agriculteurs tirent de leur exploitation n'est pas l'unique ressource des ménages agricoles.

Les revenus des artisans, industriels et commerçants sont difficiles à évaluer, les sources fiscales étant les seules disponibles. Les bénéfices déclarés sont sous-évalués dans des limites qu'il est difficile de préciser. D'autre part, la disparité des situations empêche de donner une vue d'ensemble. Disons simplement que, en 1981, le bénéfice annuel moyen des artisans et des commerçants est comparable au salaire moyen des cadres moyens. Mais le rapport entre le bas de l'échelle (artisans - chauffeurs de taxis) et le haut de l'échelle (pharmaciens) est de 1 à 7, alors que le rapport entre le salaire net moyen de l'ouvrier et celui du cadre supérieur est de 3,2.

De même sont divers les métiers regroupés au sein des professions libérales. Notons simplement que si, en moyenne, le bénéfice déclaré de l'ensemble est, en 1981, supérieur au salaire moyen des cadres supérieurs, l'éventail est très large, du notaire au représentant, du chirurgien à l'infirmière.

Niveaux de vie et structures sociales

La multiplication du nombre des salariés ne permet plus de fonder l'analyse des structures sociales sur le critère de l'exploitation capitaliste. Il n'est plus possible d'opposer un prolétariat exploité à une bourgeoisie détentrice des moyens de production. En effet, le salariat, dans les sociétés contemporaines, permet l'accès à la sécurité, à la protection sociale. D'autre part, nous l'avons vu, à cause de la croissance générale du niveau de vie la consommation n'est plus un facteur de différenciation suffisant. L'ancien clivage, qui opposait la majorité de la population consacrant l'essentiel de ses ressources à survivre (alimentation, logement) et une minorité pouvant acquérir le superflu, est remis en question.

• *Des pauvres aux « exclus ».* Ainsi, encore au début de la période, la pauvreté est visible et se traduit directement dans le mode de vie. Les bidonvilles, les cités de relogement d'urgence aux portes des villes abritent alors des populations démunies, souffrant de la faim et du froid. Jusqu'aux années 1950 la situation des personnes âgées, économiquement faibles, est dramatique.

Cependant la croissance économique, l'élévation générale du niveau de vie et le rôle accru des prestations sociales permettent d'effacer progressivement les formes traditionnelles de la pauvreté. On multiplie les constructions de logements, les bidonvilles disparaissent, leur résorption est à peu près achevée vers 1975 ; les efforts de revalorisation des plus bas salaires sont importants à partir de 1968 ; l'éventail des revenus se resserre ; la maladie n'entraîne plus la misère.

Ainsi au terme de la période de grande croissance les observateurs n'évoquent plus guère la pauvreté qui semble avoir disparu dans ses formes traditionnelles, mais l'exclusion. René Lenoir publie en 1974 *Les Exclus* et définit ainsi l'inadaptation sociale : « Dire qu'une personne est inadaptée, marginale ou asociale, c'est constater simplement que, dans la société industrialisée et urbanisée de la fin du XXe siècle, cette personne, en raison d'une infirmité physique ou mentale, de son comportement psychologique ou de son absence de formation, est incapable de pourvoir à ses besoins, ou exige des soins constants, ou représente un danger pour autrui, ou se trouve ségrégée soit de son propre fait, soit de celui de la collectivité. » Pour René Lenoir l'exclusion était soit le produit de la reproduction de handicaps sociaux, économiques et culturels, soit de comportements (alcoolisme, drogue), soit de déficiences physiques ou psychologiques (on estime à 2 ou 3 millions le nombre des handicapés physiques et mentaux de moins de 60 ans ; plus de 1 500 000 personnes âgées sont invalides).

L'apparition des *exclus* ne signifie pas qu'ils naissent dans les années 1970 ; jusqu'alors le handicap et l'inadaptation sociale (si l'on met à part la délinquance) n'entraient guère dans les préoccupations de l'État. Les communautés, familles, villages prenaient en charge ces handicaps. La dissolution des liens traditionnels, l'affaiblissement de ces communautés et l'urbanisation provoquent la socialisation de l'exclusion sociale. Les pouvoirs publics tentent alors de prendre en charge les différents handicaps et de prévenir leur naissance, d'une part en multipliant les efforts pour diminuer la pathologie urbaine, d'autre part en essayant d'améliorer le système scolaire incapable, semble-t-il, de permettre à tous l'intégration sociale.

● *Une nouvelle pauvreté ?* Cependant, et c'est une troisième étape de la perception de la pauvreté, avec la crise apparaissent les *nouveaux pauvres*. L'expression est faussement unifiante. En réalité, il faut distinguer ceux pour lesquels le chômage s'ajoute à l'inadaptation sociale : en particulier les jeunes qui sortent du système scolaire sans diplôme et sans qualification et qui deviennent chômeurs avant même d'avoir travaillé ; les travailleurs immigrés pour lesquels l'absence de travail s'ajoute à l'absence d'intégration culturelle. Mais la nouvelle pauvreté a d'autres visages : la multiplication des personnes vivant seules dans la population urbaine accroît le nombre de détresses profondes nées de l'isolement. Nouveaux pauvres encore les ménages habitués à la consommation, souvent endettés par l'acquisition de leur logement et de biens de consommation durable et que frappe le chômage ; chômeurs de plus de 50 ans en fin de droits et qui disposent d'une allocation de solidarité de 64 francs par jour.

D'autre part la crise – nous l'avons vu – fait naître des formes d'emploi souples, mais qui entraînent une remise en cause des acquis sociaux : travail à temps partiel, travail intérimaire.

Au total les exclus et les nouveaux pauvres constituent une frange importante de la société actuelle, mais il n'est guère possible de la chiffrer. Rappelons simplement que le chômage atteint plus de 10 % de la population active, que l'association Aide à toute détresse évalue à 2 ou 3 millions ceux qui vivent dans une extrême pauvreté. Pour l'INSEE il faudrait classer 29 % des familles parmi les pauvres. Certes le réseau français de protection sociale, un des plus développés et des plus complexes, garantit contre les risques majeurs. Les prestations familiales assurent parfois l'essentiel du revenu de familles nombreuses. Mais ces aides ont dû être doublées par des prestations dites extra-légales. De 1970 à 1983 le volume des dépenses de protection sociale est passé de 158 milliards à 1 172 milliards de francs. Aux initiatives des pouvoirs publics et des municipalités (rôle des bureaux d'aide sociale) ont dû s'ajouter les initiatives privées : restaurants du cœur par exemple.

Avec la crise les contrastes s'accentuent entre la population qui continue à accroître sa consommation de biens et de loisirs – sans doute la majorité des Français – et ceux qui sont rejetés. D'autre part, dans une société de plus en plus complexe, les inégalités sociales sont aussi fonction des possibilités plus ou moins grandes d'intégrer le système et de s'y maintenir. Dans ce domaine ceux qui profitent de la garantie de l'emploi sont plus favorisés que les autres, de même ceux qui disposent d'un réseau de relations et sont insérés dans un milieu. La pauvreté actuelle la plus grave est conséquence de l'isolement et de la méconnaissance des règles de fonctionnement de la société. C'est particulièrement vrai pour le système scolaire.

La société française connaît actuellement les limites de l'*assistance*, l'appel aux initiatives privées en témoigne. C'est un des aspects de la crise de l'État-providence ; on pouvait penser dans les années 1960 que le réseau de plus en plus perfectionné de protection sociale, la croissance des transferts sociaux permettraient à plus ou moins brève échéance de faire disparaître la pauvreté. L'utopie a vécu. Il reste à trouver un nouvel équilibre entre le rôle tutélaire de l'État et la reconstitution d'un tissu social accueillant aux solitudes, capable d'aider à l'intégration des exclus. Ici et là s'esquissent, imparfaitement encore, quelques signes d'une recomposition sociale. Car la crise est bien l'effet d'une décomposition ; telle qu'elle apparaît dans la société, elle révèle les conséquences des années de grande croissance, une société désarticulée et opaque. D'où les incertitudes de l'analyse, il est encore trop tôt pour décrire les structures de la nouvelle société qui s'esquisse. Mais c'est au niveau local qu'il faut tenter de saisir les signes de cette recomposition, si elle est possible.

LES NOUVELLES FORMES DE VIE LOCALE

Permanences et évolutions de la vie locale

Au début des années 1960 les observateurs optimistes pensaient qu'un aménagement rationnel du territoire, vidant les campagnes, accélérant la croissance urbaine, provoquerait la disparition de nombreuses communes, une concentration de la population et des activités. Certes plusieurs milliers de villages ont disparu, mais le mouvement s'est ralenti dès les années 1970, on a vu même renaître certains villages que l'on croyait morts et surtout la commune française a victorieusement résisté à tous les aménageurs qui proposaient fusions et regroupements. La résistance du cadre communal est donc un des faits les plus remarquables de ces dernières années. De même on a pu assister à la renaissance de certaines petites villes qui semblaient, depuis souvent des décennies, s'être endormies. Certes cette permanence de la commune, rurale le plus fréquemment, ce réveil de la petite ou moyenne ville ne se traduisent pas par un retour aux anciennes structures. La société a changé, mais ses franges les plus actives ont su reconstruire un tissu local renouvelé. Le « retour au local » appartient en partie au mythe du retour aux origines, à un hypothétique âge d'or ; il peut correspondre à un refus de la ville et de sa civilisation mercantile, comme tel il a été porté par le mouvement issu de 1968. Alors qu'au XIXe siècle le régionalisme était un thème politique véhiculé par la droite, que les légitimistes rêvaient d'une restauration du temps mythique où les paysans étaient paternellement guidés par leurs maîtres naturels, nobles et prêtres (c'est déjà un thème qui court chez Balzac), la gauche de la deuxième moitié de XXe siècle, ou tout au moins l'aile marchante de la gauche, investit ce thème, après les mouvements utopiques nés de 1968 ; le Parti socialiste inscrit la régionalisation dans son programme et la réalise en 1982. Il faut mesurer les enjeux de cette évolution. La conquête des campagnes par les républicains s'était faite à partir des villes, à partir d'un État et d'une école centralisés ; l'implantation du nouveau régime et de ses notables – les « nouvelles couches » de Gambetta – ne pouvait se réaliser que dans le cadre de la création d'une nation ; la diffusion du français, l'extension des chemins de fer, la construction des mairies et des monuments aux morts un peu plus tard affirmaient cette cohésion nationale que symbolisaient à la fin du XIXe siècle les grands rassemblements de maires à Paris autour de gigantesques banquets républicains. Le local ne pouvait alors exister que par référence au national. Au milieu du XXe siècle les enjeux sont autres, le régime n'est pas en cause, la nation est construite. Mais de même que, au temps de la IIIe République, les médecins, instituteurs, notaires, négociants des bourgs ont investi la vie locale, au milieu du XXe siècle un groupe de néo-notables investit les villages, les bourgs et les quartiers des villes. L'apparition dans la vie locale des nouvelles classes moyennes peut provoquer des conflits avec les anciens notables souvent enracinés depuis plusieurs générations. L'enjeu est à la fois politique et social.

● *Le village.* Certes le monde rural profond continue à se dépeupler. Cependant si l'on analyse l'évolution des 17 477 communes rurales qui n'appartiennent pas à une ZPIU (zones de peuplement industriel ou urbain), soit 5,7 millions de ruraux en 1982, on constate que leur solde migratoire qui était négatif pour la période 1968-1975 (− 432 400) devient positif pour la période 1975-1982 (+ 85 000). Le mouvement naturel est certes insuffisant pour renverser totalement la tendance mais la population de ces communes qui avait diminué de 8,3 % de 1968 à 1975 n'a diminué que de 1,4 % de 1975 à 1982.

Les 32 000 communes rurales françaises sont bien vivantes (un pays voisin comme l'Italie ne compte que 3 600 municipalités), les élections sont souvent passionnées, la démocratie locale fonctionne, malgré le petit nombre des électeurs et la faiblesse des budgets municipaux. Une vitalité nouvelle anime les campagnes. La plus petite des communes tient à ses fêtes, organise des bals, des concours de pétanque ou de belote. Les discothèques souvent isolées dans la campagne voient se retrouver les jeunes des campagnes et des villes qui ne sont plus guère culturellement différents. La ville n'est pas plus un milieu étranger pour les paysans qui fréquentent le Crédit Agricole, les coopératives, que la campagne n'est un milieu étranger pour les citadins.

De nombreux propriétaires de résidences secondaires s'intègrent à la vie du village, adhèrent à la société de chasse ou de pêche, et même pénètrent au conseil municipal, non sans entrer parfois en conflit avec les paysans. La fusion est encore plus rapide dans les communes rurales appartenant à une ZPIU – rappelons qu'il s'agit des communes comptant des établissements industriels, commerciaux ou administratifs dont l'effectif total dépasse 100 salariés et aussi des communes ayant une forte part d'actifs allant travailler hors de la commune. La population de ces 14 000 communes – soit 8 750 000 habitants en 1982 – a augmenté de 11,7 % de 1975 à 1982, beaucoup plus que les villes dans la même période. Les géographes parlent, pour décrire ce phénomène, de *rurbanisation*, un mot qui n'est guère gracieux, mais qui entend traduire cette interpénétration du rural et de l'urbain.

● *Petites villes et villes moyennes.* Une recherche entreprise en 1977 et qui a duré cinq ans, mobilisant quelque deux cents chercheurs pour l'observation du changement social (18 volumes publiés par le CNRS), a permis d'approcher les réalités de ce changement au sein des villes petites et moyennes. Les petites villes, dans les années d'après-guerre, ont des fonctions diverses ; elles sont parfois dominées par une activité quasi unique : Graulhet (Tarn) est un centre important de mégisserie (traitement des peaux de mouton), Douarnenez (Finistère) est un port de pêche et un centre de conserverie, Mauléon (Pyrénées-Atlantiques) fabrique des espadrilles, La Mure (Isère) vit de ses mines de houille ; d'autres exercent les fonctions de petite capitale pour les villages qui les entourent, ainsi Manosque (Alpes-de-Haute-Provence) et beaucoup d'autres.

La croissance des années 1960 bouleverse les structures économiques et sociales de ces petites villes. En 1963, le Centre d'essai des Landes s'installe à Biscarosse jusque-là spécialisé dans le gemmage et les exploitations des pins des Landes ; quelques années plus tard 90 % des habitants de la commune se sont installés là. Exemple comparable, mais de moindre ampleur, à Manosque :

l'implantation du CEA (Commissariat à l'énergie atomique) à proximité de la ville (Cadarache) entraîne la multiplication d'établissements de recherche. A Martigues, c'est la proximité de Fos-sur-Mer qui transforme la ville. A Louviers (Eure) où l'activité lainière est en crise, ce sont des entreprises décentralisées qui s'installent. A Vauvert (Gard) l'usine Libaron, de la grande firme *Libby's*, transforme la petite ville mais aussi le monde rural environnant puisque la firme, pour alimenter sa production de conserves de tomates, signe avec les paysans des contrats de production. La Mure est confrontée à la fermeture de ses mines.

Dans certains cas la production locale peut se maintenir en s'adaptant aux nouvelles conditions de production : les mégissiers de Graulhet comme les fabricants d'espadrilles de Mauléon font appel à une main-d'œuvre immigrée, achètent des machines, modifient leurs produits pour s'adapter aux évolutions de la mode. Mais les petits patrons sont dans l'ensemble durement secoués par la grande croissance des années 1960, leur importance dans la population active des petites villes diminue de façon continue depuis 1962. Les petits commerçants subissent eux aussi de plein fouet le choc des transformations. A Vauvert on évalue l'évasion commerciale vers les grandes surfaces externes (Nîmes n'est pas loin) à 20 % pour l'alimentation et 70 % pour les achats non alimentaires. A Manosque aussi, les petits commerçants ont dû abandonner des secteurs entiers de consommation courante aux nouvelles grandes surfaces, mais ils ont su profiter de la croissance démographique pour s'adapter, se spécialiser ou se maintenir en acceptant de devenir filiale d'une chaîne nationale.

Ainsi ont été ébranlées dans les petites villes les petites et moyennes bourgeoisies locales enracinées souvent depuis plusieurs générations. Les entreprises locales sont remplacées ou contrôlées par des firmes nationales, voire multinationales. Les pouvoirs de décision sont désormais bien loin de la petite ville.

Dans ces villes le monde ouvrier est souvent divisé par l'appel aux travailleurs étrangers ; les relations dans l'entreprise se transforment, les nouveaux modes de gestion éliminent les formes traditionnelles de paternalisme.

Les couches moyennes du tertiaire ont vu leur nombre augmenter même si leur croissance est moins rapide que dans les grandes agglomérations. Les enseignants, les professions médicales, les employés de banque et des diverses administrations se multiplient plus vite que les cadres. Apparaissent par ailleurs de nouvelles activités liées à l'automobile, aux loisirs et à la culture. Ces couches moyennes introduisent dans ces petites villes des pratiques associatives et de nouvelles manières de vivre (sport, culture). A la faveur de l'émergence de ces couches moyennes s'implantent des équipements socio-culturels. A la recherche d'une identité, les nouveaux arrivants tentent de faire revivre l'histoire et la culture du terroir. Les associations, les équipements culturels jouent un rôle très important dans les stratégies municipales. Selon les lieux, des alliances peuvent se nouer entre les ouvriers et les classes moyennes pour la conquête de la mairie. Les anciens notables, ailleurs, résistent ou s'allient avec les nouveaux arrivants.

Il y a plusieurs manières d'interpréter cette évolution. Ici, comme dans les grandes villes, la bourgeoisie locale a perdu l'essentiel de son pouvoir économique. La plupart des entreprises nouvelles sont régies par des centres de décision lointains. L'apparition des logements sociaux a contribué à affaiblir son emprise foncière sur la ville ; les réseaux de clients des bourgeoisies locales sont eux aussi affaiblis par l'évolution économique. C'est donc, dans les années 1960, toute une société dirigeante dont le pouvoir et le prestige social sont remis en question. Les nouvelles couches moyennes n'ont ici aucun pouvoir économique direct. Enseignants, employés de banque, personnels de santé jouent donc un rôle social parce qu'ils apparaissent comme des leaders dans le domaine du mode de vie et de la culture. Faut-il considérer que, grâce à leur présence, s'esquisse autour d'eux une recomposition sociale locale alors même que le pouvoir économique échappe à la localité ? Ou bien faut-il penser avec certains que l'animation qu'ils apportent dans la ville où ils résident, les espaces sociaux et culturels dont ils provoquent l'apparition sont destinés à satisfaire leurs propres besoins, alors qu'ils sont numériquement minoritaires ? Nous ne trancherons pas sur ce point, notons seulement que les enjeux sont désormais sociaux et culturels, que la gestion d'un maire est jugée sur son aptitude à procurer à la population les stades, les équipements culturels et sociaux nécessaires. Si le pouvoir économique échappe à la bourgeoisie locale, la politique, elle, reste enracinée dans le contexte local.

- *Les associations*. Le monde mouvant et ouvert de l'association sans but lucratif (loi de 1901) est difficile à approcher. L'association naît et disparaît parfois très vite. Les estimations concernant leur nombre varient, au début des années 1980, entre 300 000 et 500 000. Des années 1960 aux années 1970 le nombre des créations est multiplié par deux (15 000 à 20 000 créations annuelles dans les années 1960, plus de 30 000 dans les années 1970). Le nombre de Français concernés par le phénomène associatif pourrait représenter plus de 20 millions.

Au début de la période l'association est, le plus souvent, contrôlée d'en haut ; elle structure les populations. Elle est alors dominée par les notables ou par les autorités sociales et religieuses. Ainsi dans de nombreux villages s'opposent les associations cléricales, chorale, patronage, équipes de foot et les associations laïques, souvent identiques par leur activité. Sur le plan national les grandes associations de jeunes qu'elles soient religieuses (scoutisme) ou laïques (les jeunesses communistes ou socialistes sont contrôlées par les partis) sont encadrées par les adultes. D'autres associations, sociétés savantes locales, clubs, cercles sont des structures de sociabilité de la bourgeoisie. Certaines, en revanche (association de colombophiles dans le Nord, de pêcheurs à la ligne et de chasseurs) sont plus populaires. L'association, dans sa forme traditionnelle, conforte les structures sociales, renforce l'identité des groupes sociaux.

Mais ce réseau associatif est bouleversé dans les années 1960 par les grandes mutations sociales et économiques. Il se défait. Est-ce au profit d'une sorte de nationalisation des associations ? On pourrait le penser en constatant l'essor des associations professionnelles contrôlées par les syndicats paysans ou ouvriers. Cependant force est de remarquer l'essoufflement rapide après la guerre des grandes associations nationales ramifiées sur le plan local ; au contraire les associations qui se multiplient naissent et s'enracinent dans la société locale, et si certaines d'entre elles sont fédérées et sont représentées au niveau national (Fédérations de parents d'élèves par exemple), leur autonomie locale est réelle.

La diversité du nouveau paysage associatif défie l'analyse. Il s'agit souvent d'associations de défense ; dans les quartiers neufs des villes et les grands ensembles, les locataires, les copropriétaires se groupent autour de leurs intérêts communs : ils réclament des équipements, une école, des moyens de transport, une crèche. Les nouveaux arrivants demandent des terrains de sport, des maisons de jeunes et de la culture. Les associations deviennent ainsi les interlocuteurs privilégiés des municipalités quand elles ne sont pas le vecteur essentiel de la conquête du pouvoir local.

Une enquête du CREDOC (Centre de recherche et de documentation sur l'étude et l'observation des conditions de vie), en 1980, permet d'approcher leur composition sociale. La participation aux associations est relativement faible chez les ouvriers (31 %), elle est au contraire très forte chez les professions libérales (71 %) et les cadres supérieurs (78 %). Dans le même sens 28,2 % seulement des non-diplômés sont membres d'une association alors que le pourcentage atteint 71 % pour les diplômés de l'enseignement supérieur. Ainsi le mouvement associatif dans son extension est contemporain du rôle accru des nouvelles classes moyennes dans la société française. Ces associations ont permis l'intégration dans la société de nouveaux arrivants et parfois leur prétention à l'hégémonie locale. Cependant ces courants très vivants à la fin des années 1960 et dans les années 1970 ont évolué. Certaines associations se sont institutionnalisées autour de structures et d'animateurs spécialisés dans le socioculturel (ainsi les maisons des jeunes et de la culture), d'autres se sont fédérées comme l'Union fédérale des consommateurs ou les mouvements écologistes (moins puissants en France que dans d'autres pays européens). D'autres encore se sont consacrées aux personnes âgées ; les clubs du troisième âge se multiplient. Sur le plan national les associations tiers-mondistes et de militants des droits de l'homme sont très nombreuses.

Au total, dans les années 1980, quelques signes d'essoufflement du mouvement associatif sont perceptibles. Ceux qui pensaient qu'il pouvait être un mouvement alternatif et devenir la matrice d'une autre société sont déçus. Les nouvelles couches moyennes sont désormais enracinées dans le tissu local. A ce titre les associations ont rempli leur rôle. D'autre part dans les nouveaux cadres de vie la tendance actuelle est sans doute davantage à l'expression informelle des individus qu'aux rassemblements de militants. Avec la crise, les signes du repli social ne manquent pas.

Régions et nation

Même si une uniformisation des comportements est manifeste en France, on ne peut qu'être étonné de constater la permanence de comportements sociaux, de cultures spécifiques dans les différentes régions de France. La France s'uniformise mais l'esprit des lieux subsiste.

● *Permanence de comportements régionaux.* Malgré les déplacements considérables de population, une nouvelle répartition des hommes et l'urbanisation massive, les comportements électoraux des Français n'ont évolué que très lentement. Les traditions régionales demeurent : dans certains villages du Midi les familles « blanches » s'opposent toujours aux familles « rouges », la gauche est toujours plus implantée au sud de la Loire que dans le nord du pays. Permanence aussi des comportements religieux : les sociologues dressent à peu de chose près les mêmes cartes des taux de pratique religieuse. Des études récentes ont montré également la permanence des noms de famille attachés aux différentes régions. D'ailleurs, même déracinés, les Français continuent à se définir par leur lieu d'origine. La question « d'où êtes-vous ? » est habituelle dans les relations sociales, elle est plus fréquente que l'interrogation sur les origines sociales.

Certains changements ont même conforté les identités locales : Marseille a renforcé son image de ville d'accueil des étrangers. Le Midi de la France continue à produire plus de fonctionnaires que le Nord ; ce sont surtout aujourd'hui des professeurs. Les images locales sont si fortes qu'un homme politique, s'il ne veut pas être un « parachuté », doit faire la preuve de ses attaches locales. On peut se demander parfois si le décor n'a pas plus changé que les Français.

● *« Volem viure al país ».* Aux permanences s'ajoute un courant nouveau de retour aux sources régionales. De nombreux mouvements, souvent liés à l'idéologie de 1968, réaffirment les identités régionales. Des communautés de jeunes tentent de s'insérer dans le tissu rural et de vivre « au pays » une vie différente. Ces utopies ruralistes ont des fortunes diverses, elles ne transforment pas le milieu local. Elles sont néanmoins le signe et le symbole d'une évolution des mentalités.

Depuis 1945, et dans le prolongement d'une évolution séculaire, les régions ont été progressivement dépossédées de leur autonomie économique. Les bourgeoisies locales dominantes sont écartées à la fois par l'État et par les groupes économiques nationaux. Le pouvoir social est de moins en moins régional. Malgré quelques exceptions, Paris contrôle l'économie du pays. Ainsi les affirmations régionales sont-elles essentiellement culturelles : vitalité des quotidiens régionaux dont les pages locales manifestent l'existence concrète de chacun, multiplication des histoires des régions et des villes, chauvinismes autour des équipes sportives porte-drapeau des énergies régionales.

Il est encore trop tôt pour dire si la loi, votée en 1982, sur la régionalisation peut accroître les autonomies provinciales et si le ralentissement de la croissance démographique de l'agglomération parisienne annonce de nouveaux équilibres nationaux.

8 Formation, croyances et pratiques culturelles

Une étude rapide de l'évolution peut laisser croire à un mouvement d'ensemble de la société : les Français abandonnent les formes traditionnelles d'encadrement spirituel et désertent les églises ; disparaissent dans le même temps les formes de culture populaire liées à des terroirs. A la ville, avec le latin et le grec, s'effacent les « humanités » et des formes de culture que l'on baptisait bourgeoises. Les croyances, l'éducation humaniste, le livre, support majeur d'une culture, sont menacés par l'irruption des *loisirs de masse*, par le règne de l'image, par la *consommation culturelle*, l'enseignement enfin est bouleversé par son ouverture à l'ensemble de la population.

Ces vues sommaires ne résistent pas à l'analyse. On ne peut présenter l'évolution de la société française comme passage de l'âge des cultures closes – celles des élites, jalousement conservées, celles des terroirs – à l'âge de la culture uniformisante, mécanique et déspiritualisée. A travers les grands bouleversements sociaux, les différents groupes qui constituent la société française ont su maintenir leurs spécificités culturelles. Dans ce domaine plus peut-être que dans d'autres, les permanences savent se glisser dans les structures remodelées.

D'autre part, les Français ne supportent pas passivement les transformations culturelles en subissant l'aliénation provoquée par la multiplication des objets de consommation. Les formes culturelles nouvelles, même massives, sont aussi le produit de l'invention des individus.

LA SOCIÉTÉ ET SON ÉCOLE

Le poids de la tradition

En 1945 la société française hérite d'un système scolaire solidement construit par la IIIe République. A la base l'école primaire, obligatoire jusqu'à 14 ans depuis 1936, est l'école du peuple ; elle conduit au certificat d'études. La demande sociale a provoqué, au-delà, la croissance des écoles primaires supérieures et des cours complémentaires. Mais l'ensemble « primaire » est un monde clos, qui s'autoreproduit en sélectionnant les meilleurs de ses éléments pour en faire des instituteurs, en ne permettant que de rares évasions, grâce aux bourses, vers les autres ordres d'enseignement. Laïque, patriote, l'enseignement primaire est construit pour former des citoyens plus que des producteurs ; sa mission essentielle est de contribuer à la formation et à la permanence de l'unité nationale.

L'enseignement secondaire est réservé au petit nombre. Dans les lycées, les petites classes, payantes jusqu'en 1945, conduisent naturellement à la sixième. Le baccalauréat n'est ainsi obtenu que par une minorité. Des années 1880 aux années 1930 les effectifs masculins de l'enseignement secondaire changent peu et restent inférieurs (en additionnant le public et le privé) à 200 000 élèves. Le nombre annuel de bacheliers ne dépasse guère 10 000, soit moins de 3 % d'une classe d'âge. Cet enseignement, malgré la naissance et la croissance au XXe siècle des sections *modernes*, se veut humaniste et conserve à la culture classique la place essentielle. Le latin et le baccalauréat sont alors considérés comme les passeports nécessaires à l'entrée dans la bourgeoisie.

Dernier aspect de l'héritage, enfin, l'enseignement supérieur se caractérise par la coexistence des universités et des *grandes écoles*. A la veille de la guerre, le nombre total d'étudiants ne dépasse pas 75 000.

L'ensemble du système est marqué à la fois par le cloisonnement des divers ordres d'enseignement, par le rôle majeur de l'État, mais aussi par l'importance de l'enseignement privé : écoles primaires religieuses des régions de l'Ouest, écoles privées secondaires des villes, la bourgeoisie selon son orientation politique choisissant pour ses enfants soit l'enseignement des lycées soit celui des écoles catholiques. Enfin les sexes sont strictement séparés à l'école.

Ainsi l'école dans ses formes traditionnelles reflète-t-elle la société et ses valeurs. L'égalité a sa place : jacobinisme centralisateur, uniformité des programmes, bourses pour les élèves méritants issus du peuple. Mais la bourgeoisie maintient dans ce système les moyens de se reproduire : une culture élitiste construite autour d'un panthéon littéraire de « grands auteurs », le latin qui, dès la sixième, marque le seuil, le goût des idées générales, la célébration d'une histoire et d'une géographie qui exaltent également le caractère providentiel de la France et son rayonnement.

Cependant, dès avant la guerre, ce système scolaire est critiqué : la gauche place au premier plan de ses revendications l'*école unique* : la suppression du cloisonnement entre l'école des notables et l'école du peuple. Les réalisations sont encore minces : les réformes de plus grande portée sont la progressive gratuité de l'enseignement secondaire réalisée dans les années 1930, et la prolongation de l'obligation scolaire jusqu'à 14 ans décidée par Jean Zay, ministre du Front populaire. Mais, jusqu'à la fin des années 1950, les grandes structures du système scolaire que nous avons sommairement dessinées se perpétuent, et tout particulièrement l'indifférence vis-à-vis de la formation professionnelle et de l'enseignement technique. L'école est bien le reflet de la synthèse républicaine, fondée sur l'alliance de la paysannerie, civilisée par les instituteurs, et de la bourgeoisie, la grande certes, mais surtout la moyenne, voire la petite, qui trouvent dans les lycées les mots de passe des élites dominantes.

L'explosion scolaire

Si la croissance du nombre des enfants scolarisés dans l'enseignement primaire peut s'expliquer par la croissance démographique de l'après-guerre, il en est tout autrement pour les autres ordres d'enseignement. Le bouleversement touche l'enseignement secondaire, avant même les grandes réformes qui commencent dans les années 1960 et avant que la vague démographique du *baby boom* atteigne les classes des lycées : en effet d'un million d'élèves vers 1950 le nombre passe à 5 millions vers 1980. Autrement dit : si vers 1950 moins d'un quart des jeunes de 10 à 17 ans sont scolarisés, ils sont plus de 75 % vers 1980. L'évolution des effectifs scolaires est largement explicable par la demande sociale. Cette croissance de l'éducation ne s'explique donc pas seulement par l'évolution démographique et législative. L'État accompagne ce mouvement plus qu'il ne le précède en tentant d'adapter les structures à ces nouveaux besoins.

● *L'enseignement primaire.* L'urbanisation, la croissance du travail féminin mais aussi la demande sociale expliquent l'essor de l'enseignement préscolaire : 9 000 classes de *maternelle* avant la guerre, plus de 50 000 classes et 2,6 millions d'enfants au milieu des années 1970.

Au lendemain de la guerre, en 1948, la France compte à peu près le même nombre d'écoles élémentaires qu'au début du siècle, soit 70 000. Dans un premier temps l'essor urbain nécessite des constructions nouvelles (74 000 écoles vers 1960) puis l'exode rural impose des regroupements : en 1976 il n'y a plus que 47 700 écoles malgré les efforts des municipalités pour conserver leur instituteur. Les cars de ramassage scolaire sont devenus familiers dans le paysage rural. Les effectifs évoluent avec la vague démographique : 4,5 millions en 1945, puis 6 millions en 1960, enfin moins de 5 millions à la fin des années 1970.

L'école reflète les nouveaux modes de vie : la mixité se généralise dans les années 1960 ; en 1969 les cours du samedi après-midi sont supprimés. Les contenus évoluent ; les grands débats de 1968 expliquent les décisions prises en 1969. L'accent porte dorénavant davantage sur l'ouverture de l'école à la vie que sur les apprentissages : c'est l'introduction des activités dites *d'éveil* et des mathématiques modernes alors que la dictée est contestée. Il faut épanouir l'enfant et non lui inculquer autoritairement un savoir. Quinze ans plus tard dans les années 1980, la pédagogie de l'éveil est vivement critiquée. Le climat intellectuel a changé et l'opinion exige un retour en arrière. L'histoire retrouve sa place dans l'enseignement primaire. Ainsi les évolutions des mentalités façonnent l'école. Les temps de crise favorisent les retours aux certitudes rassurantes de la transmission d'un savoir.

Mais l'enseignement primaire n'est plus un monde clos et fermé sur lui-même. Quand, en 1959, la scolarité obligatoire est portée à 16 ans, l'école élémentaire ne peut plus l'assurer en totalité. Elle devient la première étape d'un cursus. Les instituteurs désormais n'enseignent plus exclusivement dans le primaire. Beaucoup d'entre eux accèdent au premier cycle de l'enseignement secondaire. Ils sont formés différemment. L'école normale, qui constituait dans chaque département le conservatoire des traditions et de la clôture primaire, s'ouvre : on exige le baccalauréat pour tous les maîtres, la croissance des effectifs entraîne le recrutement de bacheliers qui, sans passer par l'école normale, sont titularisés après une période pendant laquelle ils assurent des remplacements. Enfin dans les années 1980 la formation des instituteurs s'allonge : l'obtention d'un DEUG correspondant à deux années d'études universitaires devient obligatoire.

Cependant les instituteurs ne retrouvent pas ce rayonnement social qui était le leur au temps de *la communale*, quand ils occupaient dans leur village une place qui leur donnait influence et autorité. La profession s'est dévalorisée et, comme toujours en pareil cas, féminisée. L'école primaire est désormais banalisée. Elle n'est plus l'école du peuple mais l'école de tous. Elle ne se suffit plus à elle-même, le certificat d'études a disparu, elle n'est plus dans le cursus scolaire que la première étape. Les instituteurs enfin ne sont plus cette aristocratie du savoir, ces saints laïcs propagateurs de l'esprit républicain. L'opinion des années 1980 regrette l'âge d'or des encriers, des plumes, des règles en bois, des blouses grises. La nostalgie souligne toujours que les temps sont révolus.

● *L'enseignement secondaire.* Comment transformer un enseignement jusque-là réservé à une étroite élite en un enseignement de masse ? L'exode rural, l'urbanisation, l'évolution de l'économie exigent l'allongement du temps scolaire. Les structures anciennes convenaient à l'époque où, pour plus des deux tiers des Français actifs, leur travail, dans les champs ou à l'usine, ne nécessitait pas un temps de formation prolongé ; les rudiments transmis par l'école primaire suffisaient alors pour l'essentiel de la population. Transformer les structures est donc une nécessité impérieuse. D'autre part la croissance démographique aggrave les problèmes. La vague du baby boom commence à atteindre l'enseignement secondaire à partir de la fin des années 1950. Les effectifs d'élèves de l'enseignement du second degré (public et privé) évoluent ainsi :

>   1950-1951 ...... 1 000 000
>   1958-1959 ...... 1 800 000
>   1964-1965 ...... 3 000 000
>   1968-1969 ...... 3 800 000
>   1979-1980 ...... 5 000 000

Alors que le baccalauréat était réservé à une élite il se banalise en se généralisant. Au début de la période moins de 15 % des membres d'une même classe d'âge obtenaient le baccalauréat, 20 % à la fin des années 1970, plus d'un tiers au milieu des années 1980 et l'ambition est d'atteindre les trois quarts à la fin du siècle.

Outre de gigantesques problèmes matériels (constructions de locaux, nombre insuffisant de professeurs) et des problèmes de structures du nouvel édifice, se posent aussi des problèmes de contenu : programmes et pédagogie doivent-ils rester identiques ? Une formation adaptée à des minorités issues de milieux socio-culturels favorisés peut-elle convenir à un enseignement de masse ? Les combats d'arrière-garde en faveur du latin et des humanités classiques freinent les évolutions, et seule la secousse de 1968 permet la suppression du latin en sixième en 1969. La formation des professeurs ne s'adapte guère aux transformations du système éducatif. Ainsi, comme un signe de crise permanente, les réformes succèdent aux réformes.

De la réforme Fouchet de 1963 à la réforme Haby de 1975 se mettent en place les collèges d'enseignement secondaire (CES). Dans le cadre de la prolongation de la scolarité jusqu'à 16 ans, dont le principe est décidé en 1959 pour les enfants qui ont 6 ans à cette date, le but est de regrouper dans une école moyenne unique tous les enfants. Les filières sont donc supprimées qui juxtaposaient l'enseignement primaire et ses prolongements (collèges d'enseignement général) et la voie royale des lycées menant dans la continuité de la sixième au baccalauréat. Dans un premier temps, c'est la réforme de 1963, si tous les enfants sont rassemblés dans les mêmes lieux, à l'intérieur de l'établissement on distingue des sections différentes qui reproduisent les formes anciennes : deux sections de type lycée (classique et moderne), une section courte et une section regroupant les classes dites de transition pour tous les inadaptés du système scolaire.

Cette construction multiplie les débats et les conflits entre les professeurs de lycée (certifiés ou agrégés) qui veulent maintenir le lien organique entre ce premier cycle et le second, qui de la seconde à la classe terminale conduit au baccalauréat, et les enseignants de l'école élémentaire qui entendent affirmer leur place dans cette école moyenne qu'ils considèrent comme le prolongement normal de l'enseignement primaire. D'autre part la ségrégation interne dans les CES, l'existence de classes « parking » de transition où se retrouvent les enfants des catégories sociales les plus défavorisées est vivement dénoncée. Enfin des conflits violents opposent les défenseurs de la culture traditionnelle, dont le maintien du latin dès la sixième est le cheval de bataille, et ceux qui voudraient adapter méthodes et contenus à l'afflux d'élèves dans les CES.

Dans la logique de cette évolution la réforme Haby de 1975-1976 supprime les différentes sections des CES, répondant ainsi au désir d'égalité formelle, mais suscite l'accusation majeure de « primariser » l'enseignement secondaire.

Ainsi, théoriquement, la France a construit un système d'enseignement égalitaire dans ses structures. La carte scolaire ne permet pas de choisir l'établissement, mais impose la fréquentation de l'école, du CES ou du lycée de son quartier. Chacun suit, tout au moins jusqu'à la classe de cinquième, premier palier d'orientation, un enseignement identique.

En réalité, les élites sociales ont su rétablir à leur avantage des stratégies qui leur permettent de donner à leurs enfants des possibilités de ne pas être submergés dans un enseignement désormais ouvert à tous. Le choix de langues vivantes jugées plus difficiles et le contournement de la carte scolaire permettent de reconstituer au sein du système, égalitaire en façade, des îlots (sections, établissements) privilégiés. Alors que les humanités classiques étaient progressivement dévalorisées, se reconstitue dans la période, autour des mathématiques, une voie royale menant au baccalauréat de la section C, qui seul permet l'accès aux classes préparatoires aux grandes écoles scientifiques. Toute voie privilégiée est malthusienne. Alors même que s'accroissent les effectifs du secondaire et le nombre des bacheliers, la progression des titulaires du baccalauréat C est minime (13 % des bacheliers en 1985, contre près de 15 % en 1975).

D'autre part l'école égalitaire traduit directement les réalités du quartier où elle est implantée. Les prestigieux lycées des grandes villes qui ont pu conserver une clientèle aisée contrastent avec les CES des banlieues où règnent le chômage et la misère. Enfin l'école privée permet à de nombreux parents (un enfant sur cinq est scolarisé dans l'enseignement secondaire privé) de placer leurs enfants dans un milieu social plus homogène, et globalement plus favorisé.

● *L'enseignement supérieur*. Rien ne préparait dans les années 1960 l'enseignement supérieur français à affronter le brusque afflux d'étudiants provoqué à la fois par la vague démographique et par une demande sociale accrue. Du début des années 1950 au début des années 1980 le nombre d'étudiants est multiplié environ par 10 (100 000 en 1950, plus d'un million vers 1980), la croissance est surtout très rapide dans les années 1960.

Les structures du supérieur étaient-elles adaptées pour répondre à ces besoins ? Traditionnellement s'opposent en France deux systèmes concurrents et hétérogènes : les grandes écoles sélectionnent leurs élèves par un concours que l'on passe après une, deux ou trois années de préparation intensive dans des classes de lycée qui sont dans la continuité directe de l'enseignement secondaire. Ces grandes écoles (l'École polytechnique, les écoles d'ingénieur, les écoles normales supérieures, l'École nationale d'administration...) préparent directement à un métier et permettent donc l'insertion immédiate dans la société, et elles attirent les meilleurs élèves de l'enseignement secondaire. Les universités, au contraire, sont ouvertes à tous les titulaires du baccalauréat et dispensent un enseignement général. Elles sélectionnent par l'échec. Elles restent au début de la période marquées par la tradition du XIXe siècle d'un savoir désintéressé. Dans les années 1970 on peut estimer que 90 % des étudiants appartiennent à la filière universitaire et 10 % à la filière des classes préparatoires et des grandes écoles.

Dans les années 1970, s'ajoutent à ce système qui persiste des formations courtes : les instituts universitaires de technologie (IUT) et d'autre part les BTS (brevets de techniciens supérieurs) préparés en deux ans.

Crise de l'école ou crise de la société ?

La critique permanente de l'école s'explique par la multiplicité des tâches que la société lui assigne. L'article premier de la loi de juillet 1975 (*loi Haby*) permet de mesurer l'ampleur de cette ambition :

« [La formation scolaire] favorise l'épanouissement de l'enfant, lui permet d'acquérir une culture, le prépare à la vie professionnelle et à l'exercice de ses responsabilités d'homme et de citoyen. Elle constitue la base de l'éducation permanente. » L'école doit enfin « favoriser l'égalité des chances ». Quel est alors le rôle de la famille ? Les familles, dit le texte, « sont associées à l'accomplissement de ces missions », mais rien ne précise les modalités de cette association.

Aux traditionnelles missions de l'école de culture et de formation du citoyen en vertu de la tradition française, ce texte ajoute d'une part l'exigence apparue au grand jour en 1968 d'« épanouissement » – l'école doit désormais apporter le bonheur – et d'autre part la formation professionnelle – l'école doit s'adapter aux besoins du marché du travail. La famille disparaît comme lieu essentiel de socialisation ; l'instruction était publique, l'éducation doit devenir nationale.

● *L'école et l'égalité des chances.* La démocratisation de l'enseignement et l'égalité des chances restent des thèmes récurrents pour lesquels la société française n'a pas encore trouvé de réponse. Périodiquement l'école est dénoncée comme favorisant la *reproduction* sociale et perpétuant donc les inégalités. Les études des sociologues démontrent aisément que le cursus scolaire dépend étroitement du milieu social d'origine. La démocratisation de l'enseignement, malgré les bourses, est très lente. Dans l'enseignement secondaire désormais largement ouvert, des cursus privilégiés se sont reconstitués ; les enfants des milieux défavorisés sont surtout nombreux dans les sections qui ne permettent guère l'accès à l'enseignement supérieur, comme les sections G et F. Certes le supérieur n'est plus réservé à une étroite élite bourgeoise mais, s'il s'est ouvert aux classes moyennes, les jeunes issus du monde ouvrier ne sont qu'une minorité à y accéder.

Cependant l'école est-elle capable d'effacer les inégalités sociales ? Tout indique que l'école reflète la société et ses structures et s'adapte tant bien que mal à ses évolutions. Au cours de la période, elle enregistre la poussée des classes moyennes, forme les cadres nécessaires à l'évolution économique. Elle traduit toutes les contradictions de la société française : consensus affirmé sur la démocratisation de l'enseignement et du fonctionnement du système scolaire dans un sens qui maintient les différenciations sociales.

● *Mai 1968.* La critique du système scolaire en mai 1968 est la conséquence de ses ambiguïtés et de ses insuffisances. D'une part le mouvement de mai secoue une école figée dans ses valeurs anciennes : autorité, hiérarchie, mandarinat. La croissance des années 1960 remet en cause l'ordre traditionnel de l'école. Les jeunes ne veulent plus reproduire les valeurs des générations précédentes. L'école doit devenir un lieu convivial qui assure l'épanouissement sans contrainte. Mais d'autre part le mouvement de mai porte en lui un refus d'une vision utilitaire de l'école. L'école ne doit pas être construite pour fabriquer des travailleurs. Et, ce faisant, les jeunes de mai 1968 se replient sur la plus ancienne des traditions scolaires françaises, celle du savoir désintéressé. L'entreprise, en 1968, c'est le mal absolu qu'il faut chasser de l'université ; aucune compromission n'est tolérée avec les forces du capitalisme.

Ainsi dans un même mouvement les jeunes de 1968 sont-ils à la fois porteurs du neuf et de l'ancien. S'épanouir, refuser la logique du capitalisme ne peut suffire à définir des valeurs idéologiques. Le mouvement de mai achève de déraciner la vieille idéologie dont l'école était porteuse depuis Jules Ferry. Le système scolaire avait alors une mission claire d'acculturation : par la diffusion du français, d'une morale laïque elle devait créer une nation qui n'existait encore que virtuellement. L'école était intégratrice et permettait le consensus républicain et patriotique. De quelle mission nouvelle charger l'école ? L'incertitude est telle que J.-P. Chevènement, ministre en 1984, tente de ranimer la flamme républicaine et de renouer avec Jules Ferry en exaltant « l'élitisme républicain ». Valeur refuge d'une société en crise ?

==On affirme souvent que la société est malade de son école, il vaudrait mieux écrire que l'école est malade de sa société.== L'école ne pourra se recomposer, redevenir sûre d'elle-même que si la société se recompose et peut à nouveau lui définir sa place et son rôle.

CROYANCES

L'évolution du phénomène religieux dans la société française

L'historien ne peut approcher les formes individuelles de la foi religieuse ; il peut analyser les pratiques extérieures (rites, gestes, comportements) qui permettent d'identifier des groupes de croyants se référant à des valeurs communes. Ces groupes développent un prosélytisme plus ou moins militant, ils affirment leurs croyances et proposent un modèle de société conforme à ces croyances.

Très longtemps en France le catholicisme a été un phénomène de mentalité, c'est-à-dire un ensemble de gestes et de pratiques inscrit dans la vie quotidienne, structurant naturellement les groupes sociaux, permettant l'insertion de l'individu au sein des communautés, définissant l'identité. On naissait et on mourait catholique. L'espace lui-même était un espace religieux. La place de l'église était le centre de la vie du groupe, les calvaires marquaient les carrefours. L'incroyant, le non-pratiquant n'était pas seulement hors de l'Église, il était exclu de la communauté, asocial.

Progressivement au XIXe siècle, et dans certaines régions beaucoup plus tardivement, la place du phénomène religieux se transforme. La religion qui était un phénomène de mentalité devient un phénomène d'*opinion*. En effet, des systèmes concurrents se mettent en place ; ils sont toujours fondés sur des croyances et ont vocation de structurer les groupes. Ainsi la République cherche à construire un espace républicain. Dans les villages, autour de la mairie et de l'école (souvent confondues dans le même bâtiment) puis du monument aux morts se constitue un lieu concurrent du lieu clérical. Des valeurs, progrès, humanisme militant, et une morale se posent en concurrentes des valeurs et de la morale catholiques. Les radicaux des comités, de la presse locale, des banquets républicains mettent en place des structures de sociabilité autour de nouveaux notables dont l'influence s'étend. Ainsi la société française, dans sa diversité, s'organise-t-elle autour de réseaux désormais antagonistes. Au XXe siècle les syndicats et les partis politiques (essentiellement le Parti communiste), à leur tour, construisent, autour de croyances, d'autres contre-sociétés, ou sociétés parallèles.

Au lendemain de la Seconde Guerre mondiale la société française appartient encore, simultanément, aux deux temps de l'évolution. Pour certains la croyance religieuse est toujours un phénomène de mentalité, pratique et naturel. Pour d'autres la croyance est un fait d'opinion qui exclut toute autre vision de la société. Le clivage passe parfois à l'intérieur même des familles la religion-mentalité persiste plus longtemps chez les femmes que chez les hommes.

L'évolution décisive du second XXe siècle, la troisième étape, a lieu lorsque la croyance disparaît pratiquement comme phénomène de mentalité ; elle subsiste comme phénomène d'opinion mais dans des groupes désormais minoritaires. Pour l'ensemble de la population elle devient un phénomène *culturel*. Cette évolution ne touche pas seulement le catholicisme, mais l'ensemble des croyances. Dorénavant les groupes actifs et militants de croyants sont de moins en moins nombreux. Aucun d'eux ne peut plus prétendre structurer la société. D'ailleurs les pratiques sociales les plus répandues, télévision, automobile, loisirs, sont des pratiques individuelles qui n'impliquent aucune vision du monde, aucune morale collective. Il reste alors une imprégnation culturelle ; la société est marquée culturellement par les valeurs judéo-chrétiennes ou par les valeurs liées à la gauche. C'est ce qu'on appelle, dans la France contemporaine, la mort des idéologies. Non que disparaissent ces valeurs, mais elles ne sont plus liées à cet ensemble de gestes et de pratiques qui les transformait en croyances.

Les catholiques dans la société française

● *Effondrement de l'appareil clérical.* Du lendemain de la Première Guerre mondiale au début des années 1950, environ un millier de nouveaux prêtres séculiers étaient ordonnés, en France, chaque année. Le tarissement progressif des vocations est sensible dès les années 1950 ; le nombre d'ordinations se situe alors autour de 500, puis la chute s'accélère ; depuis la fin des années 1970 moins de 100 nouveaux prêtres sont ordonnés chaque année. En 1965 il y avait encore en France plus de 40 000 prêtres séculiers, en 1984 ils sont 30 000 et la proportion de prêtres âgés est très importante. La même évolution est manifeste au sein du clergé régulier. De nombreux ordres ne recrutent plus de novices. Non seulement il y a tarissement du recrutement, mais aussi de nombreux prêtres ont quitté l'état clérical, surtout à la fin des années 1960 et dans les années 1970.

Une nouvelle génération de prêtres post-conciliaires (le concile de Vatican II qui a réalisé l'*aggiornamento* de l'Église s'est déroulé de 1962 à 1965) rejette les aspects les plus visibles de la présence cléricale dans la société ; la plupart d'entre eux abandonnent la soutane et n'organisent plus les manifestations les plus voyantes du culte catholique. Disparaissent progressivement les grandes processions comme celles de la Fête-Dieu ou des Rogations. Les cérémonies deviennent plus austères et les églises elles-mêmes plus dépouillées. La langue vulgaire remplace le latin dans la liturgie au cours des années 1960.

Ainsi, les prêtres beaucoup moins nombreux ne sont plus ces personnages séparés, dispensateurs du sacré, intermédiaires entre Dieu et les hommes. Ils semblent se fondre dans le corps social et abandonnent aux laïcs de nombreuses tâches qui leur étaient jusqu'alors réservées, le catéchisme par exemple.

LA PRATIQUE RELIGIEUSE EN MILIEU RURAL VERS 1950

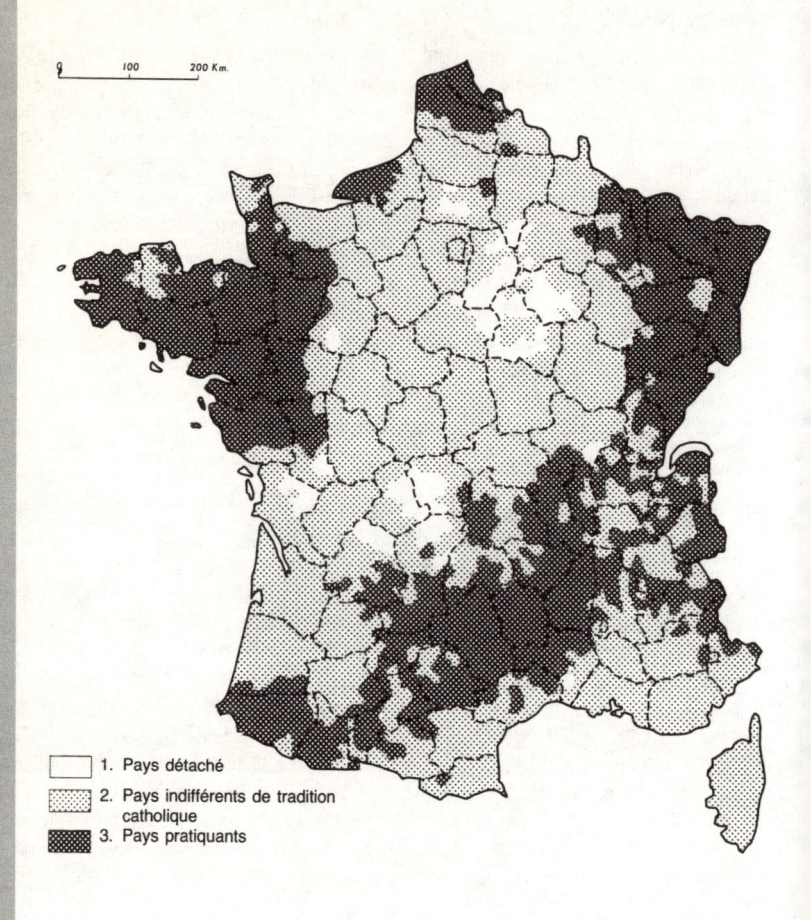

1. Pays détaché
2. Pays indifférents de tradition catholique
3. Pays pratiquants

(Source : *Atlas historique de la France contemporaine, 1800-1965,* A.-Colin, 1966, p. 147)

Cette carte est essentielle pour comprendre la force des comportements hérités. Elle permet d'opposer les pays de chrétienté et les pays précocement indifférents. Cette opposition se lit encore dans les paysages et les mentalités. Elle est indispensable pour caractériser les tempéraments régionaux au début de la période. Depuis les années 1950, même si l'on assiste à une homogénéisation des comportements et si l'urbanisation efface certaines oppositions culturelles, les structures héritées continuent à peser sur les attitudes politiques, parfois sur les comportements démographiques.

● *Une autre insertion dans la société.* Au début de la période l'Église est présente dans le cadre traditionnel de la paroisse, mais aussi dans les mouvements d'action catholique. Depuis les années 1930, ces mouvements ont une incontestable vitalité. Mouvements de jeunesse comme la JAC, la JOC ou la JEC (Jeunesse agricole, ouvrière ou étudiante chrétienne), ou mouvements d'adultes : les mouvements d'action catholique ont joué depuis les années 1930 un rôle majeur dans la société française. Ils ont formé les militants qui ont constitué les éléments catholiques de la Résistance ; les militants de la JAC encadrés par leurs aumôniers ont été les agents actifs de l'ouverture au monde et de la modernisation des campagnes françaises. De très nombreux responsables du MRP sont passés par l'action catholique, comme Georges Bidault. Ces mouvements illustrent l'engagement social pris en charge par l'Église de France. Dans le même sens, l'épiscopat, prenant conscience des phénomènes de déchristianisation de la société française (l'abbé Godin publie en 1943 son livre *France pays de mission*) qui touchent tout particulièrement les villes, autorise quelques prêtres dans le cadre de la *Mission de France* à vivre de leur travail. L'expérience des « prêtres ouvriers » est lancée. Connus dans le grand public grâce au succès, en 1952, du livre de Gilbert Cesbron *Les Saints vont en enfer*, ces prêtres travaillent en usine, pour porter au cœur même du monde ouvrier le témoignage de leur foi. Cette nouvelle forme d'apostolat est jugée scandaleuse par les catholiques conservateurs pour lesquels le prêtre, l'homme consacré, doit mener une existence spécifique et conforme à son état. En 1953, le pape Pie XII met fin à l'expérience. Il craint la compromission des prêtres dans un engagement syndical ou politique. Et il est vrai que la disponibilité des prêtres ouvriers faisait d'eux, souvent, des militants. Cependant, malgré ces échecs au lendemain de la guerre, les catholiques français ont désormais trouvé un mode d'insertion dans la société civile et participent dorénavant à la vie politique. René Coty, en 1954, est le premier catholique élu président de la République depuis Mac-Mahon.

Les catholiques acceptent le régime républicain sans troubles de conscience ; dans la vie de la cité ils agissent désormais, selon la formule de Maritain, non *en tant que* chrétiens, mais *en* chrétiens. Dans les paroisses, curés et vicaires animent catéchismes et clubs de football, encadrent les jeunes et visitent les personnes âgées. Au seuil des années 1950 l'Église a non seulement trouvé un nouvel équilibre dans ses rapports avec l'État, mais encore, sans sacrifier le cadre traditionnel de la paroisse, elle a réussi à multiplier en direction des différents milieux des formes de présence et d'action spécifiques.

Tout change dans les années 1960. Tout se passe comme si, d'un même mouvement, les fidèles abandonnaient les gestes de la pratique et les clercs se désengageaient du monde. La crise des mouvements d'action catholique traduit la désaffection des jeunes. De nombreux clercs, par souci de pureté et par défiance vis-à-vis des valeurs d'établissement, par crainte d'apparaître liés aux valeurs bourgeoises, refusent désormais cette insertion qui faisait d'eux des notables. L'Église se replie. Elle ne veut plus structurer comme autrefois un ordre social.

Progressivement, dans la société, l'Église catholique n'occupe plus que des îlots. Elle reste une autorité morale reconnue et respectée plus qu'écoutée. Ses prises de position sur les problèmes éthiques, contraception ou procréation artificielle, par exemple, sont commentées, mais ses prescriptions ne sont plus guère suivies même par les croyants. L'Église est d'autre part divisée.

Un petit noyau très actif de traditionalistes et d'intégristes qui regrettent les temps passés, de la soutane au latin, de la messe dos au peuple aux anathèmes, n'a toujours pas accepté un des acquis essentiels du concile de Vatican II, la proclamation de la liberté religieuse. Souvent proches de l'extrême droite, les militants et les clercs intégristes rêvent à l'époque où un nationalisme xénophobe faisait bon ménage, sous le patronage de Jeanne d'Arc, avec un catholicisme volontiers triomphaliste. Leurs adversaires de toujours, les chrétiens progressistes, très actifs dans les luttes politiques de la fin de la IVe et des débuts de la Ve République, et en particulier avec l'hebdomadaire *Témoignage chrétien*, se sont peu à peu fondus dans des courants laïcisés. Ainsi, en 1964, la majorité des militants de la CFTC souhaite l'abandon de la référence chrétienne, la CFDT qui naît alors est significative de la dilution, dans la société civile, des forces vives parmi les plus actives des catholiques français.

Tout se passe en effet comme si la société civile avait dans les années 1960 et 1970 absorbé les catholiques désormais décléricalisés.

● *L'évolution des pratiques religieuses.* La sociologie religieuse est apparue dans l'immédiat avant-guerre sous l'impulsion de G. Le Bras, au moment où il devenait visible que les pratiques n'étaient plus unanimes dans de nombreuses régions. Elle permet de mesurer l'adhésion des catholiques aux gestes essentiels de la religion.

Mais les pratiques se lisent à plusieurs niveaux. La majorité des Français sont baptisés et, quand on les interroge, se disent catholiques, bien que sur ce dernier point il y ait un léger effritement (de plus de 90 % au lendemain de la guerre à 79 % aujourd'hui). Mais surtout les pratiquants réguliers (qui fréquentent la messe dominicale) sont de moins en moins nombreux. Les chiffres sont incertains en raison des différences de situation selon les régions, et les moyennes n'ont guère de signification. Disons simplement qu'il ne reste guère au début des années 1980 de régions unanimes par leurs pratiques, que dans certains quartiers des grandes villes la pratique régulière est devenue très faible, inférieure à 10 et même à 5 % de la population. En moyenne on peut estimer que, si au lendemain de la guerre plus du tiers des Français étaient des pratiquants réguliers, ce pourcentage est dorénavant inférieur à 15 %. De même diminue le nombre des pratiquants occasionnels.

Les pratiques qui résistent le mieux sont liées aux grands événements familiaux : le baptême au moment de l'entrée dans la vie, le mariage, les obsèques. Le pourcentage d'obsèques civiles était de 20 % en 1970, de 30 % en 1983. Mais les variations régionales vont de 4 à 40 %.

Ainsi la pratique catholique est devenue un phénomène minoritaire dans la société française ; le catholicisme n'imprègne plus le corps social. Une part importante du clergé et de certains fidèles aspire à une religion moins liée au temporel. Les conséquences sont considérables. Dorénavant la religion est un phénomène d'ordre privé. La pratique religieuse traduit une démarche devenue purement personnelle.

Minorités religieuses

• *Les protestants.* Encore nombreux dans l'Est (luthériens), dans le Midi et dans la région parisienne les protestants sont environ un million. La pratique religieuse protestante évolue parallèlement à celle des catholiques. Minorité active, les protestants perdent peu à peu la spécificité qui a été la leur dans la société française et qui faisait d'eux des membres de la bourgeoisie républicaine éclairée de Nîmes, Marseille ou Bordeaux. Détenteurs d'une histoire, les protestants, souvent moins hexagonaux que les catholiques, plus tolérants, plus ouverts aux évolutions de la société, représentent dorénavant un de ces multiples réseaux soudés par une culture commune qui structurent la société française.

• *Les juifs.* Le judaïsme français a été renouvelé autour de 1960 par l'arrivée en France d'environ 300 000 juifs séfarades d'Afrique du Nord, qui se sont ajoutés aux communautés juives déjà existantes et originaires pour l'essentiel d'Europe centrale. Les juifs sont aujourd'hui environ 600 000 et résident pour la plus grande partie d'entre eux dans la région parisienne. Cette communauté sociologiquement très diverse, qui entretient avec l'État d'Israël un rapport particulier, affirme sa spécificité culturelle et religieuse. Le renouveau du judaïsme se traduit par la redécouverte de la mémoire commune, l'apprentissage de l'hébreu et parfois par un retour aux pratiques religieuses traditionnelles. Comme pour d'autres minorités, la culture d'une communauté est un refuge, une force. L'affirmation d'une identité permet de mieux vivre l'apparente uniformisation de la société.

• *Les musulmans.* Avec la présence de 2,8 millions de musulmans en France, l'Islam est devenu la seconde des grandes religions auxquelles adhèrent les Français. La multiplication des lieux de prière (on en compte plus de 400 dans les années 1980) atteste de l'attachement des musulmans résidant en France, qu'ils soient français ou étrangers, à la pratique de leur religion. Là encore on assiste, dans les dernières années, à une vitalité de l'Islam plus grande que dans les années 1960. Les musulmans qui résident en France sont pour la quasi-totalité d'entre eux des sunnites. Dans certaines villes le désir de construire des mosquées est parfois mal ressenti par les populations environnantes alors qu'il manifeste clairement la volonté d'enracinement en France. Inscrire matériellement sa différence dans le paysage, c'est bien dire sa volonté d'insérer cette différence dans un ensemble français.

Autres formes de croyances

Les bonnes affaires des voyants (quelque 30 000 en France en 1978 et 8 millions de consultations par an), le succès permanent de l'astrologie témoignent-ils de l'obscurantisme des Français ?

Quand Mme Soleil commence en 1970 ses émissions régulières sur Europe 1, elle reçoit quotidiennement plus de 15 000 appels téléphoniques. Les revues spécialisées se multiplient. Évoquer un retour en force de l'irrationnel est sans doute exagéré. Ces pratiques, si elles expriment des croyances, sont bien différentes des pratiques religieuses, elles représentent plutôt une consommation individuelle de rêve, elles sont de l'ordre du loisir et du jeu.

Bien différentes sont les sectes dont l'audience grandissante depuis la fin des années 1970 a marqué la société. Recrutant souvent des jeunes, les sectes sont de petites communautés refuges. Elles peuvent donner identité et certitude à des individus dont l'insertion sociale est difficile ; elles témoignent de l'incapacité des appareils sociaux à offrir des zones d'accueil, mais aussi de l'éclatement des formes d'insertion. La déroute des grands appareils laisse le champ libre aux petits groupes fermés sur l'affirmation de leurs différences.

Faut-il souligner pour conclure la déspiritualisation de la société française ? Le retrait de l'Église catholique ne signifie pas nécessairement l'effacement des croyances. Les pratiques dorénavant ne sont plus des pratiques en conformité avec le groupe, elles expriment de plus en plus l'autonomie des individus et leur libre choix.

CULTURES, LOISIRS ET COMMUNICATION DE MASSE

La fin d'une époque (1945-1955)

● *L'élan né de la Libération.* Les années d'après-guerre retrouvent les espoirs et les aspirations du Front populaire, au-delà d'une parenthèse vichyssoise vite refermée. Les traditions populaires des campagnes et des villes n'ont pas disparu et s'opposent encore aux loisirs réservés aux catégories aisées de la population. Dans l'atmosphère productiviste de la Libération, le travail doit passer avant la détente, et les salariés attendent 1956 pour obtenir une troisième semaine de congés payés. Cependant l'esprit du temps impose de faire partager au *peuple* la culture, apanage encore exclusif de quelques privilégiés. « Nous demeurons bourgeois par notre culture, notre mode de vie et notre public actuel, écrit J.-P. Sartre. Mais, en même temps la situation historique nous incite à nous joindre au prolétariat pour construire une société sans classes » (*Qu'est-ce que la littérature ?*, 1948).

Jean Vilar symbolise l'ambition de cette diffusion culturelle. Créateur, en 1947, du Festival d'Avignon, il révèle, en 1951, Gérard Philipe dans *Le Cid*. La même année on lui confie le *Théâtre national populaire*. Installé au palais de Chaillot, Vilar atteint, par les comités d'entreprise et les associations culturelles, un nouveau public jusque-là totalement étranger au théâtre. La IVe République réussit par ailleurs une première décentralisation théâtrale en facilitant la naissance de centres dramatiques provinciaux.

L'époque est aussi celle du militantisme engagé. La presse écrite en témoigne, qui retrouve et même dépasse en 1946 sa diffusion d'avant-guerre. Au lendemain de la guerre 203 journaux quotidiens paraissent en France dont 28 à Paris. Chaque parti politique dispose d'un ou de plusieurs journaux. A Paris, à *L'Humanité* du Parti communiste, au *Populaire* de la SFIO, à *L'Aube* du MRP s'ajoutent des titres qui participent à tous les débats politiques et intellectuels :

Franc-Tireur, *Libération* et surtout *Combat* animé par Albert Camus. C'est enfin le moment de la naissance du *Monde*, fondé et dirigé par Hubert Beuve-Méry.

Qu'ils débattent de l'épuration, de l'existence des camps en URSS, de l'attitude à adopter vis-à-vis du Parti communiste ou de l'existentialisme, les intellectuels sont alors au premier plan de l'actualité. Le prestige acquis par l'URSS dans la lutte contre l'Allemagne nazie, la part prise par les communistes français dans la Résistance expliquent l'attraction du marxisme. Une génération d'intellectuels, écrivains, artistes, élèves de l'École normale supérieure de la rue d'Ulm, militants ou « compagnons de route », est dominée par le communisme. Les débats entre Sartre et Camus, entre Sartre et Aron sont au centre de la vie parisienne. Volontiers moralistes, les intellectuels sont une des spécificités de la société française, dans la période certains d'entre eux cherchant, semble-t-il, par leur engagement aux côtés de la classe ouvrière ou de son parti, à expier leurs origines bourgeoises.

Enfin la période de l'après-guerre voit l'apogée des mouvements de jeunesse. Là encore il s'agit d'une continuité avec les années 1930. Jamais les jeunes n'ont été autant « encadrés ». Aumôniers et volontaires laïcs des mouvements d'action catholique animent la Jeunesse agricole chrétienne, la Jeunesse ouvrière chrétienne, la Jeunesse étudiante chrétienne ; les jeunes formés par ces mouvements rejoignent ensuite syndicats, partis politiques, associations. Ils sont souvent, dans de nombreux domaines, les promoteurs actifs du changement social. Les partis politiques eux-mêmes ont tous un mouvement de jeunesse comme l'Union des étudiants communistes. En 1951, Pierre Mauroy crée la Fédération Léo Lagrange, organisation de loisirs proche de la SFIO. La Ligue de l'enseignement fédère un grand nombre d'organismes spécialisés dans l'éducation artistique, le tourisme culturel, les vacances des jeunes. Les Auberges de jeunesse poursuivent leur expansion d'avant-guerre.

Le bouillonnement intellectuel de l'après-guerre est donc inséparable de celui des années 1930 ; là encore, des années 1930 à 1950 mûrit une nouvelle société.

● *Annonces d'un monde nouveau.* Le climat unanimiste de la Libération ne survit pas à la guerre froide. Le prolétariat retombe dans une forme de ghetto, entretenu par le Parti communiste et la CGT qui exaltent une culture de classe. La Troisième Force après 1947 abandonne vite les velléités d'un Pierre Bourdan, ministre, en 1947, de la Jeunesse, des Arts et des Lettres et fait renaître, dans le plus pur style IIIe République, un inoffensif secrétariat d'État aux Beaux-Arts.

La presse quotidienne évolue vite. Les journaux d'opinion sont en crise, nombre d'entre eux disparaissent. En 1952, près de la moitié des quotidiens paraissant en 1946 n'existent plus. Le tirage global est en diminution. Deux exceptions notables cependant : l'immense succès de *France-Soir* qui devient, à la fin des années 1950, le plus important des quotidiens français avec un tirage dépassant 1 million d'exemplaires. Mais le *France-Soir* de Pierre Lazareff est un grand journal d'information, populaire et très éloigné du militantisme de la Libération. L'autre exception est *Le Monde*, qui réussit à devenir le grand quotidien du monde politique et des intellectuels et acquiert une autorité incontestable dans ces milieux.

C'est vers le milieu des années 1950 que se multiplient les signes des grandes mutations des comportements culturels. La radio se répand (de 5 millions de postes en 1945 à près de 11 millions en 1958), la fondation d'Europe 1 en 1955 introduit un souffle nouveau dans l'univers un peu empesé des radios du monopole. Le livre de Françoise Sagan *Bonjour tristesse* paraît en 1954 ; en 1956, Roger Vadim réalise *Et Dieu créa la femme* avec Brigitte Bardot. On ne peut guère dire plus clairement adieu à une culture militante, ni mieux annoncer de nouvelles valeurs culturelles libérées des vieilles contraintes, ni mieux célébrer la Méditerranée qui devient dans l'imaginaire collectif le lieu exemplaire du loisir et du bonheur. En 1954, le PMU crée le tiercé que nous avons déjà évoqué. Le livre de poche commence à se répandre et aussi les microsillons. Le transistor se vulgarise. En 1956, évolution logique, les Français obtiennent du gouvernement Guy Mollet une troisième semaine de congés payés. Les Français de plus en plus nombreux partent en vacances, l'ère des loisirs et de la culture de masse s'annonce.

La culture et ses publics

● *La culture, les cultures, la culture de masse.* Quand André Malraux, ministre des Affaires culturelles du général de Gaulle de 1958 à 1969, crée les maisons de la culture (la première, celle de Bourges est inaugurée en 1963), il leur donne pour mission de mettre l'art et la culture à la portée de tous. Il y a alors *une* culture, apanage d'une petite minorité de Français, liée à l'institution scolaire, volontiers « classique ». Dans les années 1960 et tout particulièrement en 1968, cette conception univoque de la culture est dénoncée. Elle est décrite comme l'agrément et l'instrument des classes sociales hégémoniques. S'affirment alors les cultures des minorités, cultures de contestation. La libre création culturelle des groupes et des individus est exaltée. Il n'y a plus *une* mais *des* cultures.

Cependant, jusque-là, seul le cinéma représentait la culture de masse. La multiplication des livres bon marché, l'apparition de la télévision, la diffusion du disque permettent à la culture de pénétrer des milieux de plus en plus vastes. En 1961, Edgar Morin publie un essai sur la culture de masse. Dorénavant la culture peut être *consommée*. Les organismes officiels enquêtent sur les pratiques culturelles des Français et publient des statistiques où se mêlent la lecture, les visites de musées, la fréquentation des stades et des bals populaires.

Faut-il alors opposer la véritable culture qui fait appel à la connaissance et à la réflexion, et une culture de masse, diffusant des produits, provoquant la passivité ? Faut-il dénoncer l'indifférenciation des produits culturels, quand une publicité, une chanson populaire, la robe d'un couturier sont présentées comme des créations ? L'école doit-elle s'ouvrir à toutes les formes de culture, ou rester le lieu d'initiation à la culture et au patrimoine ? La multiplication des formes de culture entraîne l'apparition de publics différents.

● *Les trois publics.* Un premier public est composé de spécialistes : professeurs, professionnels de l'édition. Ils constituent le « Tout-Paris » culturel. Une partie de leurs productions est destinée à l'usage interne : thèses, travaux universitaires, revues spécialisées. De même dans le domaine de l'art : c'est un public spécialisé qui suit les travaux musicaux de l'IRCAM de Pierre Boulez.

Un second public, que l'on pourrait appeler le grand public cultivé, grossit dans la période. Public des émissions littéraires de la télévision (comme *Apostrophes*), lecteurs de magazines (comme *L'Express* ou *Le Nouvel Observateur*), acheteurs des prix littéraires (ils assurent selon les années les gros tirages du Goncourt) ; c'est un public qui va au théâtre, fréquente les grandes expositions. Il fait le succès d'un livre, d'une manifestation artistique. Il est clairement défini socialement : cadres supérieurs, professions libérales, cadres moyens et certains employés. C'est le monde des nouvelles classes moyennes, la frange de la population qui a eu accès à l'enseignement supérieur et qui, par son mode de vie comme par ses pratiques culturelles, donne le ton dans la période. La possession de certains objets (la chaîne hi-fi par exemple) est un élément indispensable du *standing* culturel, elle qualifie socialement.

Le troisième public est-il encore concerné par le « culturel » ? En 1974 près d'un tiers des Français ne lisent jamais de livres, près de neuf sur dix ne vont jamais au théâtre et au concert, plus de la moitié ne vont jamais au cinéma. Ce public est celui de la télévision (mais la télévision atteint tous les publics), des spectacles sportifs, des fêtes foraines. Culture ou loisirs ?

Cependant, d'André Malraux à Jack Lang, ministre de la Culture de 1981 à 1986, le deuxième public s'élargit. La gauche au pouvoir à partir de 1981 accroît les moyens financiers du ministère. Les réformes visent non seulement à encourager la création artistique, mais aussi toutes les formes de créativité spontanée : des salles sont construites pour les groupes de rock, la bande dessinée est officiellement encouragée. Cependant les grands projets continuent à souligner l'importance culturelle et artistique de Paris : le Grand Louvre, l'Opéra de la Bastille, le musée d'Orsay...

● *Les intellectuels dans la société française.* Depuis l'affaire Dreyfus, les intellectuels tiennent dans la société française une place qui traduit l'importance des débats idéologiques. Leur territoire s'étend de la dénonciation des injustices à la critique de l'idéologie dominante bourgeoise et à la description d'une autre société. Ils refusent de se situer dans le champ social et empruntent à Flaubert sa haine de la bourgeoisie. Les plus actifs se situent après la guerre dans la mouvance du Parti communiste ; après 1956 et la dénonciation des crimes de Staline, ils recherchent d'autres modèles : la Chine de la Révolution culturelle, Cuba de Fidel Castro fascinent certains d'entre eux, alors que la guerre du Viêt-nam entretient un antiaméricanisme parfois virulent. La dénonciation des États-Unis est alors double : puissance dominante, ils incarnent l'impérialisme ; pays riche, ils symbolisent la société de consommation. Le climat intellectuel se transforme dans les années 1970. La publication de *L'Archipel du Goulag* en 1974, ce qu'on a appelé « l'effet Soljénitsyne », les progressives révélations sur la Chine de Mao provoquent une méfiance vis-à-vis des idéologies que renforce l'issue tragique de la guerre du Viêt-nam et en particulier les massacres commis

Pratiques culturelles des Français en 1974 (en %)	LECTURE			TÉLÉVISION	
	Lecture d'un quotidien (1)	Lecture de plus de 20 livres (6)	Pas de lecture de livre (6)	Ecoute de la télévision (2)	Durée moyenne d'écoute de la télévision (en heures) (3) (7)
Ensemble	55,1	28,4	30,3	74,4	15,7
Sexe					
Hommes	60,3	30,9	28,3	72,3	14,1
Femmes	50,2	26,1	32,1	76,4	17,1
Situation de famille					
Mariés	58,6	22,8	25,6	78,7	16,3
Célibataires	43,4	45,1	11,3	62,9	12,4
Age					
15 à 19 ans	37,1	45,3	10,8	77,6	13,2
20 à 24 ans	35,2	38,2	13,7	53,6	13,5
25 à 39 ans	47,9	31,5	22,4	67,0	13,8
40 à 59 ans	64,1	22,8	39,2	80,2	15,
60 ans et plus	67,6	20,5	43,0	82,0	19,6
Catégorie socioprofessionnelle individuelle					
Agriculteur exploitant	61,2	8,7	66,3	78,9	15,
Patron de l'industrie et du commerce	60,2	20,8	28,9	68,5	12,
Cadre supérieur et profession libérale	61,1	65,3	2,2	52,3	8,
Cadre moyen	57,9	48,9	4,0	56,7	8,
Employé	60,4	36,3	12,7	74,4	13,
Ouvrier qualifié, contremaître	54,3	24,7	23,3	68,3	14,
OS, manœuvre et personnel de service	50,0	26,3	34,1	73,4	15,
Femme inactive de moins de 60 ans	41,5	28,9	29,0	81,7	17,
Inactif de 60 ans et plus	66,3	19,9	43,3	82,5	20,
Niveau d'études					
Pas de diplôme	47,5	14,8	53,4	78,8	18,
Certificat d'études	58,4	25,4	31,2	78,9	16,
Brevet ou CAP	54,4	41,5	12,2	66,1	13,
Baccalauréat et études supérieures	59,1	52,3	3,6	60,6	11,

	CINÉMA		LE MATCH LA FÊTE LE BAL		
Non fréquen-tation du cinéma (6)	Cinéma (6) (4)	Assis-tance à un match ou spectacle sportif (6) (5)	Fréquen-tation d'une fête foraine (6) (5)	Fréquen-tation d'un bal public (6) (5)	
8,3	21,8	24,3	47,2	25,4	
4,4	26,9	34,0	51,7	29,8	
1,9	17,1	15,0	43,0	21,4	
6,3	12,4	21,9	46,5	21,0	
7,0	54,3	38,7	61,6	48,3	
2,6	55,8	42,3	74,8	62,3	
8,3	50,1	39,5	62,9	43,2	
6,9	27,7	28,8	58,4	35,6	
9,9	8,9	21,4	43,3	17,5	
0,3	4,3	8,9	21,7	0,8	
8,7	9,9	22,9	63,1	35,9	
4,8	14,1	28,5	38,2	19,4	
3,7	48,5	27,1	31,8	18,7	
6,1	44,0	31,9	49,0	39,2	
5,5	25,0	28,6	56,7	34,7	
7,2	33,3	36,9	60,9	44,3	
6,3	26,1	27,6	56,5	33,2	
7,1	11,1	19,5	51,7	24,5	
9,9	4,2	9,0	20,4	0,7	
5,8	11,9	15,6	43,3	16,7	
3,6	17,2	25,5	49,8	27,0	
4,4	33,1	33,0	51,9	34,7	
8,2	47,7	26,2	38,3	33,9	

(1) Tous les jours.
(2) Un jour sur deux ou moins.
(3) Hebdomadaire.
(4) Plus de dix fois.
(5) Au moins une fois.
(6) Au cours des douze derniers mois.
(7) Sur 100 personnes disposant d'un téléviseur.

Source : Secrétariat d'Etat à la Culture, *Pratiques culturelles des Français*, 1974.

par les Khmers rouges au Cambodge. Dorénavant beaucoup d'intellectuels se replient sur la défense des droits de l'homme, l'aide aux associations humanitaires. Si les intellectuels ne cessent pas de dénoncer les injustices, le temps du prophétisme est révolu. La gauche au pouvoir en 1981 se plaint même du « silence des intellectuels ». Dans ce domaine comme dans beaucoup d'autres, il reste à reconstruire les valeurs de la nouvelle société.

Le temps des loisirs

● *Les vacances.* La diminution du temps de travail, l'accroissement du « temps libre », l'affaiblissement des solidarités communautaires permettent à un nombre de plus en plus grand de Français de se distraire. Au début de la période si les hommes étaient déjà partiellement entrés dans le monde du loisir (café, virée de copains), les femmes appartenaient encore à un autre monde ; pour la majorité d'entre elles l'oisiveté est suspecte, les mains d'une femme doivent toujours être occupées, c'est la fonction de la couture et du tricot. Mais, quand les tâches ménagères s'allègent, les femmes comme les hommes accèdent au monde du loisir.

Les vacances entrent dans les mœurs de la majorité des Français. La première grande expansion des départs d'été date des années 1950 : en 1964, 20 millions de Français quittent une fois par an leur résidence. En 1983, ils sont 30 millions. Certes les départs en vacances reflètent fidèlement les écarts sociaux. Les exploitants agricoles partent encore rarement, un peu plus de la moitié des commerçants et des ouvriers, les trois quarts des cadres moyens et 85 % des cadres supérieurs peuvent profiter des loisirs estivaux. Les vacances d'hiver sont bien plus sélectives : 30 % des cadres mais seulement 5 % des familles ouvrières profitent de la neige.

La très large diffusion de l'automobile dans la période est intimement liée à la forme prise par les loisirs. Ce n'est que dans les années 1960 que les départs de fin de semaine deviennent fréquents. Encore en 1954 Pierre Mendès France choisit la soirée du samedi pour ses causeries radiodiffusées ; ce serait impensable quelques années plus tard.

Si les vacances, comme les départs de fin de semaine, sont familiales, d'autres loisirs sont plus individuels.

● *Sport et musique.* Ainsi la pratique du sport ne témoigne pas seulement, comme d'autres loisirs, du désir d'échapper à la vie de travail, elle est à la fois culture du corps, reconstruction d'autres communautés. En 1970, 6 millions de Français étaient des sportifs titulaires d'une licence ; ils sont 12 millions en 1980. Là encore la nature du sport pratiqué renvoie à des milieux sociaux définis. Le football n'attire pas les mêmes pratiquants que le tennis, dont la récente croissance est signe de son élargissement aux classes moyennes. La pratique du vélo, celle de la boxe, celle du football est parfois un moyen d'ascension sociale pour les catégories défavorisées et aussi un moyen d'intégration, comme en témoigne le nombre important de joueurs de football qui sont des enfants d'immigrés.

La pratique de la musique illustre les transformations de la société. Longtemps, et c'est toujours vrai dans certains milieux, le piano était un apprentissage obligatoire pour les enfants, surtout les filles, de la bourgeoisie. L'approche actuelle de la musique est bien différente. Les générations nouvelles connaissent la musique à travers le disque ; la pratique d'un instrument n'est plus reproduction d'un modèle social, mais recherche d'épanouissement personnel et construction, là encore, de nouvelles communautés culturelles et ludiques tout à la fois. La diffusion de la guitare a joué un rôle fondamental parce qu'elle ne connotait pas l'appartenance à une classe sociale. Le piano s'opposait aux instruments des cliques municipales ; la guitare peut réunir les différents milieux. Actuellement près d'un jeune sur deux pratique un instrument de musique, des groupes se forment spontanément. Depuis les années 1960, la jeunesse répugne aux formes traditionnelles d'encadrement. Les loisirs ne sont plus organisés par les adultes. Autour de la musique comme autour du sport des communautés ludiques naissent.

- *Le jeu*. Depuis le tiercé (1954), le loto (1976), puis le loto sportif (1985) et le tac o tac de nouveaux jeux se sont ajoutés à la vieille loterie nationale (1933). Le tiercé réunit quelque 7 à 8 millions de joueurs réguliers ; plus de la moitié des Français ont déjà joué au loto. Deux manières d'analyser ce succès : on peut insister sur une pratique aliénante, distillant d'autant plus de rêve que la réalité du présent est difficile, entraînant à la passivité. En réalité les joueurs sont en majorité des petits joueurs, le jeu se pratique souvent en groupe, il développe des formes pacifiques de sociabilité, relayé par la télévision ; il rythme le temps de la semaine, devient à la fois spectacle et jeu. Il introduit la possibilité de l'exceptionnel ; chaque société a ses rites. Le loto après le tiercé est devenu un des rites de notre société.

Les communications de masse

- *La presse écrite*. Les moyens modernes de communication n'ont pas fait disparaître la presse ; son rôle s'est modifié. Les quotidiens ont diminué en nombre, se sont concentrés, et de grands groupes nationaux se sont organisés (groupe Hersant par exemple). C'est la presse quotidienne militante qui a le plus souffert ; les quotidiens régionaux, eux, ont résisté. *Ouest-France* devient, dans les années 1970, le premier quotidien français. Mais les périodiques se sont multipliés. Les magazines d'information, dont le premier exemple est *L'Express*, ont une audience de plus en plus grande. A *L'Express* et au *Nouvel Observateur* se sont ajoutés *Le Point*, dans les années 1970, puis le *Figaro Magazine* et *l'Événement du Jeudi* dans les années 1980. Ces journaux suivent l'expansion des nouvelles classes moyennes urbaines, dont ils reflètent les goûts et les activités, mais aussi la diversité idéologique.

Les périodiques accompagnent dans la période tous les mouvements sociaux ; on peut suivre l'évolution des mentalités féminines à travers les grands titres des périodiques féminins ; toute nouvelle activité de loisir suscite une presse d'accompagnement : ainsi la télévision a fait naître une multitude d'hebdomadaires. Les bricoleurs, les jardiniers du dimanche, les sportifs, les amateurs d'histoire, les philatélistes, les bridgeurs, les pêcheurs à la ligne... tous ont un ou plusieurs périodiques à leur disposition.

Ce n'est donc pas une absence de vitalité qui menace, en France, la presse. Les risques sont autres : l'importance prise par les grands groupes capitalistes réduit d'autant plus les possibilités d'expression des groupes minoritaires que la publicité est devenue indispensable à l'équilibre financier des journaux. Le pluralisme de l'information souffre de la disparition de journaux d'opinion ; les magazines eux-mêmes sont moins militants qu'autrefois. On peut s'inquiéter de ce phénomène mais il traduit l'évolution de la société elle-même : la crise du militantisme et le déclin des idéologies.

• *La radio et la télévision.* L'ordonnance de 1945 rétablit le monopole absolu de l'État qui seul peut contrôler la diffusion. Cependant les postes périphériques, *Radio-Monte-Carlo, Radio-Luxembourg* puis, à partir de 1955, *Europe 1*, plus ou moins contrôlés par l'État, ont une audience plus large que les radios du monopole ; ils vivent de messages publicitaires.

Si la télévision commence à émettre dès le lendemain de la guerre, le premier journal télévisé date de 1949, et son audience est encore confidentielle dans les années 1950. En 1957 le nombre des récepteurs ne dépasse pas 60 000. Puis la croissance est rapide : 1,3 million de récepteurs en 1960, 11 millions en 1973, près de 16 millions en 1980. Au début de 1984, 93 % des ménages sont équipés. La deuxième chaîne est née en 1964, la troisième en 1973. La publicité est introduite comme source de financement en 1968 ; très limitée dans un premier temps (deux minutes par jour en 1970), elle dépasse 20 minutes en 1980.

L'importance prise par la télévision explique la succession des réformes, et l'intérêt constant des pouvoirs publics : statut de l'ORTF en 1959, puis démantèlement de l'Office en 1974 et son éclatement en sept sociétés : quatre de programmes (TF 1, Antenne 2, FR 3, Radio-France) auxquelles s'ajoutent la Société française de production, l'Institut national de l'audiovisuel et Télédiffusion de France.

La loi de 1982 innove sur un point essentiel puisqu'elle supprime le monopole de programmation (dès 1981 les radios « libres » avaient été autorisées) et permet la naissance de Canal Plus, chaîne à péage, puis de la Cinq. Nouvelles réformes enfin en 1986 après la victoire de la droite aux élections. La plus ancienne des chaînes du monopole, TF 1, est privatisée au début de 1987, la 6 est créée et la 7 se met progressivement en place.

Il faudrait beaucoup d'espace pour décrire le rôle des nouveaux moyens de communication de masse sur la vie des Français ; limitons-nous à l'essentiel. Contrairement aux autres pratiques culturelles la télévision, comme la radio, atteint, sans distinction de classe sociale, tous les Français. Elle modifie la vie politique : les élections présidentielles de 1965 sont les premières pour lesquelles la télévision joue un rôle majeur. Les hommes politiques doivent apprendre à maîtriser le nouvel instrument ; le spectacle ne risque-t-il pas alors de primer sur le débat d'idées ?

Dès les années 1970, les Français qui disposent d'un récepteur de télévision consacrent plus de deux heures par jour à leur téléviseur, et ce temps augmente peu quand la télévision se généralise : en 1983 le temps d'écoute est encore inférieur à deux heures trente minutes. Certains soirs plus de la moitié des Français regardent le même programme de télévision. L'expansion foudroyante entraîne une crise du cinéma dès les années 1960.

La télévision dispose d'un très vaste public indifférencié. La logique de la concurrence entre les chaînes du service public, puis celle de la rentabilité d'entreprises privées ne provoquent-elles pas un alignement sur les émissions susceptibles d'attirer le plus vaste public, émissions de pure distraction et non de création ? Inversement, la télévision n'a-t-elle pas ouvert des horizons nouveaux à des catégories qui n'avaient jusque-là que peu de moyens de s'informer et de se distraire ? Elle est devenue la compagne quotidienne des personnes seules.

En fait, dans ce domaine comme dans d'autres, on retrouve les mêmes interrogations concernant la société française : la société de masse est-elle une société de la passivité et de l'uniformité ou au contraire permet-elle un plus grand exercice de la liberté en multipliant les produits culturels ? Il faut certes veiller à ce que le choix soit possible, reste possible, mais souvenons-nous de la société française de l'après-guerre encore coagulée en micro-sociétés closes. Les nouveaux moyens de communications de masse, s'ils font disparaître certaines traditions, permettent cependant à tous de vivre au rythme du monde.

Conclusion

Au lendemain de la Seconde Guerre mondiale, la société française conserve encore l'essentiel de ses structures traditionnelles. Les catégories sociales sont clairement identifiables. Le monde rural, dans la diversité de ses paysages garde sa cohérence propre, ses espaces de sociabilité. De même, le monde ouvrier a marqué de son empreinte quartiers et banlieues des villes. Il s'enracine désormais dans les grands bastions industriels. L'horizon social – que ce soit à Saint-Etienne ou dans les corons – est sans doute subi, mais il est assumé et clairement identifié. Les valeurs dominantes restent encore bourgeoises : attachement au patrimoine, solidité de la famille, hiérarchies acceptées. Certes la société est loin d'être figée. D'abord parce que les classes moyennes indépendantes, celles dont la solidité repose sur un patrimoine, les petits commerçants, les artisans, assurent la fluidité du système. Elles demeurent la voie essentielle de l'ascension sociale, même si, pour les Républicains, c'est l'école qui est destinée à promouvoir les plus doués des petits Français. Ensuite, parce que l'État, l'évolution datant des années 1930, joue pleinement son rôle nouveau : le rôle du protecteur, « providence » des plus démunis, arbitre entre les intérêts et les catégories sociales. Enfin, le monde des travailleurs est en 1945 puissamment organisé. Le syndicalisme pénètre le monde rural. Les syndicats encadrent, donnent culture et voix aux ouvriers des usines, et se posent, face aux patrons et face à l'État, comme une force avec laquelle il faut désormais compter.

Les dix premières années qui suivent la guerre ne bouleversent guère les structures sociales. La période de la reconstruction continue les années 1930. Mais, au temps de la grande croissance puis de la crise, dans les années 1960 et 1970, tout se passe comme si un séisme avait tout chamboulé : les contours des groupes, les hiérarchies et les valeurs. Certes, ici ou là, comme des isolats, des morceaux de société traditionnelle demeurent, mais les trois grands groupes, numériquement les plus nombreux, qui constituaient ce qu'au XIXe siècle on appelait « le peuple », sont profondément transformés. Le monde rural, dense, complet, s'émiette. Les paysans qui ne peuvent devenir des entrepreneurs de culture quittent la terre. Le monde ouvrier subit, à une échelle différente, une transformation tout aussi profonde. Dans les vieilles régions industrielles du Nord et de l'Est s'élargissent les friches industrielles. Le dernier puits de mine du bassin houiller du Nord-Pas-de-Calais est aujourd'hui fermé : le charbon et ses gueules noires ne sont plus que souvenir. Renault, la forteresse ouvrière, déserte Billancourt. Les classes moyennes indépendantes, enfin, laminées par l'évolution économique, s'affaiblissent alors que gonflent les classes moyennes salariées.

Les lieux de vie et de sociabilité qui exprimaient la culture des groupes ont été découpés, fragmentés ou abandonnés. Les vieux centres rénovés, abritent les catégories triomphantes de la croissance. Les banlieues ouvrières elles-mêmes ont perdu leur spécificité. A leur place les barres et tours, si vite dégradées, des « grands ensembles », les supermarchés, les parkings, les rocades. Et, partout, l'automobile. La route est devenue axe. La géographie de la France elle-même, dans sa variante *up to date*, ne décrit plus la « personnalité » des terroirs, comme au temps de Vidal de La Blache, mais les flux, la circulation des hommes, des marchandises, voire des capitaux. Entre les zones urbaines ou périurbaines, où, au recensement de 1990, habitent 85 % des Français, ne subsistent que des espaces de transit. Les communautés rurales ne survivent que si elles sont transformées par les loisirs organisés des citadins.

Parallèlement s'affaiblissent les grandes organisations productrices d'idéologie. La pratique religieuse régulière ne touche plus guère aujourd'hui que 15 % des Français. Les partis politiques sont toujours à la recherche de militants. Le taux de syndicalisation ne dépasse pas 12 %. Les événements de 1968 avaient porté le dernier flamboiement des utopies collectives. Mais les éclairs de mai donnaient aussi congé aux structures hiérarchiques et annonçaient l'ère de l'individu et de ses petites révoltes. Les rêves collectifs retombent en phantasmes personnels. Il est alors naturel que les intellectuels n'occupent plus dans la vie politique et sociale la place qui était la leur depuis l'affaire Dreyfus.

Au terme de cette évolution, la société française du début des années 1990 est à la recherche de son identité. Les Français disposent pourtant de tous les signes extérieurs du bien-être et du confort. Plus de la moitié des ménages est propriétaire de son logement. La maison individuelle représente près de 60 % des résidences principales. Le confort – chauffage, sanitaires – s'est généralisé. Les années 1980 ont réhabilité la réussite individuelle et les valeurs libérales de l'entreprise. Ce sont « les affaires » et non pas l'école, comme dans la tradition républicaine, qui expliquent la réussite d'un Bernard Tapie et de quelques autres. Mais le nombre des exclus, qui, isolés, ne sont plus pris en charge par des communautés de résidence ou de travail, augmente. En 1991, les bénéficiaires du revenu minimum d'insertion (RMI) sont plus de 500 000. Pavillons individuels ou grands ensembles, la marée urbaine n'a pu faire naître de véritables quartiers. La situation matérielle des chômeurs (près de 3 millions en 1992), celle des étrangers déracinés et en butte à toutes les xénophobies, la situation morale des personnes seules, souvent très âgées, dont le nombre augmente très vite dessinent une société en archipel.

Les appartenances, en effet, deviennent informelles ou purement passives : les communautés sont parfois des communautés de loisirs mais les solidarités sont éphémères. De sévères censeurs des mœurs du temps dénoncent une société de spectateurs passifs : les Français avalent tous les soirs la même soupe télévisuelle. Alors que reste-t-il sinon le refus ? Faute d'espoir collectif, comment structurer, autour d'un projet, les adhésions réfléchies ou même les révoltes ? Les conflits sociaux avaient été porteurs de l'espérance des plus démunis à la recherche d'une société plus juste et plus fraternelle. La mort du marxisme a privé le monde ouvrier de son rôle messianique. Désormais les conflits sociaux n'opposent plus les classes sociales. Les infirmières en 1988 puis en 1991, les lycéens en 1990, les routiers en 1992, mais aussi les conducteurs de RER, les 300 000 paysans qui « montent » à Paris en septembre 1991, expriment des colères ou des refus : refus de conditions d'existence jugées insupportables, colères de professions menacées, explosions corporatistes. Mais le mouvement social n'est plus porté par une espérance collective. La colère crépitante et soudaine, comme un feu de forêt, doit, pour réussir, exploser à la télévision. Elle ne peut être efficace que si elle est médiatisée. D'ailleurs, ce ne sont plus les syndicats qui, le plus souvent, organisent et structurent les revendications. La colère réunit temporairement les mécontents autour d'une « coordination » hâtivement constituée. Tout se passe comme si quelques-uns des spectateurs passifs occupaient, un temps, les images, apparaissaient dans le poste pour crier aux autres spectateurs qu'ils existent et qu'ils ne sont pas contents.

Les colères des jeunes des banlieues sont-elles d'un autre ordre ? Les grands ensembles, construits dans les années 1960, ne ressemblent pourtant pas aux bidonvilles de l'après-guerre. Les appartements disposent d'un confort rare encore dans les années 1950. La télévision est partout présente. Il y a, même si ces espaces sont dégradés, des arbres et de l'herbe. Les maux sont autres : c'est l'échec scolaire, alors que l'école s'ouvre à tous ; c'est le chômage, c'est la recherche d'une identité incertaine puisque ces jeunes sont français pour l'État civil, parce que nés en France, mais « beurs » pour l'opinion et les médias, et délinquants quasi naturels pour le Front national. Le désœuvrement, l'ennui, le sentiment d'être parqués à l'écart de la société, l'impossibilité de participer pleinement à ses plaisirs quand, tous les jours, la télévision répète ce monstrueux slogan des années 1990, « le bonheur, si je veux », provoquent alors, effectivement, la naissance de communautés délinquantes. Alors s'embrasent les banlieues.

Colères et refus : la vague atteint de la même manière la sphère du politique. Sur un fond de désenchantement, la classe politique a d'autant plus de difficultés à exprimer une ambition nationale que la gauche socialiste, au pouvoir depuis 1981, ne parvient plus à incarner, comme autrefois, le changement social. De fait les deux courants qui s'affirment dans les années 1980 et au début des années 1990 ne peuvent dire, chacun à sa manière, que les refus et les peurs. Ainsi s'explique le succès du Front national. Imprécateur sans nuances, Jean-Marie Le Pen s'est constitué une clientèle socialement hétéroclite autour de nostalgies – la recherche d'une mythique identité nationale perdue – et de refus sommairement agglomérés. Le langage n'est pas neuf, il emprunte largement aux ligues de l'avant-guerre et au vichysme recuit. Il cimente les adhésions en rassemblant les peurs : les peurs banales, nées de l'insécurité, les peurs de la mort et de l'épidémie, les peurs de l'autre s'il est différent. Ainsi, pêle-mêle, sont montrés du doigt les étrangers, le sida, la criminalité. Mais la démarche est purement négative. Le refuge proposé n'est que retour aux anciennes valeurs. Cette coalition de crise rassemble « petits blancs » déracinés et bourgeois conservateurs, les exclus de la nouvelle société et les nantis qui craignent pour leur patrimoine.

Sur un tout autre plan, la démarche écologique joue, elle aussi, dans le registre du refus, de la peur et de la nostalgie d'un monde perdu. Certes les écologistes incarnent une force de proposition, leur démarche n'est pas seulement négative. Mais, volontairement méfiants vis-à-vis du politique, les « verts » ne peuvent proposer aux individus que des structures temporaires d'accueil.

Dans le même temps, l'État n'entend plus, ou ne peut plus, jouer le rôle qui a été le sien jusqu'aux années 1970. Incapable d'étendre sa protection, incapable d'assurer une complète sécurité, accusé de brider les initiatives, l'État ne trouve plus ses marques. D'autant plus que, paradoxalement, les Français souhaitent à la fois être protégés par lui de tous les risques – de la maladie au mauvais temps – et affirment en même temps son contrôle insupportable. Entre le « trop d'État » et « l'État minimum » comment rénover le rôle de l'État ?

Peurs, colères, refus, nostalgies, solitudes : le tableau que l'on vient de brosser est sans doute trop noir, à la mesure du désenchantement quotidien. La recomposition de la société française, pourtant, est peut-être à l'œuvre.

Faut-il déplorer la fin des idéologies, la disparition des derniers maîtres penseurs, la dislocation des grands groupes sociaux constitués et de leurs repères collectifs ou saluer au contraire la mort des grands débats théologiques et figés, des affrontements politiques et sociaux stériles ? Faut-il regretter les affrontements ou souligner que, si l'on parvient à rassurer ceux qui ont peur et à redonner une ambition neuve aux nostalgiques, les Français peuvent désormais partager quelques grandes valeurs communes ? Et le débat pourrait alors porter réellement sur les enjeux sociaux majeurs d'aujourd'hui : comment faire coexister la liberté de vie quotidienne, les aspirations de chacun et les contraintes de l'existence collective d'un peuple ?

Faut-il regretter l'élitisme culturel gardien d'un patrimoine réservé à quelques-uns, ou faut-il saluer l'école de masse ? L'enseignement secondaire qui accueillait un million d'élèves en 1945 en accueille aujourd'hui six millions. Il vacille parfois sous le choc du nombre. Mais il tient mieux en France que dans nombre de pays étrangers. Il doit pouvoir mieux jouer son rôle d'appui à l'insertion sociale.

Faut-il enfin regretter les terroirs clos ? Les corons ? Faut-il préférer les horizons sociaux subis d'autrefois aux incertitudes d'aujourd'hui ? Il reste qu'il faut inventer de nouveaux territoires, y nouer des appartenances inédites pour apprendre, sans peurs ni nostalgies, à vivre ensemble. C'est, sans doute, l'enjeu majeur de la fin du siècle.

Bibliographie sommaire

SOURCES :

Publications de l'INSEE, de l'INED et de La Documentation française, notamment *Les Cahiers français*.

OUVRAGES GÉNÉRAUX :

- CROZIER (M.), *La Société bloquée,* Seuil, 1970.
- *Français qui êtes-vous ?,* La Documentation française, 1981.
- HOFFMANN (S.), *A la Recherche de la France,* Seuil, 1963.
- LE BRAS (H.), *Les Trois France,* éd. Odile Jacob, 1986.
- LEQUIN (Y.) (ed), *Histoire des Français, XIXe et XXe siècles,* 3 vol., Armand Colin, 1984.
- PARODI (M.), *L'Economie et la société française depuis la guerre,* Armand Colin, 1981.
- VINCENT (G.), *Les Français 1945-1975,* Masson, 1977.
- VINCENT (G.), *Les Français 1976-1979,* Masson, 1980.
- VINCENT (G.) et MATHIEX (J.), *Aujourd'hui (depuis 1945),* 2 t., Masson, 1984.

SUR DES POINTS PARTICULIERS :

- CERC, *Les Revenus des Français : la croissance et la crise (1960-1983),* La Documentation française, 1985.
- *L'Esprit des lieux, Localités et changement social en France,* CNRS, 1986.
- DUBY (G.) (ed.), *Histoire de la France rurale,* t. 4, *La Fin des paysans,* Seuil, 1976.
- DUBY (G.) (ed.), *Histoire de la France urbaine,* t. 5, *La Ville aujourd'hui,* Seuil, 1985.
- GEORGE (P.), *L'Immigration en France,* Armand Colin, 1986.
- NOIRIEL (G.), *Les Ouvriers dans la société française,* Seuil, 1986.
- RIOUX (J.-P.), *La France de la Quatrième République,* 2 t., Seuil, 1980 et 1983.
- YONNET (P.), *Jeux, modes et masses (1945-1985),* Gallimard, 1985.

Index des thèmes

associations, 148, 149.

bourgeoisie, 8, 19-20, 21, 22, 76, 94, 112, 116, 120, 130, 137, 147, 148, 152.

cadres, 40, 114-115, 118-120, 142.
chômage, 57, 59, 61, 77, 78, 91, 103, 116, 118, 121-122, 143, 144.
cinéma, 42, 166, 169.
classe dirigeante, 19, 21, 119.
classes moyennes, 30, 32, 37, 57, 84, 112-116, 120, 147, 149, 157, 167, 172.
conditions de travail, 71, 74, 79, 97, 107, 110, 116.
consommation, 30, 38, 40, 41, 43, 55, 59, 62, 97, 129, 132-134, 151.
culture, (courants intellectuels), 42-44, 77, 159, 164, 166-170.

délinquance, 61, 63.
démographie, 6, 16, 27-28, 40, 55, 70, 81-89, 153.

employés, 115, 117, 120.
enseignement, 15, 19, 28, 46, 52, 54, 56, 70, 74-77, 90, 98, 151-158.
État, 8, 9, 14, 22, 26, 31, 38, 44-45, 50, 54, 56, 62, 64, 69, 70-78, 83, 105, 106, 115, 118, 119, 127-128, 137, 144, 175.
étrangers, 6, 16, 17, 24, 44, 61, 64-68, 103, 111, 113, 121, 143, 147.
exclusion sociale, 134, 143, 144.
exploitation agricole, 29, 35, 105.

famille, 8, 16, 19, 27, 55, 70, 81-89, 94, 95, 98, 100, 101-102, 130, 131, 156, 157, 175.

femmes, 82, 83, 84, 86, 88, 89-93, 103, 104, 114, 116, 121, 140.
fonctionnaires, 118, 140.

génération, 29, 39-40, 54, 78, 93-94, 98, 100-102, 115, 157.

inégalités, 98, 100, 101, 129, 134, 135, 137, 138, 140, 142, 144, 157, 170, 175.

jeunesse, 29, 40, 44, 52-55, 69, 75, 77, 78, 88, 93-94, 98, 100, 121, 134, 141, 143, 151-158, 161, 165, 171.

littérature, 42, 166.
logement, 27, 41, 45, 47-49, 130, 131, 134, 137, 138, 143.
loisir, 30, 38, 41, 42, 55, 78, 100, 101, 131, 151, 164, 166, 170-172.

médias, 69, 100, 131, 164, 165, 168, 169, 171-173.
mode de vie, 129, 130, 131, 133, 134, 135, 142, 148, 153.
monde rural (paysans), 5, 6, 7, 17-18, 28-30, 42, 46, 47, 50, 84, 94, 104-106, 126, 133, 142, 146.

ouvriers, 14, 22-27, 51, 54, 57, 61, 66, 67, 71, 94, 104, 106-111, 120, 121, 133, 139, 157, 161.

patrimoine, 19, 131, 136-138.
patronat, 23, 24, 38, 54, 56, 118, 119, 122, 126, 127.
pauvreté, 62, 142-144.
personnes âgées, 93, 94, 100, 101, 143.
population active, 103, 104, 118, 121.
professions libérales, 114, 142.

région, 56, 62, 145, 149, 150.
religion, 46, 55, 70, 74, 76, 85, 158-164.

santé, 41, 96, 97-99.
sexualité, 52, 55, 70, 83, 86, 88.
sport, 170.

syndicats, 23-26, 29, 38, 54, 56, 71, 75, 77, 79, 122-128.

vie locale, 113, 145-150.
village, 7, 30, 46, 55, 95, 146, 154.
ville, 5, 7, 28, 30, 44-49, 56, 113, 145-148.

Table

1. Le grand changement, constat et problèmes 5

Changement de décor 5

1946 : le poids de l'immuable, 5. — Quarante ans après, 7.

Méthodes et problèmes 8

Des chiffres, 8. — Les imaginaires sociaux, 9. — L'histoire de la société française depuis 1945, 10.

2. La société après vingt ans de crise et de tentatives de renouveau 13

Le repli : un désarroi national et social 13

Une société crispée sur ses valeurs, 13. — Le repli démographique et la xénophobie, 16. — Les ankyloses rurales, 17. — Sclérose bourgeoise, 19.

La conjoncture de la Libération 20

Rationnement, pénurie, misère, 20. — Un autre discours sur la société, 21.

Les forces du changement social 23

Le monde ouvrier, 23. — La croissance démographique, 27. – Les campagnes en mouvement, 28. — La France change, 30. — Changements et résistances aux changements, 31.

3. Les grandes mutations des années 1960 35

Quinze ans de bouleversements sociaux 35

La victoire des modernistes, 35. — La France et le monde, 38. — Générations, 39. — L'ère de la consommation de masse et des loisirs, 41. — Un paysage culturel renouvelé, 42.

Des cadres de vie bouleversés 44

Les Français déménagent, l'État aménage, 44. — Mort du village ?, 46. — Les transformations des villes, 47.

*Les crises sociales, affrontements
de l'ancienne et de la nouvelle société* 50

Colères rurales, 50. — Mineurs en grève, 51 — Mai 1968, 52.

Bilan de quinze ans de remue-ménage 56

De de Gaulle à Pompidou, 56. — Incertitudes sociales du début des années 1970, 57.

4. La société depuis le milieu des années 1970 59

La crise et ses conséquences sociales 59

Le temps de la crise, 59.

Les étrangers dans la société française 64

Les étrangers en France depuis 1945, 65. — L'intégration et ses problèmes, 66.

La société de Valéry Giscard d'Estaing à François Mitterrand 69

Une société décrispée ?, 69. — 1981 : la gauche, un autre projet social ?, 72

*1984-1986 : les manifestations sociales
traduisent-elles l'émergence d'une nouvelle société ?* 74

Pour la liberté de l'enseignement, 74. — Les jeunes en décembre 1986, 77. — Des cheminots aux instituteurs, 79.

5. Familles, femmes et générations 81

Comportements démographiques, familles et idéologies familiales 81

Comportement nouveaux et traditions, de la guerre aux années 1960, 81. — Depuis les années 1960 : la grande mutation des comportements, 83. — Une révolution des mœurs ?, 88.

Les femmes à la conquête de l'autonomie 89

Le travail des femmes, 90. — Le féminisme, 91. — Conquêtes législatives et action politique, 92.

Jeunes et vieux dans la société française 93

Structures par âges et générations, 93. — Naître et mourir : une existence médicalisée, 95. — L'enfance, 98. — Des vieux au « troisième âge », 100.

6. Les Français au travail 103

La population active 103

L'évolution d'ensemble, 103. — Les grands secteurs d'activité, 104. — Les paysans, 104. - Les ouvriers, 106. — La diversité des travailleurs urbains non salariés, 112. — Les cadres, 114. — Les employés, 115. — Autres catégories, 116.

Le travail des Français et les structures de la société 117

Des salariés de plus en plus nombreux, 117. — Couches dirigeantes, couches moyennes, couches défavorisées, 119. — Le chômage, 121.

Les organisations socio-professionnelles et les conflits sociaux .. 122

Les syndicats de salariés, 122. — Les autres organisations socio-professionnelles, 126. — L'État et les relations sociales, 127.

7. Modes de vies, niveaux de vie, écarts sociaux 129

Une société de consommation 129

La maison, 129. — L'évolution de la consommation des ménages, 132. — Le vêtement, 133. — Consommation et classes sociales, 134.

Permanence des inégalités ? 135

Les grandes tendances de l'évolution, 135. — Fortune et patrimoine, 136. — L'évolution des revenus, 138. — Niveaux de vie et structures sociales, 142.

Les nouvelles formes de vie locale 145

Permanences et évolutions de la vie locale, 145. — Régions et nation, 149.

8. Formation, croyances et pratiques culturelles — 151

La société et son école 151

Le poids de la tradition, 151. — L'explosion scolaire, 156. — Crise de l'école ou crise de la société ?, 156.

Croyances 158

L'évolution du phénomène religieux dans la société française, 158. — Les catholiques dans la société française, 159. — Minorités religieuses, 163. — Autres formes de croyances, 163.

Cultures, loisirs et communications de masse 164

La fin d'une époque (1945-1955), 164. — La culture et ses publics, 166. — Le temps des loisirs, 170. — Les communications de masse, 171.

Conclusion 175

Bibliographie sommaire 179

Index 181

Table des encadrés 187

Table des encadrés

Mesure chiffrée du grand changement 6
Chronologie : société, culture et vie quotidienne (1944-1960) 14
Mendésistes et poujadistes 32
Chronologie : société, culture et vie quotidienne (1961-1973) 36
Le temps des grands ensembles 48
Chronologie : les événements de mai 1968 53
Chronologie : société, culture et vie quotidienne (1974-1986) 60
Crise et marginalité 63
Les étrangers en France 68
Le mariage en question 87
Evolution des causes de décès en France 99
Les Français au travail 108
Redistribution et prestations sociales en France 137
La mobilité sociale 141
La pratique religieuse en milieu rural vers 1950 160
Pratiques culturelles des Français en 1974 168-169

Armand Colin éditeur
5, rue Laromiguière
75241 Paris cedex 05
N° d'éditeur : 105710
D.L. Juillet 1995

IMPRIMERIE LOUIS-JEAN
av. d'Embrun 05003 GAP
Dépôt légal 466 – juin 1995

IMPRIMÉ EN FRANCE

£15.75